Herrn Pyta
mit herzlichem Gruß
Ihr Hans Ulrich Seeber

ANGLISTISCHE FORSCHUNGEN
Band 371

Begründet von
Johannes Hoops

Herausgegeben von
Rüdiger Ahrens
Heinz Antor
Klaus Stierstorfer

HANS ULRICH SEEBER

Mobilität und Moderne

Studien zur englischen Literatur
des 19. und 20. Jahrhunderts

Universitätsverlag
WINTER
Heidelberg

Bibliografische Information der Deutschen Nationalbibliothek

Die Deutsche Nationalbibliothek verzeichnet diese Publikation
in der Deutschen Nationalbibliografie;
detaillierte bibliografische Daten sind im Internet
über *http://dnb.d-nb.de* abrufbar.

UMSCHLAGBILD

Jean-Pierre Blanchard überquert 1785 als erster im Ballon den Ärmelkanal
(zeitgenössischer Druck)
© Mary Evans Picture Library London

ISBN 978-3-8253-5203-5
ISBN 3-8253-5203-X

© 2007 Universitätsverlag Winter GmbH Heidelberg
Imprimé en Allemagne · Printed in Germany
Gesamtherstellung: Memminger MedienCentrum, 87700 Memmingen

Gedruckt auf umweltfreundlichem, chlorfrei gebleichtem
und alterungsbeständigem Papier

Den Verlag erreichen Sie im Internet unter:
www.winter-verlag-hd.de

Für Susanne und Anne-Katrin

Inhaltsverzeichnis

Vorwort

Inwiefern lassen sich literarische Repräsentationen von Lokomotionen (Gehen, Kutsche, Eisenbahn, Ballon) der Vorgeschichte und Archäologie der ästhetischen Moderne zuordnen? Was trägt die Transportrevolution des 19. Jahrhunderts zu deren Strukturen und Wahrnehmungsweisen bei, und wie wird umgekehrt die Darstellung von ideengeschichtlichen Veränderungen (z. B. Entsubstantialisierung) geprägt, die selbst auf diese sozialgeschichtlichen Veränderungen antworten? Solchen Fragen geht die vorliegende Untersuchung nach. Unbestritten ist ja, daß das Nervöse, Flüchtige, Impressionistische und Fragmentarische modernen Erlebens und Erkennens mit der Wahrnehmungsrevolution zu tun hat, die rasche Verkehrsmittel und die Vielfalt flüchtiger Begegnungen in den neuen Metropolen auslösten. Diesen Zusammenhang nimmt u.a. der Beitrag über „Poetische Eisenbahnfahrten" in den Blick. Im Übergang von der romantischen Entdeckung des Wanderns, welche die Struktur des romantischen Naturgedichts bestimmt, zum Kutschenfahren, werden mit der gesteigerten Geschwindigkeit Schock-und Katastrophenszenarien eröffnet (vgl. „Von den Wordsworths zu De Quincey: Gehen und Kutschenfahren in der englischen Romantik oder die Entdeckung der Gewalt der Geschwindigkeit"), die später zum Motivarsenal modernistischer Literatur gehören. Kulturkritische Deutungen von Bewegungen bei Davidson und Lawrence radikalisieren das seit Carlyle vertraute Konzept der mechanischen Bewegung und verwandeln es in ein Instrument der Diagnose moderner Befindlichkeit (Systemverfallenheit, Konsum, mangelnde Autonomie, Orientierungslosigkeit), denen noch bei Beckett sinnleere, kreisende Bewegungen entsprechen. Die moderne Metropole, deren Komplexität und Vielfalt das Problem der Darstellbarkeit aufwirft, zieht die Ästhetik des Erhabenen auf sich, die, in Verbindung mit zentripetalen und kreisförmigen Bewegungen, statt Gott jetzt Chaos und Sinnleere suggeriert („Auf dem Weg zum Vortex...", „Ziellose Bewegung im Kristallpalast..."). Dabei zeigt sich immer wieder, daß die Moderne so undurchdringliche Strukturen gebiert, daß ihr nur noch mit einer Ästhetik gesteigerter Fremdheit beizukommen ist, der auf der Seite des Rezipienten die zwiespältige Erfahrung der Faszination entspricht. Das Gehen im Park (Virginia Woolf) löst sich von klassizistischen und romantischen Deutungsmustern und untersteht jetzt radikalen Perspektivierungen und semantischen Entgrenzungen oder Verschlüsselungen. Das Buch besteht im Kern aus Motivuntersuchungen, die im Horizont der Moderne-Diskussion stehende ästhetische Fragen ins Zentrum rücken. Eingeleitet werden sie von einem Kapitel („Mobilität und Ästhetik der Bewegung"), das den ästhetischen, philosophischen und soziologischen Rahmen einer „Ästhetik der Bewegung" absteckt, die, wie mir scheint, ein erhellendes Licht auf die Besonderheit moderner und experimenteller Literatur und Kunst zu werfen vermag.

Das vorliegende Buch versammelt Aufsätze, die in den letzten zwanzig Jahren entstanden sind. Schon publizierten Texten habe ich drei noch nicht publizierte hinzugefügt: „Mobilität und Ästhetik der Bewegung", „Zielloses Gehen in den Kew Gardens" und „Mobilität und Dauer als Strukturgesetz von G. Swifts *Ever After* (1992)". Wesentliche Impulse verdankt es dem anregenden Klima, das den Bochumer Sonderforschungsbereich „Wissen und Gesellschaft im 19. Jahrhundert" auszeichnete. Die damals diskutierten Fragen haben mich nicht mehr losgelassen. Sie ermutigten mich, die Modernisierungstheorie als Theorierahmen für eine neue Geschichte der englischen Literatur zu nutzen, und sie führten mehr und mehr dazu, ästhetischen Implikationen von Mobilität nachzugehen. Mein erster und größter Dank gilt also den Mitgliedern jenes Sonderforschungsbereichs, insbesondere Karlheinz Stierle und Jürgen Link. Nach dem erwähnten Bochumer SFB stellte das Stuttgarter Internationale Zentrum für Kultur-und Technikforschung ein überaus günstiges Umfeld für die Weiterverfolgung der mich interessierenden Fragen bereit. Georg Maag (Stuttgart) danke ich für mancherlei Unterstützung und Ermutigung, nicht zuletzt für die Anregungen, die mit einem gemeinsamen Seminar verbunden waren. Für die Herstellung des Buches bin ich Elisabeth Hartel und vor allem Miriam Höß zu großem Dank verpflichtet. Sehr herzlich danke ich auch Rüdiger Ahrens (Würzburg) für die Aufnahme des Buches in die Reihe „Anglistische Forschungen" und Andreas Barth vom Verlag Winter für die zuvorkommende Betreuung. Gewidmet ist das Buch meinen Töchtern Susanne und Anne-Katrin.

Stuttgart, im Juli 2006   Hans Ulrich Seeber

Mobilität und Ästhetik der Bewegung

Bei meinen Studien zur englischen Literatur des 19. und 20. Jahrhunderts fiel mir immer wieder auf, daß Bewegung in vielfältiger Form eine sinn- und strukturgebende Eigenschaft der Werke ist. Vielleicht hat die Allgemeinheit des Begriffes 'Bewegung' andere Literaturwissenschaftler bisher davon abgehalten, diese sicher nicht isolierte Beobachtung zum Ausgangspunkt ästhetischer, nicht nur thematischer oder philosophischer oder sozialgeschichtlicher Untersuchungen zu machen. Wer ein zu weitmaschiges Netz auswirft, wird am Ende schließlich keine Fische fangen. Eine erfolgversprechende Studie über das Thema 'Bewegungsformen in literarischen Texten der Moderne im weiteren Sinne' wird also auf jeden Fall Einschränkungen erfordern, um die nötige historische Konkretheit zu gewinnen.

Dennoch scheint mir zwingend dies zu sein: Wenn Bewegung, Mobilität, das eigentliche 'Ziel' des Aufbruchs der Moderne ist, eben ganz so, wie es einmal – ich werde noch darauf zurückkommen – von Sloterdijk beschrieben wurde, dann kann die Ästhetik davon nicht ausgenommen sein, dann muß dies auch im Bedeutungsgefüge und in der Komposition von Werken, auch in der theoretischen Rede über sie, allenthalben zum Vorschein kommen. Da gesellschaftliche und kulturelle Systeme nicht vereinzelt dastehen, sondern ein kompliziertes Geflecht von Wechselwirkungen bilden, ist etwas anderes gar nicht vorstellbar. Es ist die Absicht dieser Studie, vor allem am Beispiel der literarischen Repräsentation des Verkehrs, also einem sozial- und technikgeschichtlich bedeutsamen Sachverhalt und Motiv der Moderne, und einigen ausgewählten Theorietexten die zentrale Rolle der Bewegungskategorie für die Konstitution der ästhetischen Moderne und der Rede über sie herauszuarbeiten. Es handelt sich um einen Aspekt der Archäologie der Moderne, der mir unzureichend ausgeleuchtet scheint. Interessant an ihm ist vor allem, daß er eine übergeordnete Perspektive bereitstellt, von der aus reflexiv und gleichsam meta-theoretisch bisherige Überlegungen zur Theorie der Moderne beurteilt und eingeordnet werden können. Denn der Test, an dem sich die moderne Qualität einer ästhetischen Struktur oder eines theoretischen Diskurses ausweisen muß, ist die jeweils eingenommene Haltung zu Statik und Dynamik.

Entsubstantialisierungen und ihre Deutung durch Goodman, Sloterdijk und Virilio

Sozialgeschichtler (Hobsbawm) und Geschichtstheoretiker (Koselleck) haben schon vor geraumer Zeit die Beschleunigung ökonomischer, politischer, und gesellschaftlicher Vorgänge seit dem Ende des 18. Jahrhunderts, die Verdrängung der organischen Naturzeit durch die irreversible geschichtliche Zeit und die Ersetzung statischer Konzepte durch Bewegungsbegriffe herausgearbeitet. Bewegung, Geschwindigkeit und Verkehr sind für Paul Virilio Leitbegriffe einer neuen Disziplin, der

11

Dromologie, die darauf aufmerksam macht, daß kulturelle Verhältnisse und ihre Veränderungen nicht nur mit Arbeitsteilung zusammenhängen, sondern, damit verbunden, vor allem mit einem Zuwachs an Geschwindigkeitspotential. Betrachtet man allein die Sozialgeschichte, so ist beispielsweise unbestreitbar, daß die entscheidenden technischen Verbesserungen bzw. Durchbrüche jeweils der Erhöhung der Geschwindigkeit von Produktion (z. B. mechanischer Webstuhl, Dampfmaschine), Transport (Eisenbahn, Auto, Flugzeug) und Nachrichtenübertragung (Telegraphie, Telefon, *electronic mail*) dienen. Die der Geschwindigkeit vorausgesetzte und ihr zuzuordnende Energieform, die für das okzidentale Naturverhältnis seit den Tagen Bacons und Descartes' entscheidend ist und das moderne Janusgesicht von verändernder Dynamik und Tod erklärt, ist die Kinetik – mit anderen Worten Gewalt.

Verkehr meint die Entfesselung von Bewegung, die Überschreitung von Grenzen, den Austausch von Gütern und Informationen. Wenn die Geldströme, die Informationsströme und die Warenströme nicht fließen dürfen, setzt nach den Spielregeln unserer Zivilisation und Wirtschaftsordnung Stagnation, ja Rückschritt ein. Der 'ideale' Verkehr läßt Raum und Zeit zu einem Punkt schrumpfen, mit der erwünschten Folge, daß simultane Ordnungen lineare, chronologische und spatiale Ordnungen ablösen. In den elektronischen Medien ist diese simultane Ordnung der illusionären Anwesenheit des Abwesenden schon erreicht. Der Transport der Nachricht geschieht in Sekundenbruchteilen.

Die entscheidenden Entfesselungen und Grenzüberschreitungen setzten mit den im 19. Jh. erfundenen mechanischen Fahrzeugen ein. Das bisher in Raum und Zeit mögliche Bewegungsrepertoire wird zwar nicht völlig außer Kraft gesetzt, aber doch revolutionär erweitert. Waren den Menschen bisher vertikale Aufstiege und – wenn man vom Bergsteigen absieht – panoramische Überblicke verwehrt, so wird mit der Erfindung des Ballonfliegens diese Beschränkung überwunden. Die Eisenbahn, zunächst für die Beförderung von Kohle und dann auch für die Beförderung von Personen gedacht, ermöglicht mit ihrer 'unerhörten' Geschwindigkeit Wahrnehmungserlebnisse, etwa die Erfahrung des Flüchtigen, Transitorischen und Fragmentarischen, auch der fliehenden Landschaft, die in dieser Radikalität mit Pferd und Pferdekutsche noch nicht möglich waren. Die Wahrnehmungsentgrenzungen und -verzerrungen betreffen die Nahsicht, nicht die Fernsicht. Wenn Sozialordnungen selbst sich beschleunigt verändern, gerät aber auch der Verkehr in der Zeit und mit der Zeit in eine neue Dimension. Denn die Geschichte variiert nicht einfach vorhandene Muster oder löst gar zeitlose Prinzipien ein. Sie ist keine Anreihung von Exempeln. Sie erweist sich vielmehr als Möglichkeitsfeld, das man mit Prognosen und Programmen in den Griff bekommen will, und als reichhaltig bestücktes Museum, dessen archivierte Ausstellungsstücke von der historischen Phantasie in ihrem Anderssein verstanden und zugleich in die gegenwärtige Sprache übersetzt werden müssen. Im 19. Jahrhundert gewinnt in der Tat die historisch-evolutionäre, nicht nur der Vergangenheit, sondern auch der Zukunft zugewandte historische Imagination die Rolle eines Fahrzeugs und eines Reiseführers, mit dessen Hilfe der Verkehr mit Vergangenheit und Zukunft vonstatten geht.

Es entsteht strukturell eine unglaubliche Mobilität und Variabilität aller zeitlichen, räumlichen und perspektivischen Verhältnisse, deren Möglichkeiten erst von der modernistischen und der postmodernen Literatur voll ausgeschöpft werden. Wie das Museum, die Weltausstellung und das Mitte des 19. Jahrhunderts entstandene Warenhaus zeitlich und kulturell Verschiedenes in unmittelbare räumliche Nachbarschaft bringen, stoßen schon in den Texten des 19. Jahrhunderts verschiedene Kultur- und Entwicklungsstufen aufeinander, wird der *change* gerade in solchen räumlichen Zusammenstößen sichtbar. Der Historismus breitet eine unüberschaubare Vielfalt von Fakten und Stilen aus, die, gleichzeitig verfügbar und abrufbar, die Relativität und Perspektivität menschlicher Kulturschöpfungen ständig vor Augen führen. Seine imaginativen Reisen in die Vergangenheit ergänzt die neu entstehende Science Fiction (*The Time Machine*, 1895) mit Reisen in die Zukunft, die – symbolisch folgerichtig – sich zunächst eines Verkehrsmittels bedienen, nämlich der Zeitmaschine. Da Raum und Zeit aufeinander angewiesen sind, bedarf die rasche Zeitreise räumlich-körperlicher Veränderungen, um – gerade auch im literarischen Text – sinnfällig zu werden (Wells), während die Reise in den Raum immer auch unterschiedliche Zeit- und Entwicklungsstufen der Kultur repräsentiert (z. B. in der Kutschenreise von George Eliots *Felix Holt*). Nicht umsonst ist die entfesselte Mobilität der Perspektiven und der Verkehr in Raum und Zeit gerade das Markenzeichen der avancierten Werke um die Jahrhundertwende (Wells, *The Time Machine*; Conrad, *Heart of Darkness*).

Der Wellssche *Time Traveller* fährt bekanntlich Zukunft und primitive Vergangenheit ab, wobei die radikale Ambiguität der Zukunftsentwürfe sichtbar wird. Auf dem klassischen Verkehrsmittel sitzend, einem Schiff, berichtet Conrads Erzähler Marlow, tastend erzählend und deutend, von einer Reise in den Kongo, die zugleich eine Reise in die gemeinsame primitive Vergangenheit und eine unabgeschlossene hermeneutische Bewegung in Richtung auf das rechte Verständnis der Figur Kurtz ist, den seine utopisch-fortschrittliche Rhetorik gerade nicht davor bewahrt, in die Barbarei zurückzufallen. Selbst die knappste Beschreibung der thematisch-strukturellen Merkmale des Textes von Conrad muß, wie man sieht, ständig auf Bewegungsbegriffe zurückgreifen („tastend", „Reise", „unabgeschlossen", „Bewegung", „fortschrittlich", „zurückzufallen"). Die überlegene Bewegungsfähigkeit der europäischen Eroberer und Ausbeuter – Kanonenboot, Eisenbahnbau, Telegrafenstationen, Geld, usw. – ist mit einer offenkundigen Explosion von kinetischer Energie, Gewalt und Unterdrückung der Eingeborenen verbunden. Gleichwohl 'spielt', 'pendelt', 'schwebt' bzw. 'oszilliert' die Semantik des Textes zwischen rassistischen (Klischee des Schwarzen) und antirassistischen, kolonialistischen (England als vorbildliche Kolonialmacht) und antikolonialistischen Deutungen. Die Semantik des Textes ist selbst in einem radikalen Sinne mobil geworden, was zu zahlreichen poststrukturalistischen Lektüren von *Heart of Darkness* geführt hat.

Es spricht vieles dafür, den Verkehr als Leitmetapher für alle jene Verflüssigungen zu betrachten, die in den theoretischen Diskursen seit dem 19. Jh. verstärkt zu beobachten sind. Was die Verflüssigungen als Spielarten des gleichen Vorgangs ausweist, ist der Vorgang der konsequenten Entsubstantialisierung und Metaphysikkritik. Marx versteht die Geschichte bekanntlich als einen durch die menschliche Arbeit, d. h. durch den Verkehr zwischen Mensch und Natur, vorangetriebenen Prozeß, der dialektisch schließlich in das Reich der Freiheit einmünden werde. Lyell und Darwin sprengen das metaphysisch begründete Gefüge der Paleyschen Naturtheologie auf, indem sie – ausgerechnet über die Geologie – die Erde und ihre Fauna und Flora als Erzeugnis eines langen Entwicklungs- und Differenzierungsprozesses begreifen, eines komplexen 'Verkehrs' zwischen Umwelt und Systembildung, der nie abgeschlossen ist. Gott, weit entfernt davon, ein unbewegter Beweger zu sein, der sich in der gesetzmäßig geordneten Vielfalt und Schönheit der Naturvorgänge entdecken läßt, löst sich in die biologischen und physikalischen Kategorien des Lebens und der Energie auf. Wirklichkeit läßt sich nicht mehr als statisch-hierarchisches Seinsgebäude begreifen wie noch bei den Elisabethanern und im Mittelalter, sondern nur noch als Prozeß. Alfred North Whitehead hat seinen „Entwurf einer Kosmologie" deshalb gezielt unter den Leitbegriff Prozeß gestellt. Welt und Mensch sind nicht monadisch geschlossene, unveränderliche, hierarchisch gegliederte Substanzen, sondern Ereignisketten, veränderliche Resultate eines dynamischen Beziehungsgeflechts. In ihrem Buch *Prozeß-Theologie. Eine einführende Darstellung*[1] schreiben John B. Cobb, Jr. und David R. Griffin:

> Das Prozeßverständnis Whiteheads läßt sich folgendermaßen charakterisieren: er sagt, daß der zeitliche Prozeß ein Übergang (*transition*) von einer wirklichen Gegebenheit (*actual entity*) zu einer anderen ist. Diese Gegebenheiten sind momenthafte Ereignisse, welche unmittelbar im Entstehen vergehen. Das Vergehen markiert den Übergang zu den folgenden Ereignissen. Die Zeit ist nicht ein ununterbrochener, glatter Strom, sondern sie entsteht in kleinen Tropfen.[2]

Entsprechendes gilt für die Definition des Individuums:

> Die personale Existenz des menschlichen Individuums ist eine 'in einer Abfolge geordnete Verbindungsgruppe' (*serially ordered society*) von Erlebnisgeschehnissen.[3]

Es kommt hier nicht darauf an, die Einzelheiten der Whiteheadschen Unterscheidungen, durch welche die Descartessche Subjekt-Objekt-Spaltung und das Descartessche Substanzdenken überwunden werden, detailliert zu entfalten. Entscheidend ist die Feststellung, daß der Prozeß in Natur und Kultur immer wieder neue Strukturen erzeugt, die selbst wiederum ständig neuen und veränderten weichen müssen – vor allem auf dem Gebiete der Kultur.

Die radikalste Konsequenz aus allen diesen Entwicklungen zogen die Lebensphilosophen (Nietzsche, Dilthey, u.a.), indem sie statt Gott oder der absoluten Ideen das fließende Leben selbst mit seiner Leiblichkeit, Veränderlichkeit und Unauslotbarkeit zur unvorgreiflichen Wirklichkeit erklärten, zu einer ständig produktiven Instanz, die sich in reiner Immanenz selbst versteht und auslegt, und zwar dergestalt, daß sie ihre eigenen Gebilde als veränderliche Produkte einer schöpferischen Tätigkeit versteht und interpretiert. Nicht nur die Schönheit oder gar das Werkzeug, auch Gott ist etwa für Nietzsche ein Erzeugnis schöpferischen menschlichen Lebens.

Nietzsches Radikalisierung des Kantschen Transzendentalismus bedeutet, daß er die Vorstellung der Vernunftmetaphysik von einer festen, sinnhaft geordneten Welt, in der mit Vernunft und Wille ausgestattete Wesen handeln, als Illusion entlarvt. Seine Aufklärungsarbeit zielt darauf, sie als Erzeugnis einer fließenden, von widersprüchlichen Triebimpulsen und Empfindungen beherrschten und letztlich dunklen Subjektivität zu erweisen. 'Ich', 'Wille' und 'Verstand'– so zumindest der frühe Nietzsche – sind keine Realitäten, sondern sprachliche Fiktionen. Was für ihn die

---

[1] Göttingen: 1979 (deutsche Übersetzung des englischen Originals von 1976).
[2] Ibid., 12.
[3] Ibid., 13.

Wirklichkeit von Ich, Welt und Kultur ausmacht, ist offenbar ein komplexes Spiel von Zirkulationen und Reaktionen. Um dieses Spiel zu veranschaulichen, metaphorisiert Nietzsche die Begriffe „Chemie" und „Verkehr" – ein aufschlußreiches sprachliches Indiz dafür, daß Nietzsches Metaphysik des Lebens im Horizont von Modernisierung und Mobilmachung gelesen werden muß:

> Alles, was wir brauchen und was bei der gegenwärtigen Höhe der einzelnen Wissenschaften von uns gegeben werden kann, ist eine *Chemie* der moralischen, religiösen, ästhetischen Vorstellungen und Empfindungen, ebenso aller Regungen, welche wir im Groß und Klein-*verkehr* der Kultur und Gesellschaft, ja in der Einsamkeit an uns erleben: wie, wenn diese Chemie mit dem Ergebnis abschlösse, daß auch auf diesem Gebiet die herrlichsten Farben aus niedrigen, ja verachteten Stoffen gewonnen sind? [4]

Die immanente Selbstauslegung des Lebens als Grundmodus geschichtlicher Existenz hat hermeneutischen Charakter und folgt gleichsam dem Modell des Kreisverkehrs. Denn sowohl das Verstehen von kulturellen Bedeutungsgebilden bzw. „Ausdrücken" (W. Dilthey) über die wechselseitige Aufhellung von Ganzem und Teilen als auch die wechselseitige Bedingtheit von Beobachterstandpunkt und historischem Beobachtungsobjekt folgen dieser zirkulären Struktur. Es gibt keinen festen, substantiellen Ausgangspunkt mehr wie in der traditionellen Metaphysik.

Die Instrumente dieser Selbstauslegung des Lebens sind neben lyrischen Selbstaussprachen, Reflexionen und den Humanwissenschaften (Psychologie, verstehende Soziologie, usw.) vor allem erfundene oder wissenschaftlich fundierte Erzählungen über Einzelpersonen und Gesellschaften. Das diesen Erzählungen und den durch sie vermittelten Wahrnehmungen und Erfahrungen zugrundeliegende Modell ist die Reise in den Raum oder die Reise in die Zeit (Lebensreise, rekonstruiert als Reise in die Vergangenheit) – häufig beide zugleich. Daß die Modernisierung Rhythmus, Geschwindigkeit und Zielrichtung jener Reisebewegungen und der mit ihnen verbundenen Erfahrungen des Subjekts entscheidend prägt, und zwar gerade auch in der gezielten Gegenbewegung, versteht sich. Ebenso, daß literarische Kunst als sinnliche und reflexive Repräsentation und imaginative Erkundung solcher Erfahrungen neue Verfahren entwickeln muß, um sie nicht nur zu behaupten, sondern auch ästhetisch nacherlebbar zu machen.

Neuere Denker verlassen den bisher nur angedeuteten Reflexionsstand nicht, sondern denken ihn konsequent zu Ende. Statt mich auf erkenntnistheoretische Fragen im Zusammenhang mit der lebensphilosophisch funktionalisierten Hermeneutik und der Relativitätstheorie Einsteins – die einen Zusammenhang zwischen beweglichem Beobachterstandpunkt und relativer Erkenntnis nachwies – weiter einzulassen, will ich diese Behauptung am Beispiel des Wirklichkeits- und Kulturverständnisses von Goodman, Sloterdijk und Virilio etwas näher erläutern. In einem zweiten Schritt werden dann die ästhetischen Folgen der festgestellten Verflüssigungen für die Moderne zu umreißen sein.

Goodman beschreibt das Resultat des oben angedeuteten Prozesses der Entsubstantialisierung wie folgt:

---

[4] „Menschliches, Allzumenschliches", 1. Aphorismus, vgl. Walter Schulz, *Philosophie in der veränderten Welt* (1972; Pfullingen: Neske 1976) 409; zu Nietzsche und der Lebensphilosophie vgl. auch Otto Friedrich Bollnow, *Die Lebensphilosophie* (Berlin: Springer, 1958) 13.

Nachdem die falsche Hoffnung auf eine feste Grundlage verschwunden und die Welt ersetzt ist durch Welten, die nichts als Versionen sind, nachdem Substanz sich in Funktion aufgelöst und das Gegebene als ein Genommenes erkannt wurde, stehen wir nun vor den Fragen, wie Welten erzeugt, getestet und erkannt werden.[5]

Die „falsche Hoffnung auf eine feste Grundlage" war viele Jahrhunderte, ja Jahrtausende, von Religion und Metaphysik genährt worden. Es gibt keinen Ursprung alles Seienden, ein letztes welterzeugendes Prinzip, auf das alles zurückbezogen werden könnte. Wir müssen vielmehr davon ausgehen, daß Menschen in kulturellen Tätigkeiten, die zeitlich und funktional voneinander abgetrennt sind, als Künstler, Wissenschaftler, Religionsstifter, Bauer, Handwerker usw. mit Hilfe von Symbolen je eigene Welten erstellen. Wenn Goodman die schöpferische Komponente betont, setzt er offenkundig marxistische und lebensphilosophische Einsichten fort. Der Mensch ist nicht festgelegt, er verfügt über einen kreativen Bewegungs- und Gestaltungsspielraum. Deshalb ist für Goodman die dem Menschen angemessene Metaphorik dynamischer, nicht statischer Art. Was er negiert, sind durchweg fundamentalistische Begriffe wie „feste Grundlage", „die Welt", „Substanz" und „das Gegebene". An ihre Stelle treten Begriffe, die Vielheit (statt Einheit), dynamische Beziehungsverhältnisse („Funktion") und gestaltende Energie („Genommenes") anzeigen. Die wirkliche Welt wird verstanden als Prozeß, eine unaufhörliche Folge von Transformationen, bei denen aus gegebenen Welten mit Hilfe bestimmter Verfahren – Zerlegung und Zusammenfügung, unterschiedliche Betonung oder Gewichtung von Arten und Klassen, Tilgung und Ergänzung, Deformation – neue Welten erzeugt werden[6]. Goodmans Beispiele zeigen, daß diese „Weisen der Welterzeugung"[7] gleichermaßen z. B. auf die Physik, die kreative Bewegungswahrnehmung des Auges und die Kunst (z. B. Deformation in der Karikatur) zutreffen können.

Goodmans radikaler Relativismus impliziert die Beweglichkeit aller Verhältnisse, ohne die es keine Veränderungen und Neuschöpfungen gibt.

Peter Sloterdijk rückt nun die entfesselte Mobilität in den Mittelpunkt seines Denkens und erklärt sie zum auszeichnenden Merkmal der mit Kopernikus und Bacon einsetzenden Moderne schlechthin. Durchaus in der Tradition der deutschen Philosophie versteht sich Sloterdijk als Denker, der seine Zeit in Gedanken faßt, indem er in postmoderner Zeit und aus postmoderner Sicht eine Kritik der abendländischen Moderne betreibt („Gegenwartsdiagnostik"[8]). Gegen marxistische und liberale Deutungen, die dem Weltprozeß letztlich ein Bewegungsgesetz unterlegen, das Fortschritt, Fortschreiten zu einem utopischen Ziel verspricht, erklärt Sloterdijk den von Ernst Jünger geborgten Begriff der „Mobilmachung" zur zentralen Kategorie seiner „Theorie der Moderne"[9]. Daß in dem militärischen Begriff bedrohliche Assoziationen von Gewalt und Vernichtung mitschwingen, ist beabsichtigt. Zwar ist Fortschritt „Bewegung zur Bewegung, Bewegung zur Mehrbewegung, Bewegung

---

[5] Nelson Goodman, *Weisen der Welterzeugung* (engl. Erstausgabe 1978; Frankfurt: Suhrkamp 1993) 19.

[6] Cf. ibid., 20 ff.

[7] Ibid., 20.

[8] Peter Sloterdijk, *Eurotaoismus: Zur Kritik der politischen Kinetik* (Frankfurt: Suhrkamp, 1989) 27.

[9] Ibid., 52.

zur gesteigerten Bewegungsfähigkeit"[10], aber die verschiedenen Katastrophen der neueren Geschichte, von den Atomunfällen bis zur Zerstörung des Biosystems einschließlich des Umschlags automobiler Bewegungstotalität in die Bewegungsunfähigkeit des Staus[11], haben das wahre Wesen dieser Mobilmachung offenbart. Ihr „offensiv(er) kinetisch(er) Nihilismus"[12] unternimmt, angetrieben von den unablässigen „Selbstmobilisierungen"[13] des spezifisch neuzeitlichen, abendländischen Subjekts, das schon von der Transzendentalphilosophie zu Recht als tätiges Subjekt beschrieben wurde, einen rücksichtslosen Angriff auf die Welt, die Natur, die in diesem Vorgang verbraucht, aufgezehrt, entwirklicht, in einen bloßen Spielball der kreativen Wut eben dieses Subjektes verwandelt wird. Die entfesselte Bewegung in Wirtschaft, Technik, Ökonomie, Wissenschaft und Kultur („expressive Mobilmachung"[14]) untersteht längst nicht mehr einem kontrollierbaren Zweck. Sie hat sich vielmehr zum Selbstzweck verselbständigt. Das Projekt der Moderne enthält folglich einen nihilistischen, selbstzerstörerischen Kern:

> Was wie ein kontrollierter Aufbruch zur Freiheit aussah, erweist sich jetzt als Abgleiten in eine unkontrollierbare katastrophale Heteromobilität.[15]

Wenn somit das Ergebnis des Modernisierungsprozesses die „reine Bewegung"[16] ist, drängt sich eine Umdefinition der Modernität auf: „Die Modernität ist ein ontologisch reines Sein-zur-Bewegung"[17]. Damit handelt es sich bei ihr um ein „kategorial neuartiges Phänomen"[18]. Der von Sloterdijk geforderten „Kritik der politischen Kinetik" fällt demnach die Aufgabe zu, zwischen „richtiger Beweglichkeit und falscher Mobilisierung"[19] zu unterscheiden. Es kommt darauf an, die Voraussetzungen dafür zu schaffen, daß aus dem „Täter der Mobilmachung"[20] ein „'Hüter' der richtigen Bewegung"[21] wird.

---

[10] Ibid., 36.

[11] Die kulturelle Dialektik von Bewegung und Erstarrung in der Moderne hat Hartmut Rosa in seiner großen Studie *Beschleunigung: Die Veränderung der Zeitstrukturen in der Moderne* (Frankfurt: Suhrkamp, 2005) folgendermaßen zusammengefaßt: „Kulturell ebenso wie strukturell läßt sich daher, so habe ich in der Arbeit zu zeigen versucht, die Beschleunigungsgeschichte der Moderne *widerspruchsfrei* auch als Geschichte der komplementären progressiven Erstarrung erzählen, die auch in der auf die Entwicklung der Persönlichkeit bzw. der Selbstverhältnisse bezogenen, psychologischen Perspektive ihren Niederschlag findet. Wie ich dargelegt habe, droht nämlich die Beschleunigung oder Verdichtung von Handlungs-und Erlebnisepisoden aus einer stimulierenden ‚Steigerung des Nervenlebens' (Simmel) stets in deren Gegenteil, in die Erfahrung ereignisloser, existentieller *Langeweile (,l'ennui")*, und im Extremfall sogar in die pathologische Erfahrung einer „eingefrorenen" Zeit der *Depression* umzuschlagen. In individueller wie kollektiver Hinsicht, so der Befund, ist es der Übergang von einer *als gerichtet* erfahrenen Bewegung in eine *richtungslose* Dynamisierung, der den Eindruck des *Stillstandes* trotz oder gerade aufgrund einer hohen Ereignisdynamik hervorruft." (S.437)

[12] Ibid., 76.

[13] Ibid., 65.

[14] Ibid., 64.

[15] Ibid., 24.

[16] Ibid., 30.

[17] Ibid., 37.

[18] Ibid., 66.

[19] Ibid., 53.

[20] Ibid., 81.

[21] Ibid., 81.

Es verwundert, daß Sloterdijk seiner „Kritik der politischen Kinetik", die ja auf einen Rettungsversuch hinausläuft, auf eine Verlangsamung, ja qualitative Veränderung des rasenden Zivilisationszuges, die Qualität des Utopischen abspricht. Sie erinnert im übrigen mit ihrer Betonung der natur- und weltfeindlichen Aggressivität der westlichen Kultur und Subjektivität an lebensphilosophische und konservative Zivilisationskritik, wie man sie nach 1900 bei Ludwig Klages findet. Heute sind indes nicht die Konservativen, sondern eher die Grünen die Erben solchen Denkens. In unserem Zusammenhang interessiert nun Sloterdijks in einem weiteren Buch entwickelte These, daß die Mobilmachung schon seit geraumer Zeit von Protestbewegungen begleitet ist, die zumal mit Hilfe asiatischer Denk- und Lebensformen (Tao) der entwirklichenden und zerstörerischen Beweglichkeit Einhalt gebieten wollen. Es geht darum, „Synchronien zwischen Leib und Erde"[22] zu bewahren oder wiederherzustellen, die durch den modernen Wirklichkeitsbegriff entkräftete Evidenz sinnlicher Erfahrung wiederzugewinnen, d. h. „sich Reste einer leiblich-ästhetischen Orientierung zu bewahren". Hatte Adorno Kunst und Ästhetik als einzig noch möglichen Zugang zur Wahrheit erklärt, so nimmt bei Sloterdijk die Ästhetik wiederum eine privilegierte Position ein, jetzt aber als Gegengift. Sinnliche Wahrnehmung, *aisthesis*, möge die Bodenlosigkeit ungezügelter modernistischer Welterzeugungen gleichsam auffangen:

> Den bewußten Rückgang aus dem kopernikanischen Vorstellungswirbel in die alt-neue Wahrnehmungseinstellung nenne ich die ptolemäische Abrüstung. [23]

Es geht also, anders gesagt, in Lebensgestaltung und Kunst gegen neuzeitliche Konstruktionen und Abstraktionen, die in der Realität entfesselte Bewegung, Zerstörung und unüberschaubare Komplexität bedeuten, um die Rehabilitierung von Sinnlichkeit, Langsamkeit und anthropologischen Konstanten.

Auf recht abstraktem Niveau – abgesehen von den sehr aussagekräftigen, der Reklame entnommenen Illustrationen – entfaltet Sloterdijk die negative Dialektik der systemischen und individuellen Mobilmachung. Obwohl auch Virilio Bewegung, Beschleunigung und vor allem Geschwindigkeit mit geradezu monomanischer Sturheit in den Mittelpunkt seiner Gesellschafts- und Kulturanalysen rückt, ist seine Darstellung sehr viel anschaulicher, gespickt mit Beispielen aus der Geschichte der Medien, der Verkehrsmittel und des Krieges. Verblüfft stellt man fest, wie sehr der Gesichtspunkt der Geschwindigkeit, d. h. des verbesserten Transport- und Verkehrswesens, die wesentlichen Phasen der abendländischen Kulturentwicklung bis hin zu ihrer offenbaren Krise in der Gegenwart zu erhellen vermag. Was zunächst nur wie ein technikgeschichtliches Teilinteresse aussieht, weitet sich aus zu einer ganzen Kulturtheorie und Disziplin, die er Dromologie nennt:

> In der Tat, Dromologie ist ein Terminus, den ich neu eingeführt habe. Neben der Verkehrssoziologie, neben der Philosophie der Zeit, neben der Ökonomie war noch Raum für eine andere Logik, eine andere Disziplin, die ich dann Dromologie genannt habe. Der Wortsinn erklärt warum: *dromos* bedeutet im Griechischen Lauf, Rennen, Rennbahn. Und dieser Begriff verdeutlicht ganz gut, wie repräsentativ die Geschwindigkeit für unsere Gesellschaft ist, sie ist es genauso wie der Reichtum. [...] Dementsprechend

---

[22] Peter Sloterdijk, *Kopernikanische Mobilmachung und ptolemäische Abrüstung: Ästhetischer Versuch* (Frankfurt: Suhrkamp, 1987) 65.
[23] Ibid.

ist die Dromologie die Wissenschaft, oder, besser gesagt, die Disziplin, die Logik der Geschwindigkeit.[24]

Die Geschwindigkeit, seit Einsteins Relativitätstheorie „zum neuen Absoluten geworden", ist ein „wesentlicher Bestandteil des politischen und sozialen Lebens von Nationen"[25]. Wer über das wirkungsvollste Transportmittel und Nachrichtensystem verfügt, gewinnt auch am meisten Einfluß, Kontrolle, Macht und Reichtum. Die Maya-Kultur war z. B. den spanischen Eroberern hoffnungslos unterlegen, weil sie nicht über die Geschwindigkeit und explosive kinetische Energie berittener Truppen verfügte. Aus dem gleichen Grund wurden befestigte Stadtanlagen obsolet, sobald es eine entwickelte Artillerie gab. Daß Strategie und Taktik des Krieges, denen Virilio beträchtliche Teile seines Werkes widmet, seine Annahmen glänzend bestätigen (von der Steinschleuder bis zu modernen Panzerarmeen, Raketen und elektronischen Steuerungssystemen), braucht hier nicht im einzelnen entfaltet zu werden. Auch leuchtet ein, wie die Erfindung oder Nutzbarmachung von Fahrzeugen – die Frau als 'Lasttier' setzt den Mann für kriegerische Tätigkeiten frei, Pferd als Reittier, Schiff, Eisenbahn, Auto, Düsenflugzeug – die Ökonomie, das Militärwesen und die soziale Struktur ganzer Kulturen revolutionieren und „Hierarchien von Geschwindigkeit, verbunden mit Hierarchien von Reichtum"[26] etablieren.

Virilio ist sich mit Sloterdijk darin einig, daß diese neuerdings ins Wahnwitzige gesteigerten Innovationen auf einen in mehrfacher Hinsicht „negativen Horizont" (Virilio) zusteuern:

> Im Bereich der Wissenschaften und Techniken, auf die sich die westliche Welt aufbaut, gibt es nur Maschinen, die sich beschleunigen.[27]

Den Glauben des 19. Jahrhunderts an die verbindende, humanisierende, dumpfen Provinzialismus auflösende Kraft neuer Kommunikationsmittel hält Virilio selbstverständlich für naiv. Was sie mit sich brachten, ist in Wahrheit ein neues Nomadentum, eine Unkultur des Leerlaufs:

> Im Land, das vor uns liegt, jenseits des Horizonts, schließt sich der Leerlauf der Reisen. Das Anders beginnt hier, wir selbst werden unser Unbekanntes. – Die Geschwindigkeit ist nicht mehr das Zeichen eines Fortschritts, eine Progression, sondern das einer Konversion; die Revolution des Fahrzeugs ist letztlich eine ewige Wiederkehr. Die Illusion der Geraden ist vergangen und mit ihr der "Bindestrich" zwischen den Nationen und Völkern.[28]

Wo eine Kunstwelt aus Prothesen die beschleunigte Fortbewegung besorgt, wird der Leib als Organ sinnlicher Wahrnehmung und körperlicher Bewegung außer Kraft gesetzt. Über Medien vermittelte Bilder und Erfahrungen verdrängen das konkrete Sehen, Hören und Fühlen. Geschwindigkeit bedeutet darüber hinaus den Tod von Raum und Zeit, weil er sie auf einen Punkt schrumpfen läßt. Neuere Reiseschriftsteller wie Bruce Chatwin beziehen ihren Charme gerade aus dieser Verlust-

---

[24] Paul Virilio, „Dromologie: Logik der Rennbahn", *Lettre Internationale* 28, Herbst 1991, keine Paginierung.
[25] Ibid.
[26] Ibid.
[27] Ibid.
[28] Paul Virilio, „Fahrzeug", in: Karl-Heinz Barck et al. (eds.), *Aisthesis. Wahrnehmung heute oder Perspektiven einer anderen Ästhetik. Essais* (Leipzig: Reclam, 1990, 4. Aufl. 1992) 70.

erfahrung. Indem sie hypermoderne Reisemittel meiden und archaische Kulturen (z. B. Australien) aufsuchen, gewinnen sie in dialektisch vermittelter und gesteigerter Weise eben jene Dimension der Reise, des Erlebnisses des ganz Anderen und der sinnlich gesättigten Reiseerfahrung zurück, die in den als Transportkisten funktionierenden Düsenjets verloren gegangen ist. Schließlich erzeugt die gesteigerte Beweglichkeit nicht nur katastrophale Unfälle, die Kriegsereignissen vergleichbar sind. Sie erzwingt auch die Einführung eines hochkomplizierten Systems von Verkehrsregeln (Gesetzen, Erlassen, Verwaltungsvorschriften usw.) in Wirtschaft, Politik und Kultur, das wie eine neue 'Fesselung' wirkt. Mit anderen Worten: Freier Handel, Freiheit der Kunst, Niederlassungsfreiheit, Reisefreiheit, freie Berufswahl, freie politische Wahl, Religionsfreiheit usw. sollen in unserem dem Liberalismus verpflichteten System eine Vielfalt individueller Bewegungen bzw. Handlungen ermöglichen, die ihrerseits wieder, um Chaos zu verhindern, der Grenzziehung und Kanalisierung durch überindividuelle Normen und staatliche Institutionen (Justiz, Verwaltung, Polizei, Armee, Arbeitsamt etc.) bedürfen. Kein Spiel ohne Spielregeln. Ausgehend vom scheinbar banalen Gesichtspunkt des Fahrens, des Fahrzeugs und der Geschwindigkeit landet Virilio bei soziologischen und kulturkritischen Einsichten, die seit der Jahrhundertwende – man denke z. B. an Max Webers „ehernes Gehäuse" oder die scharfe Kritik an der Massenkultur bei Leavis – in anderem Zusammenhang immer wieder geäußert worden sind.

Ästhetische Auswirkungen. Bewegung, Literatur, moderne Literatur

Abgesehen davon, daß Goodman keine Zeit- und Kulturkritik anvisiert, fallen die Befunde von ihm selber, Sloterdijk und Virilio sehr ähnlich aus. Was bedeutet dies aber für die Kunst? Wie wirkt sich die Mobilmachung auf die Inhalte, die Komposition und die Theorie der Künste, insbesondere der Literatur, eigentlich aus? Eine umfassende, gründliche Studie, die solche Fragen zu beantworten sucht, scheint bisher nicht vorzuliegen, wohl aber eine Reihe von Motivuntersuchungen zu Fahrzeugen (Eisenbahn, Auto, Ballon), die gelegentlich – vor allem Dirk Hoeges in seiner nützlichen Studie[29] – den Aspekt einer 'Ästhetik der Geschwindigkeit' hervorheben. Von einer umfassenden Erörterung der Ästhetik der Bewegung, die vielleicht gar nicht zu leisten ist, kann bislang aber kaum die Rede sein. Die folgenden Abschnitte sind ein Versuch, einige Aspekte dieses Problemkomplexes – moderne und vor-moderne Bewegung, Bewegung in Poetik und ästhetischer Kulturtheorie, poetische Sprache und Bewegung – zu sondieren. Bei den nachfolgenden Kapiteln handelt es sich überwiegend um Motivuntersuchungen im oben genannten Sinne, allerdings mit ästhetischem Fokus.

---

[29] Dirk Hoeges, *Alles veloziferisch: Die Eisenbahn – Vom schönen Ungeheuer zur Ästhetik der Geschwindigkeit* (Reinbach *1985*). Eine knappe, zusammenfassende Skizze zum Zusammenhang von Beschleunigung und Kultur der Moderne liefert Hartmut Rosa in einem Abschnitt seiner großen Studie *Beschleunigung: Die Veränderung der Zeitstrukturen in der Moderne* (Frankfurt: Suhrkamp, 2005) 71–88.

Zunächst muß indes ein Ungleichgewicht beseitigt werden. Bei der Lektüre des theoretischen Diskurses von Sloterdijk (und des realitätshaltigeren von Virilio) könnte der Eindruck entstehen, daß 'Mobilmachung' und 'Geschwindigkeit' die unangefochten herrschenden Kräfte und Tendenzen unserer Kultur seien. Kontinuitäten und gegenläufige Kräfte werden unterbelichtet, wenn auch nicht übersehen. In Leben und Kunst gibt es aber Bewegung und Geschwindigkeit nicht erst seit dem Anbruch der Moderne. Insofern Leben in der Zeit verläuft und aus einer Serie von Handlungen, Erlebnissen und Bewegungsakten besteht ('handeln', 'etwas tun', Aktiv statt Passiv) gehören beide, einschließlich der Reflexion über sie, zur anthropologischen Grundausstattung des Menschen. Theoretiker der Moderne neigen oder besser neigten dazu, den Anteil archaisch-anthropologischer Bestände des Menschseins, die sich etwa im Bau von Behausungen (weil der Mensch ohne Hilfsmittel die Natur nicht erträgt), im Bau von kulturellem Sinn angesichts des Todes und der Angst vor der Leere (Religion, Ideologien, Kunst), im triebhaften Hingezogensein zum anderen Geschlecht oder in der aggressiven Erwerbung von Ressourcen bis auf den heutigen Tag zeigen, zu unterschätzen. Es ist nicht anzunehmen, daß sich diese Verhaltensweisen prinzipiell verändert haben. Wenig zweifelhaft ist auch, daß sich ihre neueren kulturellen Kodierungen, vor allem jene der Avantgarde, teilweise erheblich von traditionellen Darstellungsformen unterscheiden. Auffällig ist weiterhin, daß in der Alltagskultur dem von Intellektuellen festgestellten Verschleiß von Sinn massive Sinnstabilisierungen entgegenwirken, im populären Lied ebenso wie in der parzellierten Freizeitkultur, die als Sinnersatz fungiert; ganz zu schweigen vom Aufschwung des Sektenwesens und der fortdauernden Virulenz der Ersatzreligion Nationalismus. Seit der Romantik übernahmen in der hohen Kultur vor allem Musik und Literatur die Aufgabe, Wahrheit und/oder Utopisches (im Sinne einer Alternative zur entfremdeten Wirklichkeit) aufleuchten zu lassen. Durchweg zeichnen sich dabei die Bilder und Erfahrungsräume, die als Korrelate von Sinnbedürfnissen tauglich erscheinen, durch Langsamkeit, Ordnung und Naturbezogenheit aus. Langsamkeit und Natur sind seit der Romantik, die als erste auf geistige, industrielle und politische Mobilisierungen antwortet, sentimentalisch imprägniert, weil sie nicht mehr selbstverständlich gegeben sind, sondern sich mittlerweile in Postulate und Sehnsuchtsbilder verwandelt haben. Was diese Sehnsucht einlöst, ist z. B. nach Schiller und Wordsworth nichts anderes als die Poesie. Gegen den städtischen Wirbel an Eindrücken setzt Wordsworth die unveränderlichen Formen und organischen Prozesse der Natur. Nur im Umgang mit ihnen vermag der Dichter dauerhaft gültige Werke zu schaffen. Eine entsprechende Rolle weist Schiller dem Dichter zu, wenn er ihn als „Bewahrer der Natur" definiert. Wenn diese hier nur angedeuteten Beobachtungen richtig sind, muß man folgern, daß es keine überzeitliche Funktion von Langsamkeit und Geschwindigkeit gibt. In der Reflexionskultur der Moderne verlieren diese Begriffe ihre Unschuld. Statt ungebrochene Kontinuitäten anzunehmen, müssen wir von neuen Beziehungszusammenhängen ausgehen, die diesen Erscheinungen jeweils einen eigenen Stellenwert geben. Langsamkeit ist seit dem Ende des 18. Jahrhunderts nicht nur Langsamkeit, sondern ausgesprochen oder auch unausgesprochen ein kritisches Gegenbild zur Geschwindigkeits-zivilisation.[30]

Um moderne Erscheinungen von Bewegung und Bewegungsrepräsentation prägnant beschreiben und abgrenzen zu können, müßte zunächst das Projekt einer allgemeinen Phänomenologie der Bewegungsformen der menschlichen Kultur in Angriff genommen werden, um von hier aus das eigentümlich Moderne der 'Mobilmachung' in den Blick zu bekommen. Über solche Grenzziehungen schreibt Sloterdijk in seinen höchst stimulierenden Studien allerdings mit rhetorisch-metaphorischem Schwung hinweg. Dabei wird man von vornherein mitbedenken müssen, daß vieles, was in den Bewegungsanalysen herausgearbeitet wurde, etwa der Zusammenhang von Geschwindigkeit und Gewalt, Geschwindigkeit und Macht, Geschwindigkeit und Verwirrung, Geschwindigkeit und Simultaneität, zwar nicht von der antiken Wirklichkeit, ansatzweise aber von der antiken und frühmodernen mytho-poetischen Phantasie vorweggenommen wurde. Wenn der mächtige, stets tätige Zeus den Blitz schleudert, wenn der Götterbote Merkur auf Windesschuhen in unfaßbarer Geschwindigkeit hier und dort erscheint, wenn Shakespeares Puck oder Ariel im Dienste der Machtausübung notfalls um die Erde rasen, so vollführen sie Bewegungen, die heute allerdings aufgrund der Raketentechnik und elektronischer Telekommunikation von Menschen ausgeführt werden. Der Mythos ist Wirklichkeit geworden, die Wirklichkeit Mythos. Zeus und Proteus, der Hirte von Neptun, entziehen sich fixierender Erkenntnis durch ständige Verwandlungen. Ovid widmet dem Thema der Verwandlungen ein ganzes Buch. Heraklit erklärt das Fließende, die Bewegung schlechthin, zum Grundprinzip der Welt – kein Wunder, daß Heraklit und Proteus von vielen (z. B. Nietzsche) als Ahnherren der Moderne betrachtet werden.

Als mimetisch-konstruktives Problem war die Geschwindigkeit schon immer – allerdings nicht die größte und auch nicht die vorrangigste – eine Herausforderung der Künste. Das berühmteste Beispiel einer einschlägigen Lösung stammt von Cäsar: "Veni, vidi, vici". In syntaktischer Verknappung dargeboten, als Aufzählung von drei Handlungen ohne verbindende Konjunktion, bildet der Satz die Geschwindigkeit des handelnden Militärführers ab. Dennoch bleiben die beschleunigte Mobilmachung und die Erhebung der Innovation zum Hauptzweck der technologischen und kulturellen – bis hin zu den rasch wechselnden Moden und Automodellen – Arbeit ein ausgeprägt modernes Phänomen. Denn nicht nur verdrängen und verändern sie in unvorstellbarem Maße alle Bereiche der Lebenswelt; vor dem 18. Jahrhundert überhaupt noch nicht im Blickfeld, wurden sie erst in jüngster Zeit, wie Virilio zu Recht hervorhebt, als Struktur, Problem und Reflexionsgegenstand entdeckt. Geschwindigkeit und Langsamkeit sind seit etwa 1800 nicht mehr bloß Geschwindigkeit und Langsamkeit, sondern reflexiv umspielte Größen, die zu prägnanter, heraushebender Darstellung einladen – von H.G. Wells' rasendem Zeitreisenden und dem damit verbundenem „Vorstellungswirbel"(Sloterdijk) bis zur gezielten Verlangsamung von Sten Nadolnys *Die Entdeckung der Langsamkeit*.

---

[30] Zum Entschleunigungsdiskurs und zur Literaturökologie als charakteristischen Erscheinungsformen geschwindigkeitskritischer Kulturtheorie und Ästhetik vgl. Fritz Reheis, *Die Kreativität der Langsamkeit: Neuer Wohlstand durch Entschleunigung* (Darmstadt: Wiss. Buchgesellschaft, 1996) und Hubert Zapf, *Literatur als kulturelle Ökologie: Zur kulturellen Funktion imaginativer Texte an Beispielen des amerikanischen Romans* (Tübingen: Niemeyer, 2002).

Thematik und Komposition moderner Werke und die theoretische Rede über sie stehen nicht zuletzt im Zeichen von Bewegung und Geschwindigkeit. Gerade indem sie einen abwesenden Ursprung suchen, beschwören sie die Erfahrung beschleunigten Wandels. Vorausgesetzt, diese Annahmen sind richtig, dann müssen allerdings immer noch Bewegungsformen von literarischen Werken ausfindig gemacht werden, die nur für die Moderne gelten. Schließlich weiß man seit Aristoteles, daß die Nachahmung von Handlungen bzw. Ereignisketten die Besonderheit der mimetischen Künste, zumal mimetischer Fiktionen, begründet. Im Herzen der Poetik scheint also von vornherein die Bewegungskategorie verankert. Wer in Fiktionen die Illusion des Lebens erzeugen will, muß Ereignisequenzen und Lebensgeschichten erzählen, sei es in narrativer oder dramatischer Weise. An systematischen Unterschieden interessierte Theoretiker haben deshalb seit Lessings *Laokoon oder über die Grenzen der Malerei und Poesie* (1766) zwischen Raumkunst und Zeitkunst unterschieden.

Wer den ästhetischen und literaturtheoretischen Diskurs des 16.–18. Jahrhunderts nicht nur nach seinen expliziten Argumenten befragt, sondern auch die gleichsam beiläufig mitgeschleppten Metaphern und Analogien berücksichtigt, wird allerdings feststellen, daß Aristoteles nicht als Bewegungs- und Handlungsanalytiker, sondern als Theoretiker der Baukunst rezipiert wird. In der Sprache der Poetik verwandeln sich dynamische Ereignisverläufe in sorgfältig geplante Gebäudekomplexe, die ästhetisch nach den Regeln der Proportion, der Symmetrie, des Aufbaus, des Verhältnisses von Ganzem und Teilen, von Ausschmückung usw. zu beurteilen sind. Wie Bernfried Nugel nachgewiesen hat[31], wird bis ins 18. Jh. die Rezeption der Poetik des Aristoteles vom „architektonischen Analogiedenken"[32] gesteuert. Dabei werden indes nicht nur willkürlich architektonische Kategorien wie Plan, innerer und äußerer Aufbau, richtige Größe, symmetrische Schönheit, geordnetes Zusammenstellen von Teilen zu einem notwendigen Ganzen u.ä. auf Aristoteles übertragen, sondern dort schon vorgefunden. Allein der Begriff 'Handlungsaufbau' legt nahe, eine zeitliche Beziehung in eine räumliche und statische umzuwandeln. Ben Jonson[33] verwendet als erster englischer Kritiker den Strukturbegriff im Sinne von architektonischem Aufbau und illustriert seine Konzeption mit Hilfe einer ausführlichen Analogie zwischen Tragödie und Bauwerk, die er Heinsius' Schrift *De Tragoediae constitutione Liber*[34] entnimmt. Kritiker des 18. Jahrhunderts neigen dann dazu, das mit dem Strukturbegriff mitgegebene Gesamtplankonzept durch die ebenfalls aus der Architekturtheorie stammenden Begriffe *plan* bzw. *design* auszudrücken.

Was in diesem Zusammenhang interessiert, ist der eminent statische Charakter dieses neoklassizistischen bzw. neoaristotelischen Kunst- und Handlungsbegriffs, den die architektonischen Analogien zusätzlich unterstreichen. Der moderne, von der Biologie und der Linguistik beeinflußte Strukturbegriff läßt immerhin Anpassungen der Struktur an veränderte geschichtliche Bedingungen zu. Aber selbst

---

[31] Bernfried Nugel (ed.), *Englische Literaturtheorie von Sidney bis Jonson, Wege der Forschung*, Bd. 578 (Darmstadt: Wiss. Buchgesellschaft, 1984)

[32] Ibid., 422.

[33] Cf. ibid., 429.

[34] Leyden, 1611.

Scholes geht von der Vorstellung aus, daß diese Veränderungen offenbar nur als (begrenzte) Variationen einer konstitutiven, unveränderlichen Struktur bzw. eines Systems aufzufassen sind:

> At the heart of the idea of structuralism is the idea of system: a complete, self-regulating entity that adapts to new conditions by transforming its features while retaining its systematic structure. [35]

Die neuklassizistische Literaturtheorie verwandelt Dynamik in Statik, indem sie die Bewegungskategorie 'Handlung' in ein System räumlicher Beziehungen übersetzt. Das hat fraglos mit einem im Prinzip statischen und hierarchischen Weltbild zu tun, das hier nicht zu beschreiben ist. Bewegung findet für diese Theoretiker nicht im Werk, wohl aber im Gemüt des Rezipienten statt, dessen Empfindungen und Einbildungskraft in Aufruhr versetzt werden soll (*movere*). Lessings scharfsinnige, prinzipielle Unterscheidung zwischen der Malerei und der Poesie sprengt diese Denktradition entscheidend auf. Nugels nützliche Studie geht auf diesen Sprung in der Aristoteles-Rezeption nicht mehr ein. Statik und Dynamik, Raum und Zeit werden zum ersten Mal in systematischer Weise als konstitutive ästhetische Dimensionen angesehen, die in verschiedenen Kunstformen bzw. Medien eine ganz unterschiedliche Rolle spielen. 'Bewegung' hat bei Lessing noch nicht mit der Geschichtlichkeit und dem Wirklichkeitsbezug von Kunstwerken zu tun – zwei Aspekte, die für das modernistische Verständnis von Kunst dann entscheidend werden. Er erhebt diese Kategorie vielmehr zum Grundbegriff einer auf systematische Abgrenzungen zielenden Kunstwissenschaft.

Deren Einsichten zu rekapitulieren, ist auch für die Bewegungsästhetik der Moderne allerdings von Nutzen. Wie Aristoteles unterscheidet Lessing zwischen Stoff (Gegenstand) und Art der Darstellung (Medium). Aus diesen Prinzipien leitet er die grundsätzlichen Unterschiede zwischen Malerei und Poesie ab. Die Malerei benutzt „Figuren und Farben in dem Raume, diese [d. h. die Poesie, H.U.S.] artikulierte Töne in der Zeit"[36]

> [...] Gegenstände, die neben einander oder deren Theile neben einander existieren, heißen Körper. Folglich sind Körper mit ihren sichtbaren Eigenschaften die eigentlichen Gegenstände der Malerei. – Gegenstände, die aufeinander oder deren Theile auf einander folgen, heißen überhaupt Handlungen. Folglich sind Handlungen der eigentliche Gegenstand der Poesie. [37]

Lessing gibt dem aristotelischen Handlungsbegriff und damit der Poesie bzw. fiktionalen Literatur ihren Bewegungscharakter zurück:

> Die Malerei schildert Körper, und andeutungsweise durch Körper Bewegungen. Die Poesie schildert Bewegungen, und andeutungsweise durch Bewegungen Körper. Eine Reihe von Bewegungen, die auf einen Endzweck abzielen, heißet eine Handlung.[38]

„Andeutungsweise" kann auch die Malerei (einfache) Handlungen darstellen, weil sie den Bewegungsprozeß in einem bestimmten Augenblick festhält, der sichtlich

---

[35] Zit. n. Nugel 1984, 441.
[36] Heinrich Kurz (ed.), *Lessings Werke*, 4. Bd., Bibliothek der Deutschen Nationalliteratur (Hildburghausen 1870) 97.
[37] Ibid., 97.
[38] Ibid., 201.

als Folge vorausgegangener Handlungen und als Ausgangspunkt anschließender Handlungen zu verstehen ist.[39]

Da die Poetik immer drei Aspekte im Blick hatte, den dargestellten Gegenstand, die Darstellungsmittel (Zeichen) und die Wirkung auf den Rezipienten, müßte die Frage nach der Bewegung alle drei Faktoren berühren. Das ist durchaus der Fall, auch wenn Lessing noch nicht über die Präzision moderner erzählanalytischer Begrifflichkeit (vgl. E. Lämmerts Studie zur Erzählkunst) verfügt. Daß Lessing den Prozeßcharakter des Darstellungsgegenstandes – Handlung, Leben – mimetischer Fiktionsliteratur im Prinzip richtig erfaßt hat, steht außer Frage. Zweifelhaft ist indes, ob er die ästhetischen Möglichkeiten einer Dynamisierung der Darstellungsmittel – z. B. Sprache, Rhythmus, szenische Komposition – voll im Blick hat. Das zeigen u.a. seine Anmerkungen zur Repräsentation von Geschwindigkeit im klassischen Epos.

Der Rezipient bedarf nach Lessing einer raschen Einbildungskraft, um die im literarischen Text sukzessiv aneinandergereihten Sprachzeichen in eine lebhafte Vorstellung des Ganzen zurückzuverwandeln. Während in der Malerei das Ganze sich simultan darbietet und mit 'einem Blick' überschaubar ist, bedarf die Literatur einer Rückübersetzung ins konkrete, bewegte Leben durch ergänzende Vorstellungstätigkeit. Rezeptionsästhetisch formuliert: das Kunstwerk bedarf der lebendigen Konkretisierung durch die produktive Mitarbeit des Rezipienten. Ohne die Begriffe 'Fiktion' oder 'Illusion' zu benutzen, spricht Lessing im folgenden Abschnitt von der zentralen Rolle der geschwinden Phantasie bei der Illusionsbildung im Akt der Lektüre:

> Der Poet will nicht bloß verständlich werden, seine Vorstellungen sollen nicht bloß klar und deutlich sein; hiermit begnügt sich der Prosaist. Sondern er will die Ideen, die er in uns erwecket, so lebhaft machen, daß wir in der Geschwindigkeit die wahren sinnlichen Eindrücke ihre Gegenstände zu empfinden glauben, und in diesem Augenblicke der Täuschung und der Mittel, die er dazu anwendet, seiner Worte bewußt zu sein aufhören.[40]

Im Idealfall wird in jenem Akt, den Coleridge als "willing suspension of disbelief" charakterisiert, also das Bewußtsein der sprachlichen Vermittlung getilgt. Dies gilt bei Lessing allerdings nur für dargestellte Handlungen, oder genauer und moderner formuliert: für szenische Abschnitte, in denen die Figurenrede selbst ein Redeakt ist und der Widerspruch zwischen Geschehniszeit und Erzählzeit entfällt. Diese Unterscheidungen kennt Lessing natürlich noch nicht. Aber er weist darauf hin, daß wegen des Widerspruchs zwischen notwendig sukzessiver Rede und räumlichem Nebeneinander lange Schilderungen von Körpern, Gegenständen oder Räumen diese Illusionswirkung nicht aufbauen könnten.

Offenkundig geht es hier um anderes als um die spielerische Dynamisierung der Darstellungsmittel. Schon eher in die Richtung einer 'Sprache der Geschwindigkeit' tastet sich Lessing in jenen Abschnitten vor, wo er im klassischen Epos drei Verfahren der Geschwindigkeitsrepräsentation unterscheidet:

> Hingegen können die Dichter diese Schnelligkeit auf mehr als eine Weise ungemein sinnlich ausdrücken, nachdem sie 1) entweder, wenn die Länge des Raumes bekannt

---

[39] Cf. ibid., 199.
[40] Ibid., 105.

ist, vornehmlich auf die Kürze der Zeit unsere Einbildungskraft heften; 2) oder einen sonderbaren ungeheuren Maßstab des Raumes annehmen; 3) oder auch, weder der Zeit noch des Raumes erwähnen, sondern bloß die Schnelligkeit aus den Spuren schließen lassen, die der bewegte Körper auf seinem Wege zurückläßt.

1) Wenn die verwundete Venus auf dem Wagen des Mars von dem Schlachtfelde in den Olymp zurückfährt, so ergreift Iris den Zügel, treibet die Pferde an, die Pferde fliegen völlig, und sogleich sind sie da.

> Neben sie trat dann Iris und faßt' in den Händen die Zügel,
> Treibend schwang sie die Geißel und rasch hinflogen die Rosse,
> Bald erreichten sie dann die seligen Höhn des Olympos.

Die Zeit, in welcher die Pferde von dem Schlachtfelde in dem Olymp anlangen, erscheinet hier nicht größer als die Zeit zwischen dem Aufsteigen der Iris und dem Ergreifen der Zügel, zwischen dem Ergreifen der Zügel und dem Antreiben, zwischen dem Antreiben und der Willigkeit der Pferde. – Ein anderer griechischer Dichter läßt die Zeit, so zu reden, noch sichtbarer verschwinden. Antipater sagt von dem Mitläufer Arias:

> Nur an den Schranken erblickten wir ihn, den rennenden Jüngling,
> Oder am äußersten Ziel, nicht in der Mitte der Bahn.[41]

In der dritten Kategorie ist der Leser gehalten, aus den Wirkungen – flüchtiger Eindruck auf dem Untergrund oder gar kein Abdruck, weil das Pferd fliegt – auf die Schnelligkeit als Ursache zurückzuschließen. Ein sinnliches Detail suggeriert so Geschwindigkeit. Mit dem Medium bzw. der Redeweise hat dieser Effekt nichts zu tun, wohl aber mit den Kategorien Raum, Zeit und Kausalität.

Die Kombination lange Wegstrecke (Raum) – kurze Wegzeit, die für die erste Kategorie charakteristisch ist, erzeugt nach Lessing die gleiche Wirkung. Er kompliziert diese Beobachtung allerdings, indem er unausgesprochen zwischen Zeichenbedeutung (Schnelligkeit, kurze Reisezeit) und Zeichenkörper (kurze Rede trotz gewaltiger, eigentlich erhebliche Zeit in Anspruch nehmender Handlung) unterscheidet. Er unterstellt also eine Entsprechung zwischen Erzählzeit und erzählter Zeit. Indem das zu erwartende Verhältnis gesprengt wird, weil laut Redeanteil die Reise zum Olymp nicht länger dauert als die Zeit „zwischen dem Aufsteigen der Iris und dem Ergreifen der Zügel", entsteht der Eindruck der Geschwindigkeit, ja der weitgehenden Aufhebung der Zeit. Lessing nähert sich hier der Kategorie der Simultaneität. Wäre die Zeit wirklich aufgehoben, dann sähe man aber den Läufer gleichzeitig am Start und am Ziel. Die Hyperbel des Dichters will etwas anderes besagen. Der Läufer flog so schnell, daß das Auge ihn gar nicht mehr zureichend erkennen konnte; er verflüchtigte sich gleichsam. Die Wahrnehmungsfähigkeit des Betrachters zeigt sich der raschen Bewegung nicht mehr gewachsen. Ich werde auf diese Beobachtung im Zusammenhang mit Impressionismus und Film zurückkommen.

Auch die Deutung des Beispiels aus Homer bedarf unter Zuhilfenahme des seit Lämmert bereitstehenden Analyseinstrumentariums einer Korrektur. Der Satz aus Homers *Ilias* stellt einen klassischen Handlungsbericht dar, der mit den Mitteln der *Reihung* und der *Raffung* eine offenkundig rasch ablaufende Handlungsfolge (trat, faßte, schwang, flogen, erreichte; Zeitadverbien schnell, bald) wiedergibt. Das übliche Verfahren der Raffung zeigt aber nicht von sich aus Geschwindigkeit an, son-

---

[41] Ibid., 204.

dern den Beschluß des Erzählers, über ihm weniger bedeutsam erscheinende Sachverhalte nur knapp zu informieren. Die Redeweise oder die Materialität des Diskurses ist also noch nicht als solche aussagekräftig. Sie wird es erst im Zusammenhang eines lexikalischen Feldes von Bedeutungen, die durchweg auf eine rasche, entschlossene Bewegung verweisen, am deutlichsten das Verb „flogen". Diese *Grundregel der Geschwindigkeitsdarstellung* gilt für literarische Texte bis heute. Nur in gezielt experimentellen Texten wird dabei auch das Medium entgrenzt, dergestalt, daß z. B. syntaktische Verknappungen, Wortneuschöpfungen, gesuchte Lautmalereien, extrem rasche Szenensequenzen (in deren Verlauf der Umfang der evozierten Szene immer stärker schrumpft wie am Anfang von *Brave New World*) und Wiederholungen in Verbindung mit dem lexikalischen Feld der beschleunigten Bewegung den Eindruck von Geschwindigkeit und geballter Energie erzeugen sollen.

Grundsätzlich ist zu bemerken, daß (mimetische) Geschwindigkeitsdarstellung in literarischer Kunst, die eine künstlerische Interpretation von äußerer und innerer Erfahrung anstrebt, nicht im Zentrum der Aufmerksamkeit stehen kann. Wohl muß es ihr aber um die Registrierung der psychischen und kognitiven Auswirkungen der Geschwindigkeitskultur – z. B. Nervosität, fragmentarische Wahrnehmung, Depression, Sinnverlust, Auflösung der Identität, mechanische Bewegung als Verhaltensmetapher, aber auch Steigerung der Lebensintensität, die Wichtigkeit der epiphanischen Plötzlichkeitserfahrung – gehen. Zu Recht ortet Lessing die Überlegenheit von Poesie über die Malerei in der Mobilisierung der Einbildungskraft.

Ist für Lessing die Bewegungskategorie ein Mittel, den aristotelischen Ansatz differenzierend weiterzuführen und zum ersten Male die durch das *ut pictura poesis*-Theorem verwischte Grenze zwischen Malerei und Dichtung neu zu ziehen und systematisch zu begründen, so rückt für Baudelaire die Beweglichkeit ins Zentrum einer neuen, geschichtlich reflektierten Konzeption von Poesie. Sie wird zu einer Grundkategorie der modernen Ästhetik. Ehe ich mich Baudelaire zuwende, sei diese paradigmatische Wende vom architektonisch-statisch gedeuteten Handlungsbegriff der aristotelischen Tradition, der auch bei Lessing vor allem als mediales und technisches Problem verhandelt wird, zum dynamisch-geschichtlichen Lebensbegriff als Ausgangs-und Zielpunkt moderner Ästhetik, an der poetischen Rezeption von Lessings *Laokoon* (1766) in Matthew Arnolds Gedicht "Epilogue to Lessing's Laocoön(sic)" (1867) aufgezeigt. Zwischen Lessing und Arnold liegt offenkundig, was sich an der emotionalen Aufladung des Lebensbegriffs und seiner begrifflich zentralen Stellung ablesen läßt, die Mobilisierungs-und Beschleunigungserfahrung der Moderne. Argumentativ und narrativ ist das Gedicht als Widerlegung der vom Freund des Dichters vertretenen Auffassung angelegt, wonach bildende Kunst und Musik ihrem Wahrheits-und Ausdrucksgehalt nach der Literatur überlegen seien. Im Gedicht geht es dabei nicht mehr um technische Fragen der Zeit-und Geschwindigkeitsdarstellung, sondern um die Fähigkeit des Dichters, den Strom des (modernen) Lebens, also entfesselte Bewegung, abzubilden und zu inszenieren:

> But agitated, brisk and near,
> Men with their stream of life, were here,
> (...)
> But, ah! then comes his sorest spell
> Of toil – he must life's *movement* tell!
> The thread which binds it all in one,

And not its separate parts alone.
The *movement* he must tell of life,
Its pain and pleasure, rest and strife;
His eyes must travel down, at full,
The long, unpausing spectacle;
With faithful unrelaxing force
Attend it from its primal source,
From change to change and year to year
Attend of its mid career,
Attend it to the last repose
And solemn silence of its close.
(...)
'And many, many are the souls
Life's movement fascinates, controls;
It draws them on, they cannot save
Their feet from its alluring wave;[42]

Nicht nur muß der Sprachkünstler wie der Musiker der Empfindung des Augenblicks Ausdruck verleihen oder wie der Maler (im Text wird bezeichnenderweise
eine pastorale Szene als Sujet evoziert) visuelle Momentaufnahmen liefern, er ist
auch gehalten, den Lebensprozess selbst, seine Temporalität und Wandelbarkeit, zu
gestalten. Vom gewöhnlichen Sterblichen und Künstler unterscheidet sich der große
Dichter, weil er das ganze Leben überblickt und sich nicht im Labyrinth des Lebens
verstolpert, mithin nicht nur momentanen Eindrücken und Ansichten ausgeliefert
ist. Was aber seine Erfahrung des Lebens mit derjenigen des Durchschnittsmen-
schen offenbar verbindet, ist das Ausgeliefertsein an die mächtige Magie des
Lebensstromes. Gewiß wird das entscheidende Stichwort "fascinate" nur auf die
Menge angewandt, die der unwiderstehlichen Anziehungs-und Lebensbewegung in
fragmentarischen Erfahrungen ("transient/glimpse", Z. 181, "transient sound",
Z. 183) und künstlerischen Entsprechungen Tribut zollt. Demgegenüber empfindet
der große Dichter „entzückte Ekstase" ("delighted ecstasy", Z. 194) angesichts der
Lebenswellen und transformiert diesen Enthusiasmus in den machtvollen Zauber
("Its spell", Z. 199; „charm", Z. 206) poetischer Rede. Die platonische Deutung der
besonderen Dichterrolle im Sinne eines inspirierten, begeisterten Dichters kann
nicht darüber hinwegtäuschen, daß es sich bei seinen Werken um inszenierte Faszi-
nationserfahrungen handelt, die vom modernen Leben und seiner betonten Zeitlichkeit ausgelöst und auf den Rezipienten übertragen werden. Begeisterung, Enthusiasmus und Faszination verweisen durchweg auf eine ähnliche heftige
Gefühlserfahrung, auf ein performatives Moment von Kunst, nämlich die des
Übermanntwerdens, bei dem das Subjekt einerseits die Kontrolle zu verlieren
scheint, andererseits einen kreativen Schub erfährt. Und in beidem ist eine quasi-
magische Kraft im Spiel.

Meine These wäre, daß Arnold sich hier zu einer Ästhetik der Faszination, die
zugleich eine Ästhetik der Bewegung ist, vortastet, welche Selbsterweiterung, Gewalt, Intensität, Glück und fragmentarisches Erleben zusammendenkt. Allerdings
bleibt er auf halbem Wege stehen, weil er zwar die Faszination fragmentarischer

---

[42] *The Poems of Matthew Arnold,* ed. Kenneth Allott and Miriam Allott (London: Longman, 1979),
554–555.

moderner Erfahrung und Kunst schon sieht und in bewegenden Zeilen feiert, sie zugleich aber im Vergleich mit dem panoramischen Überblick der großen Künstler abwertet. Zugleich durchschaut Arnold aber die Paradoxie moderner Kunst. Einerseits ist sie der Hast ("in our days/ Of haste, half-work and disarray", Z. 26–27) und der fragmentarischen Wahrnehmung moderner Existenz geschuldet, andererseits schafft sie jene zeitüberdauernden Werke von tiefer dauerhafter Wirkung, die – so möchte man fortfahren – zur Langsamkeit sinnlicher Erkenntnis und sinnlich-intellektuellen Genusses einladen und hinführen. Ähnlich wie bei Arnold, aber deutlich prononcierter, reflektierter und konkreter, rückt bei Baudelaire das punktuelle Erleben und der entwirklichende Effekt modernen städtischen Lebens in den Mittelpunkt seiner Überlegungen zur Ästhetik der Moderne.

Ich stütze meine Beobachtungen zu Baudelaire auf drei kunstkritische Schriften von ihm aus den Jahren 1846 ("The Salon of 1846"), 1859 ("The Salon of 1859") und 1863 ("The Painter of Modern Life")[43].

Baudelaires Denkansatz ist geprägt vom Bewußtsein der Geschichtlichkeit und den Erfahrungen einer Spätzeit. Er stellt den Dichter von der Aufgabe frei, den Modernisierungsprozeß zu stützen, und fordert doch von ihm, sich intensiv mit der Halbwelt der modernen Metropole – Mode, elegante Damen, Prostituierte – zu befassen. Er verwirft zumindest in späteren Texten den Fortschrittsbegriff, das falsche Vorbild der Photographie (welche Traum und Phantasie als die eigentlichen Quellen der Poesie mißachtet) und das Konzept einer *art industriel*, erwartet aber vom Dichter gleichwohl, alle Facetten des modernen metropolitanen Lebens zu erkunden und für seine Poesie zu verwenden. So läutet Baudelaire jene spezifische, auf Pound und Eliot vorausweisende Phase des ästhetischen Modernismus ein, die in paradoxer Weise Moderne-feindliche Kulturkritik mit bahnbrechenden inhaltlichen und technischen Innovationen verbindet. Es lassen sich in Baudelaires Postulat einer modernen Poesie zumindest zwei Paradoxa ausmachen, erstens die Verbindung von zeitloser Struktur und flüchtig-vergänglichen Bestandteilen, zweitens das Chaotische und Böse der Stadt als Initialzündung poetischer Schönheit und poetischer Wirkungen. Letzteres ist offenbar ein Nachhall der schwarzen Romantik Poes.

Das Vergängliche jeder geschichtlichen Phase ist für Baudelaire ihre *modernité:*

> By 'modernity' I mean the ephemeral, the fugitive, the contingent, the half of art whose other half is the eternal and immutable.[44]

Baudelaire benutzt mit der Opposition Beweglichkeit vs. Unbeweglichkeit eine gerade für die Moderne bezeichnende Denkform. Modern ist weiterhin, wo er dieses Flüchtige und Modische, nur einer speziellen Zeit Zugehörige, im 19. Jh. auffindet: in dessen Metropolen, seinen Moden, luxuriösen Vergnügungen und seinem chaotischen Straßenleben:

> This transitory, fugitive element, whose metamorphoses are so rapid, must on no account be despised or dispensed with.[45]

---

[43] Ich zitiere englische Übersetzungen, abgedruckt in Francis Frascina and Charles Harrison (eds.), *Modern Art and Modernism: A Critical Anthology* (London: Chapman, 1982).
[44] Charles Baudelaire, „The Painter of Modern Life", zit. n. *Modern Art and Modernism*, 23.
[45] Ibid.

Wenn moderne Kunst gelingen soll, wenn sie wirklich die Qualität des Zeitgenössischen und Aktuellen ausstrahlen soll, darf sie auf keinen Fall lediglich – wie lange Zeit die französische Akademiekunst – klassische Modelle kopieren. Denn so schlüge das klassische Original, dem man bestenfalls die allgemeine Logik und Methode, also das *Unveränderliche* der Kunst abschauen kann, ins Inauthentische, bloß Historische um:

> Woe to him who studies the antique for anything else but pure art, logic and general method! By steeping himself too thoroughly in it, he will lose all memory of the present; he will renounce the rights and privileges offered by circumstance – for almost all our originality comes from the seal which Time imprints on our sensations. [46]

Baudelaire bewundert den Maler Constantin Guys für seine Fähigkeit, aus der Kleidung und dem Verhalten der städtischen *leisure class*, zumal der Prostituierten, den Funken des Poetischen zu schlagen. Die eleganten, flirtenden Damen des Bürgertums wie die antibürgerlichen Kokotten errichten mit modischer Raffinesse eine glitzernde Schein- und Kunstwelt, ein städtisches Theater ("the vast picture gallery which is life in London and Paris"[47]), in dem jedes Individuum Gefallen daran findet, sich mittels Kleidung, Schmuck und Bemalung stets neu zu entwerfen und unablässig zu verwandeln. Fiktion und Wirklichkeit, Wirklichkeit und Fiktion entgrenzen sich, gehen ineinander über:

> They tap their teeth with fans, while their gaze is vacant or set; they are as solemn and stagey as the play or opera that they are pretending to follow. [48]

Zumal das Rotlichtmilieu übt auf den Ästheten mit seinen schreienden Farben und unendlicher Bewegungsvielfalt eine unwiderstehliche Anziehungskraft aus:

> – against magical backgrounds such as these, which remind one of variegated Bengal Lights, there arises the Protean image of wanton beauty. Now she is majestic, now playful, now slender, even to the point of skinniness, now cyclopean; [...] She advances towards us, glides, dances, or moves about, with her burden of embroidered petticoats, which play the part at once of pedestal and balancing-rod; her eye flashes from under her hat, like a portrait in its frame. She is a perfect image of the savagery which lurks in the midst of civilization. [49]

Diese schillernde Welt unendlich variabler modischer Selbstinszenierungen lebt von geborgten Reizen; sie schafft mittels Zeichen und Fiktionen den Schein von Noblesse. Insofern ist sie durch und durch ästhetisch, entbehrt in ihrer zügellosen Mobilität und Deutbarkeit aber auch jeder Substanz. Wie heimatlose Zigeuner ("She is a sort of gypsy wandering on the fringe of a regular society [...]"[50]) driften der Bürger und die Prostituierte gleichsam auf den glitzernden, lärmenden Boulevards von Paris. Die städtischen Massen, die der dichtende Flaneur in den Blick nimmt, stehen nicht mehr eigentlich auf der Erde, sondern heben ab, schweben ("floating") orientierungslos treibend darüber:

---

[46] Ibid., 24.
[47] Zit. n. ibid., 26.
[48] Ibid., 25.
[49] Ibid., 26.
[50] Ibid.

the pageant of fashionable life and the thousands of floating existences – criminals and kept women – which drift about in the underworld of a great city; the *Gazette des Tribunaux* and the *Moniteur* all prove to us that we have only to open our eyes to recognize our heroism.[51]

Aber gerade dieses Schweben unterweltlicher geisterhafter städtischer Existenzen ist für Baudelaire das moderne Gegenstück klassischen Heldentums.

Wenn die Modernisten von D.H. Lawrence bis T.S. Eliot einen übergeordneten, zusammenfassenden Begriff benutzen, um alle jene in den Metropolen besonders augenfällig hervortretenden Entgrenzungen zu kennzeichnen, so lautet er "Chaos". Bei Baudelaire meint der Begriff zunächst sehr konkret die gefährliche Hektik und Geschwindigkeit des Verkehrs auf den vom Stadtsanierer Haussman geschaffenen Boulevards:

I was crossing the boulevard, in a great hurry, in the midst of a moving chaos, with death galloping at me from every side. [52]

Abstrakter und umfassender zeigt er aber alle jene unüberschaubaren Mobilisierungen an, die nicht nur im entfesselten Verkehr, sondern auch in der Mode, dem zügellosen Amüsierbetrieb und in der Ökonomie zur Anschauung kommen:

In fact, if I may repeat myself in passing, the general feeling which emanates from all this chaos partakes more of gloom than of gaiety.[53]

Chaos läßt sich nicht auf die Vorstellung 'gänzliche Unordnung' einschränken. Der Begriff ist bei Baudelaire vielmehr, wie sämtliche Beispiele belegen, eine Kategorie der Entgrenzung und der Bewegung. Die Vorstellung 'gänzliche Unordnung' könnte demgegenüber durchaus noch rein statisch aufgefaßt werden. Baudelaire bemüht indes durchweg Bewegungsvorstellungen, um das Moderne einzukreisen: "Protean", "metamorphoses", "glides, dances, or moves about", "floating existences", usw. Damit schließt seine Analyse aber nichts anderes als Mythos und Moderne zusammen. Schon der biblische Ursprungsmythos ortet das Chaotische in der ungeordneten Bewegungsvielfalt ungeformter Massen. Das Fließende, Substanzlose schlechthin ist aber in der populären Vorstellung – damals wie in der Moderne – das Wasser, aus dem auf Geheiß Gottes durch Grenzziehungen und Verfestigungen feste, bestimmte, konturenscharfe Ordnungshierarchien entsteigen.

Indessen bezeichnet der Chaosbegriff in der Moderne nicht nur ein Übermaß an Bewegungsfreiheit und Ungeformtheit. Die Entfesselung der Bewegung treibt zugleich immer komplexere Steuerungssysteme hervor, welche die Bewegungen regulieren, um Stillstand und 'Unfälle' zu vermeiden. Eben diese Dialektik der Kultur der Moderne hat dazu geführt, daß die Regelungswut in allen Bereichen, gerade auch in der Produktion, um der höheren Effizienz willen jede Bewegung so *vorschreibt*, daß zumindest der Eindruck entsteht, man befände sich in einem Gefängnis. In diesem Sinne bezeichnet D.H. Lawrence ausdrücklich das von Gerald Crich eingerichtete moderne Produktionssystem als „Chaos". Es ist für ihn ein System

---

[51] Ibid., 18.
[52] Zit. n. Marshall Berman, *All that Is Solid Melts Into Air: The Experience of Modernity* (London, New York: Penguin Books, 1981) 159.
[53] *Modern Art and Modernism*, 27.

mechanischer, außengesteuerter, exogener Bewegungen, dem sich die Arbeiter unterwerfen:

> So Gerald set himself to work, to put the great industry in order. [...] And he proceeded to put his philosophy into practice by forcing order into the established world, translating the mystic word harmony into the practical word organisation. [...]
> There were two opposites, his will and the resistant Matter of the earth. And between these he could establish the very expression of his will, the incarnation of his power, a great and perfect machine, a system, an activity of pure order, pure mechanical repetition, pure mechanical repetition, repetition *ad infinitum*, hence eternal and infinite. He found his eternal and his infinite in the pure machine-principle of perfect coordination into one pure, complex, infinitely repeated motion, like the spinning of a wheel; but a productive spinning, as the revolving of the universe may be called a productive spinning, a productive spinning through eternity, to infinity. And this is the God-motion, this productive repetition *ad infinitum*. And Gerald was the God of the machine, *Deus ex Machina*. [...][54]

> It was the first great step in undoing, the first great phase of chaos, the substitution of the mechanical principle for the organic, the destruction of the organic purpose, the organic unity, and the subordination of every organic unity to the great mechanical purpose. It was pure mechanical disintegration and pure mechanical organization. This is the first and finest state of chaos. [55]

Lassen sich ästhetische Entsprechungen für die beiden dialektisch aufeinander bezogenen Bewegungsformen des Chaos der modernen Wirklichkeit finden? Ein Verdacht sei hier schon formuliert: (a) Das entschiedene Mehr an Bewegung, das offenkundige Aufbrechen traditionell festgelegter Raum- und Zeitbewegungsbahnen ergreift auch die Semantik und führt dort zu einem Spiel an Bewegungen, einem vieldeutigen Oszillieren, das die feste Beziehung zwischen *tenor* und *vehicle*, Sachbedeutung und Bildbedeutung auflöst (gesteigerte Ambiguität, Polyvalenz). (b) Der Reduktion der organisch-rhythmischen Bewegung auf eine mechanisch-kreisförmige Bewegung entspricht in menschlichen Interaktionen, welche die moderne Literatur stilisiert, möglicherweise die den Eindruck des Sinnentleerten erweckende kreisförmige Wiederholung und Variation von Handlungen und Redensarten (Beckett, Pinter). Ich werde auf diese Frage zurückkommen.

"All that is solid melts into air": Dieses Marx-Zitat aus dem *Kommunistischen Manifest* faßt für den undogmatischen amerikanischen Marxisten Berman die Grunderfahrung der Moderne zusammen. Alles Solide löst sich auf, wird gleichsam verdampft, im Maelstrom – die Poesche Metapher bemüht Berman ständig – der Mobilmachung. Bermans Studie ist reich an treffenden Einzelbeobachtungen, weil sie ohne poststrukturalistische Beklemmungen vom Bezug zwischen Erfahrung und (literarischem, philosophischem, kunstkritischem etc.) Text ausgeht. Er wertet jene Zeugnisse aus, die der Beschreibung der großen Metropolen London, Paris und St. Petersburg gelten. Und diese Zeugnisse belegen wieder und wieder, daß der chaotische Verkehr, das Tempo, die Fragmentierung der Wahrnehmung, die verwirrende Vielfalt, die Entwicklung und der Schock die bestimmenden Eindrücke des Beobachters sind. Die widersprüchliche, zwischen Faszination und Verurteilung

---

[54] D.H. Lawrence, *Women in Love* (1920; Harmondsworth: Penguin, 1969) 256.
[55] Ibid., 260.

schwankende Interpretation dieser Erfahrung durch die großen Schriftsteller des 19. Jahrhunderts (Baudelaire, Nietzsche, Marx, u.a.) gewinnt für Berman den Rang einer vorbildlichen Modernität ("the dynamic and dialectical modernism of the 19th century"[56]), die bei den Moderne-Theoretikern des 20. Jahrhunderts zu simpler Zustimmung (Le Corbusier, McLuhan, Marinetti u.a.) oder Ablehnung (Webers 'ehernes Gehäuse', Foucault, Eliot, Ortega y Gasset, usw.) verflacht sei. Trotz offenkundiger Grenzen erweist sich Bermans fast naiver mimetisch-sozialgeschichtlicher Zugang als erstaunlich fruchtbar. Den Zusammenhang zwischen Mobilmachung und modernistischer Kunstproduktion sieht er, aber er wird von ihm nicht analysiert, sondern nur pauschal angesprochen:

> The real point for the modern artist is to re-enact the processes, to put his own soul and sensibility through these transformations, and to bring these explosive forces to like in his work. But how? I don't think Baudelaire, or anyone else in the nineteenth century, had a clear grasp of how to do this. Not until the early twentieth century will these images begin to realize themselves – in cubist painting, collage and montage, the cinema, the stream of consciousness in the novel, the free verse of Eliot and Pound and Apollinaire, futurism, vorticism, constructivism, dada, poems that accelerate like cars, paintings that explode like bombs.[57]

Offenkundig gibt es zwischen Bewegung, Energie und der Schocktaktik der Moderne einen Zusammenhang. Die offensive Vorhut (Avantgarde) einer neuen Kultur und Ästhetik – so ihr implizites geschichtsphilosophisches Selbstverständnis – will durch Zerstörung bestehender kultureller Konventionen den Boden für das Neue bereiten. Sloterdijk spricht von „expressiver Mobilmachung", aber er führt nicht im einzelnen aus, daß die schockierende, entgrenzende Wirkung experimenteller Kunst, von der er ausführlich im Band *Kopernikanische Mobilmachung und Ptolemäische Abrüstung. Ästhetischer Versuch* (1987) spricht, just mit der *ungewohnten Beweglichkeit* der angewandten Mittel zu tun hat. Die Regeln einer klassischen oder organischen Ästhetik schränken jetzt nicht mehr die *entfesselte Kombinierbarkeit* formal, medial und stofflich unterschiedlichster Baumaterialien ein (Collage, Montage, *stream of consciousness*, Entgrenzung der Syntax, *free verse*) ein. Gerade deshalb konnte Egbert Faas[58] davon sprechen, daß das kompositorische Grundprinzip der Moderne die *Offenheit* sei. In der klassischen Moderne hat diese Offenheit freilich eine klar ausgeprägte kritische, ja utopische und missionarische Funktion. Die Schocktaktik ist nicht Selbstzweck, sondern Bedingung der Möglichkeit der Heraufkunft einer neuen ästhetisch-politischen Ordnung. Wenn die entfesselte Kombinatorik der Avantgarde in der Postmoderne eher den Eindruck eines unverbindlichen, ästhetisch-musealen Spiels um des Spiels willen erweckt, so liegt das gerade daran, daß sich die revolutionäre Gesinnung (zu der intensive konservative Ordnungssehnsucht durchaus Affinitäten hat) der Avantgarde verbraucht und überlebt hat. Diese gesteigerte Beweglichkeit und Kombinatorik umfaßt mehr als das, was Peter Gendolla, zumal im Blick auf den Futurismus, knapp als die „Geschwindig-

---

[56] Berman, 35.

[57] Ibid., 145.

[58] Ders., *Offene Formen in der modernen Kunst und Literatur: Zur Entstehung einer neuen Ästhetik* (München: Goldmann, 1975).

keit der Sprache"[59] bezeichnet, so etwa die Auslöschung der Unterschiede im Bewegungsrausch und die Aufsprengung der Sätze. Wichtiger sind Gendollas Beobachtungen zur Thematisierung und Inszenierung der Langsamkeit in der jüngsten deutschen Literatur (Handke, Nadolny, u.a.). Hilfreich ist vor allem sein Hinweis, daß diese jüngste Langsamkeit im Gegensatz zur Feier der Langsamkeit bei den Romantikern und bei Goethe eine künstliche, technisch vermittelte ist. Durch die Technik der Zeitlupe werden Wahrnehmungen und Einsichten möglich, die dem bloßen Auge verborgen bleiben. Die durch neue Transporttechniken in Gang gesetzte Beschleunigung provoziert also eine Gegenbewegung, die sich selbst wiederum der Technik verdankt.

Poetische Sprache und Bewegung

Baudelaire hat die semantischen Folgen seines Bewegungskonzeptes nicht ausdrücklich formuliert. Dafür aber einer seiner Interpreten, Paul de Man. De Man liest einen Grundtext der Moderne, Baudelaires Sonett "Correspondances", im Lichte von Nietzsches nachgelassenem Essay *Über Wahrheit und Lüge im außermoralischen Sinne* und umgekehrt. Was beide Texte für de Man vergleichbar und aufregend macht, ist ihr Verfahren, die „Komplizität von Epistemologie und Rhetorik, von Wahrheit und Trope" zu unterstellen und zu bedenken. Nietzsche definiert: „Was also ist Wahrheit? Ein bewegliches Heer von Metaphern, Metonymien, Anthropomorphismen [...]"[60]

Wahrheit ist für Nietzsche also etwas Bewegliches. Die Mobilität entfaltet sich sprachlich als unabschließbare Serie von tropologischen Substitutionen, in deren Verlauf dem Subjekt immer neue analogische Prädikate ('Heer' etc.) zugeordnet werden. Diese sprachliche Entsubstantialisierung des Wahrheitsbegriffes bedeutet, daß sich Wahrheit in ein Spiel von Signifikanten auflöst, in dem „Vernunft und Einbildungskraft"[61] zusammenwirken, eine relationale Größe also, welche die „Möglichkeit einer Definition vermittels unendlicher variabler proportionaler Verbindungen"[62] nutzt.

Laut de Man entsteht nun dieser rhetorischen Mobilität in Gestalt des „Anthropomorphismus" ein statischer Gegner. Der funktioniert zwar ebenfalls wie eine Trope, ist aber doch mehr und anderes:

> Aber ein 'Anthropomorphismus' ist nicht eine einfache Trope, sondern eine Identifizierung auf der Ebene der Substanz. Er nimmt eine Sache für eine andere und impliziert derart die Konstitution bestimmter Gegenstände noch vor ihrer Ineinsetzung, er nimmt etwas als etwas anderes, das er dann als *gegeben* behaupten kann. Anthropomorphismen frieren die unendliche Kette tropologischer Transformationen und Propositionen auf eine einzige wesentliche Behauptung ein, die als solche alle anderen ausschließt. Ein Anthropomorphismus ist keine Proposition mehr, sondern ein Eigenname wie er immer dort auftaucht, wo die Metamorphose in Ovids Erzählungen kulminiert

---

[59] Peter Gendolla, „Vom Ende der Beschleunigung oder die Entdeckung der Langsamkeit", in: *konkursbuch* 21, (Tübingen, 1989).
[60] Zit. n. Paul de Man, *Allegorien des Lesens* (1979; Frankfurt: Suhrkamp, 1988) 179.
[61] Ibid.
[62] Ibid., 181.

und in der Einzigartigkeit eines Eigennamens, Narziß, Daphne oder einem anderen, innehält. [63]

Weshalb de Man den Anthropomorphismus derart in Opposition zu Metaphern und Metonymie rückt, ist nicht ganz ersichtlich, stellt er doch eine Untergattung der Metapher dar, die ihren Namen vom verwendeten Bildfeld des Menschlichen bezieht. Die Aufspaltung zeigt aber, wie sehr postmoderne Kritiker im Banne des Denkzwanges Statik vs. Dynamik, Substanz vs. Funktion, Geschlossenheit vs. Offenheit stehen, der antiideologisch gemeint, selbst die Züge einer postmoderner Ideologie annimmt, weil jeweils das zweite Glied des Oppositionspaares klar bevorzugt wird. Es überrascht deshalb nicht, daß im postmodernen Jargon der Gegenwart der Begriff der *closure* nachgerade einen Sündenfall anzeigt.

Wie dem auch sei, de Man entdeckt bei Nietzsche für den Begriff Wahrheit neben Tropus und Anthropomorphismus bzw. Eigenname eine dritte Bedeutung, nämlich Kraft, Energie. Notwendig wird dieser Rückgang auf eine Kategorie jenseits argumentierender und rhetorischer Rede, weil der Tropus bzw. die Analogie dazu neigt, das Spiel von Identität (*tertium comparationis*) und Differenz zu verfestigen und aus der Analogie ein ganzes „System der Interpretation"[64] oder gar „Ideologien" zu entwickeln, „die selbst nicht mehr wahr sind"[65]. Statt dieser ebenso klugen wie spitzfindigen Ableitungen aus der Rhetorik liegt es freilich näher, die Hochwertung des Energiebegriffs in Ontologie und Ästhetik seit der Mitte des 19. Jahrhunderts mit dem Fiasko der herkömmlichen Metaphysik und der offenkundigen Krise der Vernunftphilosophie in Verbindung zu bringen. Wenn Leben/Wirklichkeit ein Prozeß ist, enthält er/sie automatisch den Begriff der Energie. Bewegung und Energie steigen auch für die Ästhetik zu unvorgreiflichen 'Realitäten' auf.

Baudelaires Gedicht "Correspondances" stellt sich nun als sprachreflexiver Text dar, der ein potentiell „endloses Spiel von Substitutionen"[66] spielt, dessen Ziel die „Einheit des Systems esprit/sens" (V. 14) ist, „die von der Sprache gewährte nahtlose Verbindung der sinnlichen und ästhetischen Erfahrung mit der intellektuellen Gewißheit der Behauptung"[67]. Insbesondere das Bild „Parfüm" soll mittels seiner Mobilität, Sinnlichkeit und religiösen Erinnerungen (Weihrauch, V. 13) gerade auch synästhetisch den Einklang zwischen Sinn und Sinnlichkeit, Geist und Körper, Sprachkörper und Sprachsinn herstellen.

Tatsächlich überdeckt aber eben dieses symbolistische Programm einer harmonischen Korrespondenz von Spiritualität und Materialität im sprachlichen Vollzug eine ganze Reihe von Widersprüchen und Vieldeutigkeiten, die de Man virtuos aufdeckt (oder erfindet?). Ist „forêt" im Wortsinne zu verstehen als Wald, der dann menschliche Eigenschaften erhält (Augen) oder als Vielzahl von Symbolen ("forêts de symboles")? "Comme", die Vergleichspartikel, welche die Serie metaphorischer Transformationen auslöst und steuert, indem sie Ähnlichkeiten zwischen Verschiedenem unterstellt, läßt sich an entscheidender Stelle als 'zum Beispiel', mithin als Auslöser einer bloßen Aufzählung deuten. Ihren provokativen Reiz erhält de Mans

---

[63] Ibid.
[64] Ibid., 181.
[65] Ibid., 182.
[66] Ibid., 184.
[67] Ibid.

Analyse durch die Aufdeckung des Doppelsinns des Schlußwortes „transport", das nicht nur jene enthusiastische Verzückung meint, die das Selbst im Akt des Selbstverlustes erfährt, wenn „es in einen gemeinsamen transzendenten Bereich jenseits von Gedanke und Gefühl entrückt"[68] wird, sondern auch ganz banal 'Transport', 'räumliche Verschiebung', 'Verkehr':

> Wir haben, wenn auch erst spät, in "transports" die räumliche Verschiebung zu erkennen gelernt, die von der Endung des Wortes *metaphorein* impliziert wird. Man wird sich auch daran erinnern, daß in den französisch-sprachigen Städten unseres Jahrhunderts das Wort "correspondance" auf den Straßenbahn- und U-Bahn-Wagen dasselbe bedeutete wie das englische "transfer" – nämlich das Privileg, von einer Linie in die andere umzusteigen, ohne einen neuen Fahrschein lösen zu müssen. Die prosaische Transposition der Ekstase in die ökonomischen Begriffe des Waren- und Personenverkehrs ist ganz im Geiste Baudelaires und an sich noch kein Bruch mit dem Anspruch auf eine transzendente Einheit. Denn dieser Anschluß läßt tatsächlich zwei verschiedene Verschiebungen in ein einziges System von Bewegung und Verkehr einmünden und verschafft ihnen auf diese Weise sowohl ökonomischen als auch metaphysischen Profit.[69]

Aber diese Bewegung des Verkehrs und der sprachlich-metaphorischen Transformationen, in denen Bild und Bedeutung ständig neue Beziehungen eingehen, ist mit dem Zustand, den das pastoral-statische Bild des wäldlichen Tempels anzeigt, unvereinbar:

> Wenn Natur wirklich ein Tempel ist, dann ist sie kein Transportmittel und kein Bahnhof, auch wenn das viktorianische Architekten nicht hindern konnte, Bahnhöfe in der Form von Kathedralen zu errichten [...] In einem Verkehrssystem – oder in einer Sprache als einem Kommunikationssystem – kann man von einem Verkehrsmittel zu einem anderen übergehen, aber einen solchen Übergang gibt es nicht zwischen einem Zustand, indem man ein Verkehrsmittel, und einem anderen, in dem man einem Tempel oder Grund gleicht.
> Die epistemologische, ästhetische und poetische Sprache des Transports oder der Tropen, die das Thema – wenn auch nicht das einzige rhetorische Verfahren des Gedichts – ist, kann nie seine einleitende Behauptung "la Nature est un temple" sprechen oder, wie es angemessen wäre, singen oder verstehen.[70]

Die Sprache, zumal die Sprache der Tropen, ist für Baudelaire im Verständnis de Mans eine Form des Verkehrs. Verkehr nicht nur zwischen Menschen, die miteinander kommunizieren; Verkehr auch zwischen Materie und Geist, Zeichenkörper und Zeichensinn, Form und Bedeutung. In der Moderne wird dieser Verkehr so gesteigert und entfesselt, daß die Sprache auf sich selbst aufmerksam macht und wegen der Entgrenzung standardisierter Syntax und Wortverbindungen sich in ein Labyrinth von Ambivalenzen und Polyvalenzen verwandelt. Die in der Moderne sich selbst zur Schau stellende Selbstreferentialität der poetischen Sprache läßt sich aus dieser Sicht mithin als Ergebnis gesteigerter semantischer Beweglichkeit deuten. Die bislang schon immer gekannte imaginative Freiheit erfährt eine zusätzliche Steigerung, die im Extremfall experimenteller Poesie und des Bewußtseinstromes eine (fast) völlig freie Kombination von Lauten und Wörtern erlaubt. Deshalb rückt

---

[68] Ibid., 190.
[69] Ibid., 191.
[70] Ibid., 192.

die Bewegungskategorie *Spiel* ins Zentrum der modernistischen und vor allem postmodernistischen Ästhetik. Diese mobile Sprache ist aber, so de Man, der Vorstellung der unverrückbaren Architektur einer Substanz („Tempel") nicht angemessen. Und in der Tat spitzt sich schon in der Moderne die Diskussion auf das Problem Klassik vs. Moderne, Sein vs. Beweglichkeit – in heutiger Terminologie: Fundamentalismus vs. Relativismus – zu. Rasche Innovation als ästhetisches und ökonomisches Prinzip unserer Kultur ist begleitet von der Erfahrung des Verschleißes und Veraltens, die wiederum die Sehnsucht nach der Stabilität 'fundamentaler' – und seien es nur nationaler – Ordnungen gebiert. Die Innovationsfülle erzwingt darüber hinaus wegen der Unübersichtlichkeit und Überlastung des Wahrnehmenden ein Auswahlverhalten des mobilen, modischen Eklektizismus, der sich – ohne Rückhalt durch feste Werte und Normen – an das hält, was die Medien gerade für 'in' erklären.

Wenn auf diese Weise, wie an zahlreichen Theorietexten der letzten Jahre nachgewiesen werden könnte, 'Spiel', 'Verflüssigung', 'Relativismus', 'Eklektizismus', 'Trend', 'Ironie', ,Fiktion', ,Inszenierung' und 'Mobilität' zu den Kennworten unserer Kultur geworden sind, so heißt das, daß Kategorien der Ästhetik der Bewegung mittlerweile das kulturelle Selbstverständnis schlechthin prägen. Nicht nur die Moderne selbst, auch der Protest gegen die aufklärerischen, rationalistischen Annahmen, die ihren ursprünglichen Kern bilden ('Logozentrismus', 'Identitätslogik') führen bei Philosophen und Kulturtheoretikern von Derrida bis Rudolf zur Lippe zur Bevorzugung des Spielbegriffs, der Bewegung und des ästhetisch-sinnlichen Bewußtseins. Der Gegner speziell dieses vernunft- und kulturkritischen Bewegungsbegriffes, mit dessen Hilfe die verdinglichende Subjekt-Objekt-Spaltung überwunden werden soll, ist die lineare, zerstörerische Geschwindigkeitsvorstellung der Mobilmachung. Im Horizont der Moderne argumentierende Rede über Literatur steht, sofern sie sich nicht der strukturalistischen Sprache des Raumes bedient, im Banne der Bewegungsmetaphorik. Um dies zu verdeutlichen, zitiere und kommentiere ich noch zwei Beispiele:

> Words never consent to correspond exactly to any object unless, like scientific terms, they are first killed. Hence the curious life of words in the hands of those who love all lives so well that they do not kill even the slender words but let them play on; and such are poets. The magic of words is due to their living freely among things, and no man knows how they came together in just that order when a beautiful thing is made like 'full fathom five' [...].[71]
> An die Stelle des im Bild transportierten 'Gehalts' tritt die Technik des sprachlichen Transports; die Metapher als Begriff des Transports ersetzt das Bild als Metapher der 'Gestalt' ('Figur').[72]

Wie der Lebensphilosoph Nietzsche kennzeichnet Edward Thomas die Poesie als den Ort, wo die Sprache ein Medium für die Freiheit und Energie des Lebens ist. Wissenschaftliche Sprache arbeitet dagegen im Sinne eines verdinglichenden Naturbezugs Baconscher Herkunft, indem sie den Bezug zu den Dingen definitorisch fest-legt. Durch solche Fest-legungen werden die Dinge erst wie gewünscht verfüg-

---

[71] Edward Thomas, *Feminine Influence on the Poets* (London: ###, 1910) 85.

[72] Anselm Haverkamp (ed.), *Theorie der Metapher, Wege der Forschung*, Bd. 389 (Darmstadt: ###, 1983) 2.

bar. Die „magische" Wirkung der Poesie beruht dagegen auf den freien Spiel der Worte, das geradzu alchemistische Wortverbindungen erlaubt. Wer dieses freie Spiel zerstört, tötet die Kunst.

Das zweite Beispiel spiegelt die terminologischen Verschiebungen im Gefolge der gerade auch technologisch motivierten Verdrängung der Substanzästhetik durch die Bewegungsästhetik. Es bemüht mit gutem Grund die Metaphorik des Verkehrs und des Transports. Das statische Wort 'Bild' fügt sich in ein statisch-architektonisches Verständnis des Kunstwerks, das mit den Begriffen „Gehalt" und „Gestalt" operiert. Der Begriff der Metapher akzentuiert dagegen den Vorgang der Über-Tragung, des Transports und des Verkehrs. Die Frage ist, ob die Metapher des Transports mit der Metaphorik des freien Spiels und der magischen Wirkung vereinbar ist.

Wie repräsentativ diese Beispiele sind, sei dahingestellt. Sie ließen sich aber beliebig vermehren. Und sie zeigen sicherlich eine Tendenz an, die in der Logik der expressiven Mobilmachung liegt. Diese prägt auch Christoph Bodes Reflexionen über Lyrik, wenn er seinen Sprecher A resümierend feststellen läßt:

> The poem is always already there. You cannot overtake it. You can try and trace it, but you are always following a movement that has already been performed and continues to happen. You can only point out this motion, this temporary gesture.[73]

Thesen zur Ästhetik der Bewegung

1. Da literarische Fiktionen *per definitionem* äußere und innere Erfahrungen von Menschen artikulieren und simulieren, sind Bewegungen in Raum und Zeit, in der konkreten Welt und im Geiste, Bedingung ihrer Möglichkeit. Ästhetik der Bewegung meint etwas Anderes und Spezifischeres: im Horizont moderner Beschleunigungserfahrung und Verwissenschaftlichung entstandene Literatur steht zugleich, in Zustimmung, Ablehnung oder in dialektischer Verschränkung, im Horizont einer Ästhetik der Bewegung.

2. Der Bewegungsstruktur ist die Möglichkeit „plötzlicher" (Bohrer), intensiver Begegnungen und Erlebnisse eingeschrieben, die bei Joyce unter dem Namen Epiphanie erscheinen. Denn in solchen Begegnungen wird eine Situation, eine Bedeutung, blitzartig erleuchtet. Was dort zum Vorschein kommt ist etwas Ästhetisches der besonderen Art, etwas Inkommensurables, was sich nicht den Ordnungen sozialer und ethischer Diskurse fügt. Auf den Rezipienten haben solche Begegnungen die Wirkung der Faszination. Ästhetische Erfahrung, die nicht notwendig an Kunsterfahrung gekoppelt ist, und Faszinationserfahrung (ohne ihre magischen Implikationen) sind spätestens seit der Romantik nicht mehr zu unterscheiden.[74]

---

[73] Christoph Bode,"'Look on my Works, ye Mighty, and despair!': Notes on the Non-teachability of Poetry", in: *Teachable Poems: From Sting to Shelley*, ed. Manfred Pfister, *anglistik & englischunterricht* 53 (1994),139–153, hier:150.

[74] Vgl. hierzu Verf. „Funktionen der Literatur im Prozeß der Modernisierung", in: Marion Gymnich und Ansgar Nünning (Hg.), *Funktionen von Literatur: Theoretische Grundlagen und Modellinterpretationen* (Trier: WVT, 2005) 89f.

3. Der strukturelle Zusammenhang zwischen der experimentellen Moderne und der Ästhetik der Mobilmachung ist mit Händen zu greifen. Das Experiment *ist* die Mobilmachung. Dieser funktionale Zusammenhang wird meist nicht explizit genannt. Denn Ästhetik der Mobilmachung heißt nichts anderes als die Aufkündigung bisher gültiger Bewegungsvorschriften, um ein Höchstmaß an expressiver und provokativer Bewegungsfreiheit zu erreichen. Der Reise in den Raum, in die Gesellschaft und in das Bewußtsein sind keine Grenzen mehr gesetzt. Weder die Vorschrift der linearen Abfolge noch die Romanzenerwartung des Einmünden in einen stabilen Endzustand, der Konflikte harmonisierend löst, haben noch Gültigkeit. Sämtliche moderne Romane von *The Portrait of the Artist as a Young Man* über *Ulysses* und *Women in Love* vermeiden abschließende Grenzziehungen und suggerieren das Weiterfließen des Lebensstromes über das Romanende hinaus. Aufgesprengt wird aber auch die aus dem 19. Jahrhundert stammende mimetische *common sense*-Regel, wonach nur das Erfahrbare und Wahrscheinliche darstellungsfähig sei. *Ulysses* enthält deshalb eine veritable Phantasmagorie der Dubliner Unterwelt und des Unbewußten von Bloom. Moralisch-gesellschaftliche Grenzziehungen, die das Verhältnis zwischen Gut und Böse, Man und Frau ordnen, sind getilgt. Die Ordnungsregel der Kausalität, die Bewegungen in der Natur und zwischen Menschen in Ursache-Wirkung-Abläufe zu verwandeln unternimmt, muß dem Prinzip des Aleatorischen, Spielerischen und Zufälligen weichen. Aufgesprengt werden auch nach der Logik des Sprachspiels in Extremfällen die Regeln der Syntax, der Wortbildung, der Satzverknüpfung und der Textkonstitution. Conrad befleißigt sich gezielt einer mobilen, flüssigen Perspektive und betont diese Flüssigkeit in seinen einschlägigen Briefen unentwegt, usw.

4. Was bei der Lektüre experimenteller Literatur, etwa des *Ulysses* von Joyce, als Folge dieser erhöhten Beweglichkeit statthat, ist eine bemerkenswerte und gewollte Dialektik von Geschwindigkeit und Langsamkeit. Je ausgeprägter die argumentativen, assoziativen und stilistischen Sprünge sind, die der Text dem Leser abverlangt, umso langsamer gestaltet sich der Aufnahmevorgang. Aus dem Arsenal der modernen Technologie, zumal der Medientechnologie, und der Wissensdifferenzierung entnommene Darstellungsverfahren wie filmische Bildlichkeit, mobile Perspektivik, harte Schnitte bzw. Kollisionsmontagen, photographische Schnappschüsse, Zeitsprünge und vor allem durch die Entdeckungen der Psychoanalyse inspirierten Reisen ins Innere des Bewußtseins lassen ästhetische und semantische Strukturen entstehen, die in ihrer Fremdheit eine langsame Rezeption geradezu erzwingen. Experimentelle Kultur soll gerade nicht wie die Big Macs der Fast Food-Kultur verschlungen werden. Deshalb kommt im Text von *Ulysses* zum raschen Verbrauch bestimmte Massenliteratur nur parodistisch in den Blick. Was aber mag die Funktion dieser ästhetisch vermittelten Entschleunigung sein? Zum einen sicherlich Erkenntnis. Ohne kontemplative Konzentration ist es nicht möglich, die komplexe Semantik eines hochreflexiv eingesetzten sprachlichen Mediums zu erfassen. Experimentelle Darstellungsverfahren wirken also z. B. dem journalistischen Verschleiß von Sprache entgegen und bewirken ihre vitale Regeneration. Daraus folgt eine dritte Funktion, nämlich die Einübung eines anderen kulturellen Lebensstils, welcher der Geschwindigkeitszivilisation entgegengesetzt ist, dies aber paradoxerweise

mit Hilfe eines Instrumentariums, das durch sie erst zur Verfügung gestellt wird: Versinnlichung und Entschleunigung als Funktion neuer ästhetischer Medien!

5. Die moderne Bewegungs- und Verflüssigungsdynamik bedeutet, daß sich die gesellschaftliche und moralische Identität der Figuren auflöst, so daß wir am Ende mit der postmodernen situativen Identität des Spielers konfrontiert werden. Bekanntlich richtet sich gegen diese Konsequenz der Dynamisierung des Selbst die ethische Wende der Postmoderne. Für den gegenwärtigen Zusammenhang ist es aufschlußreich zu sehen, daß schon zeitgenössische Kritiker dem Dichter Frost bescheinigten, er sei ein schwer greifbarer Drifter, der als Sprecher mit entsprechenden Ambivalenzen arbeite. Dieses Driften bis zum Verlust von Eigenschaften, wie er in Musils *Der Mann ohne Eigenschaften* diagnostiziert wird, läßt sich ohne weiteres mit den Befunden der soziologischen Moderne-Analysen verrechnen. Molly in Joyces *Ulysses* besitzt zwar noch eine erkenbare Identität, nämlich die der als Gegenfigur zu Penelope konzipierten treulosen Ehefrau, begegnet uns aber im wesentlichen als Strom von Erinnerungen und Assoziationen. Der Zusammenbruch des Wertesystems im Prozeß der Verflüssigung und der Wegfall einer metaphysisch verbürgten sinnhaften Zukunft bedeutet, daß für moderne Menschen Lebenszeit und Weltzeit[75] auseinander fallen. Es gibt nur dieses Leben. Dies wiederum hat zur Folge, das jetzt einmalig gewordene irdische Leben als unruhige Jagd nach Kicks und diesseitiger Lebensfülle zu leben – ein Lebensentwurf, der für viele moderne Romanfiguren typisch ist, Gudrun in *Women in Love* beispielsweise oder Jinny in *The Waves* von Virginia Woolf. Der Roman selbst, wie auch die Figur Molly, wird bei Joyce wie auch bei Lawrence zu einer einzigen Feier des Lebens, seines Reichtums, seiner Wandlungsfähigkeit, seiner Energie. Schließlich: Wenn Charaktere dem psychischen Druck der säkularisierten Beschleunigungsgesellschaft nicht gewachsen sind, reagieren sie mit seelischen Erkrankungen. Kein Wunder, daß die moderne Literatur von Neurotikern, Schizophrenen, Depressiven oder gar Wahnsinnigen nur so wimmelt und die Handlungsunfähigkeit der Figuren seit Becketts *Waiting for Godot* zu einem Merkmal der so genannten absurden Literatur gehört. Auch die Unzuverlässigkeit mental instabiler Erzähler gehört in diesen Zusammenhang.

6. Wenn Wirklichkeit, als Referenz von Sprachzeichen, sich in einen Zeitstrom verflüssigt und in Kontingenzen auflöst, kommt auch das Medium der Sprache ins Rutschen. Einerseits können wir uns über Wirklichkeit und Wahrheit nur über Sprache verständigen, andererseits wird die Beziehung zwischen Zeichen und Bezeichnetem so problematisch, daß schon moderne, vor allem aber postmoderne Kunst das Wahrheits-und Sprachproblem ständig reflexiv umkreist. Wahrheit wird demonstrativ als subjektive, perspektivische und medial bedingte verhandelt – im Roman spätestens seit Henry James und Joseph Conrad. Da Relativität und Geschichtlichkeit eines so verstandenen Lebens ein verbindliches Normen-und Wertesystem hinwegspülen, sind nur noch perspektivische Ansichten des Lebens im Roman möglich. Der auktoriale Erzähler hat ausgedient. Die für Kunst ohnehin typische Offenheit und Vieldeutigkeit wird bis zur provozierende Fremdheit radikalisiert, was wiederum Gegenbewegungen auf den Plan ruft.

---

[75] Vgl. Rosa 2005, 35f.

7. Diese Thesen sagen über die Strukturen experimenteller Literatur und Kunst nichts Neues, aber sie versuchen, diese möglichst plausibel aus den Bedingungen der modernen Beschleunigungskultur abzuleiten.

Von den Wordsworths zu De Quincey. Gehen und Kutschenfahren in der englischen Romantik oder die Entdeckung der Gewalt der Geschwindigkeit

Die Entdeckung einer neuen Lebensform um 1800 – das Wandern

Im Oktober 1802 heiratet William Wordsworth Mary Hutchinson. Noch am Tage der kirchlichen Trauung begeben sich er, Mary und seine Schwester Dorothy mit der Postkutsche auf eine kleine Hochzeitsreise. Denselben Weg hatten William und Dorothy auch schon zu Fuß zurückgelegt. Über die Reaktionen einer Wirtin bei ihrer Ankunft vermeldet Dorothy in ihrem Tagebuch folgendes:

> The inn was like an illuminated house – every room full. We asked the cause, and were told by the girl that it was "Mr John Bell's birthday, that he had heired his estate!" The landlady was very civil. She did not recognise the despised foot-travellers.[1]

Eine Eintragung für den 15. Juli 1802 lautet:

> On Thursday morning, at a little before seven, being the 15th July, we got into a post-chaise and went to Thirsk to breakfast. We were well treated, but when the landlady understood that we were going to *walk* off, and leave our luggage behind, she threw out some saucy words in our hearing.[2]

Obwohl Wordsworth und seine Schwester ihre Tage in Grasmere im Lake District mit täglichen Wanderungen, Lektüre von Dichtern und poetischer Tätigkeit füllen, ist das Wandern für die Mehrheit der Bevölkerung noch alles andere als selbstverständlich. Wer zu Fuß geht, so die Annahme, tut dies aus schierer Notwendigkeit, er gehört der Schicht der Armen, der Bettler und Landstreicher an, oder jener neuen, winzig kleinen, verstörenden, weil ortlosen Gruppe von Intellektuellen (oft Studenten) und Künstlern, die sich unter dem geistigen Einfluß Rousseaus und der französischen Revolution einem zunächst gegen die bestehende kulturelle und politische Ordnung gerichteten Kult der Natur verschreiben. In der Tradition der physikotheologisch geprägten Landlebendichtung ist das Wandern eine legitime Form des Rückzugs aus dem Weltgetriebe und der Annäherung an Gottes Natur, die in ihrer Sinnhaftigkeit und Schönheit glückliche, beseligende Augenblicke der Begegnung bereithält (Cowper, *The Task*, 1784). Diese beiden Traditionen (Rousseau, Cowper) scheinen mir bei Wordsworth eine komplexe, jeweils unterschiedlich ausfallende Synthese einzugehen.

Dennoch: Habituelles Wandern ohne erkennbaren pragmatischen oder religiösen Zweck, wie es Dorothys Tagebuch in fast monotoner Regelmäßigkeit bezeugt, war aus dem Blickwinkel der damaligen Gesellschaft neu, modern, revolutionär, kurz:

---

[1] Dorothy Wordsworth, *Illustrated Lakeland Journals*. Introduction by Rachel Trichett (1987; London: Diamond Books, 1991) 206.
[2] Ebd. 193.

anstößig. Dem Wandern lag eine bewußte Entscheidung zugrunde, den seit ca. 1770 ständig verbesserten Postkutschenservice nicht zu benutzen. Wer das Gehen statt des Fahrens wählte, zumal für längere Wegstrecken, stellte sich mehr oder minder gezielt gegen die technologische Option, die technologische Moderne und die Grand Tour im aristokratischen Stil, es sei denn, die Wahl hatte rein finanzielle Gründe. Selbst in studentischen Kreisen von Cambridge bestand 1790 kein Verständnis für Wordsworths (vor der eigenen Familie geheimgehaltenen) Entscheidung, monatelang zu Fuß durch Frankreich und die Schweiz zu wandern. Es war ersichtlich eine Pioniertat, die nicht zur Gentleman-Rolle paßte und in Rousseauscher Manier die Grenzen zwischen den Ständen zugunst des allgemeinen *natural man* aufhob. Wordsworths Biographin Moorman schreibt:

> Wordsworth and Jones may be regarded as the pioneers of the great company who, from their day to the hikers and ramblers of our own, have claimed the right to walk for pleasure over hill and dale. Wordsworth wisely refrained from informing his Uncle William of their intention before they started. If many even of their friends at Cambridge thought it a mad scheme, how much more would the staid uncle? He would almost certainly have forbidden the journey altogether.[3]

Wer gar allein wanderte, setzte sich bewußt der Gefahr aus, mit Vagabunden verwechselt zu werden. Es bedarf schon einer ausgeprägten egalitären Gesinnung, wenn man, wie der frühe Wordsworth im Sommer 1793 auf seinen ausgedehnten einsamen Streifzügen über die Ebene von Salisbury (vgl. das Gedicht *Salisbury Plain*), die Begegnung mit gesellschaftlichen Randexistenzen als lehrreich und befreiend empfindet. In Wordsworths Entwicklung löst diese kathartische Entgrenzungserfahrung des einsamen, ziellosen, sozial unkontrollierten Wanderns zugleich visionäre poetische Erlebnisse aus, die ihm die Gewißheit geben, die privilegierte Rolle eines Dichters ohne sonstige berufliche Verpflichtungen spielen zu dürfen.[4] Aus heutiger Sicht, welche die „Entdeckung der Langsamkeit" (Nadolny) begrüßt, erscheinen Wandern und Kutschenfahren als romantische Assoziationen auslösende Relikte einer wehmütig erinnerten Vergangenheit, die in ihrer Einfachheit, Naturbezogenheit und Gemächlichkeit sich wohltuend von moderner Komplexität und Geschwindigkeit abhebt. Historisch betrachtet ist dies grundfalsch. Erst die am Ende des 18. Jahrhunderts enstandene retrospektive, romantisch-kulturkritische Mentalität entdeckte das Wandern und deutete es als Lebens- und Fortbewegungsform einer natürlicheren, heileren Welt. Wer sich damals freiwillig den Mühen eines Fußmarsches aussetzte, konnte in der Regel eine Postkutschenfahrt bezahlen. Und erst die Erfindung der Eisenbahn, die ein unerhörtes Mehr an Geschwindigkeit mit sich brachte, rückte im Laufe des 19. Jahrhunderts, beispielsweise bei Ruskin,[5] das Kutschenfahren in jene verklärende romantische Perspektive, welche die Unterschiede zwischen Kutschenfahren und Wandern einebnete.[6] Wordsworth ist sich indes des Unterschieds wohl bewußt. Seinem frühen Gedicht "Descriptive Sketches Taken during a Pedestrian Tour among the Alps" (1793) stellt er ein Vorwort voran,

---

[3] Mary Moorman, *William Wordsworth. A Biography* (1957; Oxford: Oxford University Press, 1968) 131.

[4] Vgl. F.W. Bateson, *Wordsworth. A Re-Interpretation* (1954; London: Longman, 1968) 108 f.

[5] Kenneth Clark (ed.), *Ruskin Today* (Harmondsworth: Penguin. 1964) 26–27.

[6] Vgl. Klaus Beyrer, *Die Postkutschenreise* (Tübingen: Tübinger Vereinigung für Volkskunde e.V. 1985) 13f.

in dem er dem Briefempfänger, dem Freunde und Geistlichen Robert Jones vom St John's College, Cambridge, u.a. folgendes mitteilt:

> In inscribing this little work to you I consult my heart. You know well how great is the difference between two companions lolling in a postchaise and two travellers plodding slowly along the road, each with his little knapsack of necessaries upon his shoulders. How much more of heart between the two latter![7]

Gemeinsames Wandern in der Natur schafft eine stärkere gefühlsmäßige Bindung als faules Dahinfahren in einer Kutsche. Denn in der Arbeit des Wanderns bildet sich, vermittelt durch Körpererfahrung, konkrete Anschauung und gemeinsames Erleben und Erinnern, eine nachhaltigere Beziehung zur Natur und zum Mitmenschen. Mit Habermas gesprochen könnte man sagen, daß die „kommunikative Substanz"[8] solcher Erfahrung größer ist als die des Kutschenfahrens, und zwar sowohl in der Beziehung zur Natur, deren langsame Erwanderung einen gemeinsamen Schatz von "images" und Erinnerungen[9] erzeugt, und die der flüchtigeren und oberflächlicheren Erlebensweise des Kutschenfahrens überlegen ist, als auch in der Beziehung zum Mitmenschen. Rousseau (*Emile*) und deutsche Romantiker derselben Zeit beschreiben die anthropologischen und ästhetischen Vorzüge des Wandern noch prägnanter. Für Rousseau ist das Wandern ein Moment der Freiheit des natürlichen Menschen, der seinen Weg selbst bestimmen kann und durch die körperliche Tätigkeit Wohlbefinden, ja Hochstimmung empfindet, während der Kutschenreisende, zur Passivität verurteilt, eher mürrisch dahinreist. In *Mein Sommer* bemerkt Johann Gottfried Seume: „Wer geht, sieht im Durchschnitt anthropologisch und kosmisch mehr, als wer fährt. [...] Wo alles zu viel fährt, geht alles sehr schlecht: man sehe sich nur um! So wie man im Wagen sitzt, hat man sich sogleich einige Grade von der ursprünglichen Humanität entfernt."[10]

Wer um 1800 wandert oder den verbesserten Postkutschenservice benutzt, der ist tatsächlich modern im doppelten Sinne. Er wählt zwischen gegensätzlichen Reisemöglichkeiten, die entweder von der Rousseauschen Kulturrevolution oder der seit 1770 einsetzenden technologischen Transportrevolution zur Verfügung gestellt werden. Just diese beiden Moderne-Begriffe, der kulturkritische und der technologisch-fortschrittsbezogene, bilden aber bis zum heutigen Tag den widersprüchlichen Horizont unseres Verständnisses der Moderne. Bei T. S. Eliot gehen sie eine spannungsreiche Verbindung ein, wenn er die Moderne kulturkritisch verdammt, zugleich aber ihre Materialien und Verfahren (Großstadtleben, Montage) nutzt.

Im 19. Jahrhundert werden Wandern *und* Kutschenfahren zu Handlungsformen einer modernen sentimentalischen Empfindungsweise, wie sie Schiller definiert und von der noch heute die Touristik-Industrie profitiert. Indem der Mensch die kulturellen Gegebenheiten, zumal die Monotonie einer maschinell geprägten Arbeit, nicht mehr naiv in ungebrochener Einheit erlebt, sondern sich in ein distanziertes,

---

[7] William Wordsworth, *Poetical Works*, ed. Ernest de Selincourt (1936; Oxford: Oxford University Press, 1969) 8.

[8] Jürgen Habermas, *Theorie des kommunikativen Handelns. Band 2: Zur Kritik der funktionalistischen Vernunft* (Frankfurt: Suhrkamp, 1981) 486.

[9] William Wordsworth, *Poetical Works*, ed. Ernest de Selincourt (1936; Oxford: Oxford University Press, 1969) 8.

[10] Alexander Knecht und Günter Stolzenberger (eds.), *Die Kunst des Wanderns. Ein literarisches Lesebuch.* (München: Deutscher Taschenbuch Verlag. 1997) 116.

reflexives Verhältnis zu ihnen setzt und sie am Maßstab eines Ideals mißt, das die Wirklichkeit nicht einlösen kann, erzeugt er für sich jene moderne Ruhelosigkeit des Herzens, der eine tendenziell obsessive Wander- und Reisetätigkeit entspricht. Für diese Wander- und Reisetätigkeit lassen sich gewiß auch andere Gründe angeben. Bruce Chatwin etwa ortet den Wandertrieb in einer genetischen Disposition, die sich der Mensch in einer archaischen Vorgeschichte als Wüstenbewohner erworben habe.[11] Für Pascal bedarf der Mensch der Zerstreuung durch Neues, um sein mit der *conditio humana* gegebenes Unglücklichsein ertragen zu können. Und aus biologischer Sicht liegt es nahe, die Energieüberschußtheorie zu bemühen, die Spieldrang, Bewegungsdrang und Abenteuerlust zumal in jungen Jahren zu erklären vermag.

Wie schon ersichtlich geworden, ziehe ich es vor, einige romantisch-literarische Interpretationen des Gehens, Wanderns und Kutschenfahrens im Horizont der Theorie der Moderne zu lesen. Im Zentrum steht dabei die Frage, wie die Darstellung bzw. Selbstdarstellung moderner Subjektivität und die 'natürlich' oder technologisch vermittelten Erlebens-und Wahrnehmungsänderungen in der literarischen Repräsentation einander zugeordnet werden. Ob die Wahrnehmung des innerlich und äußerlich bewegten Subjekts dabei, wie häufig in romantischer, aber auch modernistischer Literatur, in einer erlösenden Epiphanie kulminiert oder sich auf eine zunehmende, aber nie zu Ende kommende Weltaneignung und Wissensaneignung beschränkt (wie Nietzsche im folgenden Textauszug beschreibt), – beides ist unzweifelhaft Ausdruck eines modernen Bewußtseins:

> Der Wanderer. – Wer nur einigermaßen zur Freiheit der Vernunft gekommen ist, kann sich auf Erden nicht anders fühlen denn als Wanderer, – wenn auch nicht als Reisender, *nach* einem letzten Ziele: denn dieses gibt es nicht. Wohl aber will er zusehen und die Augen dafür offen haben, was alles in der Welt eigentlich vorgeht; deshalb darf er sein Herz nicht allzu fest an alles einzelne anhängen; es muß in ihm selber etwas Wanderndes sein, das seine Freude an dem Wechsel und der Vergänglichkeit habe.[12]

Mit dem organisierten Massentourismus nach 1815 entstehen, wie James Buzard in seiner kulturwissenschaftlichen Studie ausgeführt hat, angestrengte Bemühungen aus kulturkritischer – das Wort steht ihm leider nicht zur Verfügung – Sicht, zwischen dem außengesteuerten Massentouristen und dem individuellen Reisenden ("traveller") zu unterscheiden, der ein persönliches, nicht genormtes Erlebnis der anderen Kultur sucht. Die Entstehung des Tourismus treibt sofort einen antitouristischen Diskurs hervor, von dem Wordsworths häufiger Gebrauch des Begriffs "tour" allerdings nicht berührt zu sein scheint. Die kulturkritisch motivierte Opposition 'traveller vs. tourist' spielt in meinen Analysen allerdings keine zentrale Rolle. Mir geht es um die Frage des Zusammenhangs von zunehmender Mobilität, kinetischer Energie und Wahrnehmungsveränderungen. Dabei wird sich zeigen, daß das Muster der säkularisierten Pilgerreise (Wordsworth) noch innerhalb dessen, was man romantische Bewegung nennt, vom modernen Muster der Reise in die Katastrophe (De Quincey) abgelöst wird. In beiden Fällen wird die mit der gesteigerten Geschwindigkeit verbundene Wahrnehmungsdissoziation erkannt, aus moralischer oder kulturkritischer Perspektive aber defensiv verarbeitet. Im Unterschied zu

[11] Ebd., 119.
[12] Zitiert nach Ebd., 190.

Wordsworth begreift De Quincey die Geschwindigkeit der um 1800 eingeführten Schnellkutsche als Herausforderung, die er mit einer neuartigen Ästhetik der Spannung beantwortet.

"A traveller I am": Wandern und Dichten als poetische Selbsttherapie oder das moderne Subjekt des säkularisierten Pilgers

Welche Fortbewegungsart physischer und geistiger Art ist dem Dichter angemessen? Eine unorthodoxe Frage, die aber, wie mir scheint, den grundlegenden Unterschied zwischen der um 1600 und der um 1800 geschriebenen Lyrik zu erhellen vermag. John Donne wählt als Gedichtsprecher die Rolle des Liebenden und Glaubenden, der sein Gegenüber mit raschen, ja überraschenden (*conceits*), vom *wit* eingegebenen Gedankenbewegungen zu überreden versucht, während der Körper des Sprechers unsichtbar bleibt. Nicht der autobiographische Bezug der Situation wird hervorgehoben, sondern die Redegewalt und Kombinationskunst des Sprechers, der sich an den Modellen der Logik und der Rhetorik orientiert. Wordsworth hingegen versteht sich als Wanderer und als poetischer Historiker seines eigenen Ichs, der in der poetisch-vergegenwärtigenden Darstellung seiner autobiographischen Dichtung Zeugnis über vergangene Reise- und Landschaftserlebnisse ablegt oder gar gegenwärtiges Bewegungs- und Begegnungserleben inszeniert. Wer wandert, erschließt sich im langsamen Tempo des Gehens und der mit ihm möglichen differenzierten Wahrnehmung, die durch verweilendes Betrachten und Meditieren noch gestützt wird, Umwelt und Landschaft, Blumen, Wasserläufe, Berge, Vögel, Bäume, Mitmenschen, denen man begegnet, Ruinen. All dies interessiert Wordsworth freilich nicht in seinem andersartigen botanischen oder geologischen Sosein, sondern nur in seiner Beziehung zum Subjekt des Dichtens. Die physische Bewegung nach außen gipfelt häufig in einer beglückenden und/oder belehrenden Begegnung, die, vom poetischen Erinnerungsakt festgehalten, ja als poetische erst so richtig geschaffen wird, und sich oft mit zusätzlichen Erinnerungsbewegungen verbindet. Wordsworths Gedichte sind dergestalt Zeugnisse eines gleichsam ökologischen Austauschs zwischen dem empfangenden Bewußtsein und der Umwelt, die Sinneseindrücke und Erlebnisse zur poetischen Verarbeitung bereithalten, jene Bilder, Ereignisse und Erinnerungen, die der Dichter für seine imaginative Gestaltungsarbeit benötigt. Was die empfängliche Seele des Dichters von Natur und Umwelt an Geschenken dieser Art erhält, zahlt er ihr gleichsam mit dem Geschenk seiner Dichtung zurück, die, indem sie aus dem Erleben der Natur und der in ihr lebenden Menschen hervorgegangen ist, die Versöhnung der Leser mit der Natur in beglükkender Weise fördert. Vermittelt durch die körperliche Bewegung des Wanderns, die sich den konkreten Gegebenheiten des Untergrundes und der Landschaft anpassen muß, und der verwandelnden Kraft der Erinnerung und Phantasie, betreibt das Gedicht den harmonischen Austausch und die Entgrenzung von Subjekt und Objekt. Wie auch aus dem „Prospectus" zu dem geplanten Werk *The Recluse* (Der Einsiedler) hervorgeht, steckt in diesem Programm der Vermittlung von Subjekt und Objekt, Individuum und Umwelt, etwas Utopisches, aber dieses Utopische ist, das garantiert das Wandern, im Hier und Jetzt angesiedelt:

Paradise, and groves
Elysian, Fortunate Fields – like those of old
Sought in the Atlantic Main – why should they be
A history only of departed things,
Or a mere fiction of what never was?
For the discerning intellect of Man
When wedded to this goodly universe
In love and holy passion, shall find these
A simple product of the common day.[13]

Von dieser im Diesseits des realen Hier und Jetzt vorfindbaren arkadischen Utopie will der Dichter mit seinem Hochzeitsgesang ("spousal verse", Wordsworth 1969: 590) künden. Einem solchen Vorhaben ist freilich der Flug der Phantasie, versinnbildlicht durch das fliegende Pferd Pegasus und, moderner, einem „riesigen Ballon" ("huge balloon", Wordsworth 1969: 188), nicht angemessen. Der Ausflug des Dichters in die übernatürlichen Höhenregionen der Phantasie, der im Prolog zu "Peter Bell: A Tale" mit gezieltem Hinweis auf die soeben möglich gewordenen Ballonreisen in leicht komischem Ton erzählt wird, erlaubt panoramische Ausblicke auf die "dear green earth" (Wordsworth 1969: 189), die freilich den Luftschiffer Wordsworth ("a little Boat", "Fast through the clouds my Boat can sail", Wordsworth 1969: 188) mit Heimweh nach dem heimischen Garten erfüllen, wo er dem Gutsherrn und seiner Tochter die versprochene Geschichte von Peter Bell erzählen will. Ironisch pointiert stellt Wordsworth den raschen Flug des Himmelsbootes, das wie der Mond gestaltet ist, seiner hinkenden Annäherung an den Tisch aus Stein entgegen:[14]

Off flew the Boat away – she flees,
Spurning her freight with indignation!
And I, as well as I was able,
On two poor legs, toward my stone-table
Limped on with sore vexation.[14]

Wenn Subjekt und Objekt in der Moderne – philosophisch am greifbarsten bei Descartes – auseinandergebrochen sind und also der Vermählung bedürfen ("spousal verse"), dann kann das nur bedeuten, daß das Subjekt weder mit sich selbst noch mit der Umwelt im reinen ist. Der Zustand der Spannung und des unbefriedigten Begehrens nach Sinn und Vereinigung (diesen Platonismus setze ich bewußt), erheischt Begegnungen, die das Subjekt aus der Isolation seiner Subjektivität herausführen, ohne das Schöpfertum dieser Subjektivität zu gefährden. Die Antwort auf diese Problemkonstellation ist der wandernde, meditierende und erinnernde Wordsworth, der seine Poesie als therapeutischen Akt für sich selbst und andere versteht. Worum es Wordsworth geht, sind also sinnhafte Begegnungen, nicht so sehr Horizonterweiterung durch Wissensvermehrung. Mobilität ist für ihn nicht Selbstzweck oder Korrelat spielerischer Freiheit. Insofern gehört er jener Richtung an, die ich die kulturkritische Moderne nannte. Der Fluchtpunkt dieser Moderne ist die Heimat, und der Sinn des Wanderns der Gang nach Hause. Kein Zufall deshalb,

---

[13] William Wordsworth, *Poetical Works*, ed. Ernest de Selincourt (1936; Oxford: Oxford University Press, 1969) 590.
[14] Ebd. 190.

daß Wordsworths nie vollendetes Gesamtprojekt den Titel "The Recluse" tragen sollte.

Zur Veranschaulichung meiner Überlegungen wähle ich das Gedicht "St Paul's". Wordsworth hat den 1808 verfaßten Text nie veröffentlicht, womit vielleicht zu erklären ist, daß er jedenfalls von der gängigen Wordsworth-Lektüre nicht beachtet worden ist. Dabei ist dieser ausgesprochen persönliche Text, der ein brieflich festgehaltenes Erlebnis in die Form lyrisch-narrativer Rede in Blankversen bringt, höchst aufschlußreich, wenn man das Anliegen, die Struktur und die typische Sprache Wordsworthscher 'Wanderdichtung' verstehen will. Möglicherweise erklärt dieser Umstand, warum Wordsworth den Text nicht publizierte und Stephen Gill und Duncan Wu ihn mit Bedacht in die sehr selektive Oxford Poetry Library aufnahmen:

St Paul's

Pressed with conflicting thoughts of love and fear
I parted from thee, Friend! and took my way
Through the great City, pacing with an eye
Downcast, ear sleeping, and feet masterless
That were sufficient guide unto themselves,
And step by step went pensively. Now mark!
Not how my trouble was entirely hushed,
(That might not be) but how by sudden gift,
Gift of Imagination's holy power,
My soul in her uneasiness received
An anchor of stability. It chanced
That while I thus was pacing I raised up
My heavy eyes and instantly beheld,
Saw at a glance in that familiar spot,
A visionary scene – a length of street
Laid open in its morning quietness,
Deep, hollow, unobstructed, vacant, smooth,
And white with winter's purest white, as fair,
As fresh and spotless as he ever sheds
On field or mountain. Moving Form was none
Save here and there a shadowy Passenger,
Slow, shadowy, silent, dusky, and beyond
And high above this winding length of street,
This noiseless and unpeopled avenue,
Pure, silent, solemn, beautiful, was seen
The huge majestic Temple of St Paul
In awful sequestration, through a veil,
Through its own sacred veil of falling snow.[15]

Das Subjekt dieses Gedichts ist in innerer und äußerer Bewegung begriffen, die von der plötzlichen, fast als Erlösung empfundenen Vision der schneeverhangenen Domkuppel von St Paul's aufgefangen und aufgehoben wird. Strukturell mündet die innere und äußere Bewegung in den Ruhezustand, der mit der imaginativ geschau-

---

[15] Stephen Gill and Duncan Wu (eds.), *The Oxford Poetry Library. William Wordsworth* (Oxford: Oxford University Press, 1994) 151–52.

ten Festigkeit und Sublimität des Doms verbunden ist. Dem in der Stadt unruhig, ja unglücklich dahingehenden Wordsworth widerfährt eine Epiphanie im prägnanten Sinne: er begegnet dem Heiligen in Form eines mächtigen Gotteshauses, das durch natürliche Umstände – den fallenden Schnee und des Dichters imaginative Wahrnehmung – seiner Alltäglichkeit entrissen wird.

Wie auch in dem berühmten Stadtgedicht "Composed upon Westminster Bridge" vermag die entfesselte Moderne, nämlich die Metropole London, erst durch die Intervention von Zeit (es ist früher Morgen), Natur (Schnee) und Imagination in einen Ort verwandelt zu werden, in dem sinnhafte und glückliche Augenblicke möglich sind. Typische Merkmale der modernen Metropole wie Verkehr, Geschäftigkeit, Hast und Lärm, die der London-Diskurs des 19. Jahrhunderts regelmäßig hervorhebt, weichen hier der Stille und vereinzelten Passanten, die sogar langsam gehen; statt Menschenmassen zu kanalisieren ist die Straße leer und hohl, zugleich bedeckt mit dem 'unbefleckten' weißen Schnee. Zu einem Zeichen des 'Heiligen' kann das Gotteshaus nach der Französischen Revolution offenbar nur in jenem begnadeten Moment werden, in dem es durch die Einwirkung der göttlichen Natur ("sacred veil of falling snow"), die ihrerseits nicht ohne die 'heilige Macht der Phantasie' ("Imagination's holy power") existiert, einer visionären Verwandlung ("a visionary scene") unterworfen wird. Der Leser wohnt hier, bei Lichte besehen, einer Remythisierung der Moderne bei, die besonders markant zutagetritt, weil – anders als in der Masse der Naturgedichte – der Schauplatz des Geschehens der Inbegriff der damaligen Moderne ist. Nicht zufällig entstand der Text in einer Zeit, als Wordsworth sich wieder der anglikanischen Kirche zuzuwenden begann.

Entgegen manchen Deutungen, die eine vorgängige Übereinstimmung zwischen Wordsworthschem Dichter-Subjekt und Umwelt anzunehmen scheinen, kann hier nicht nachdrücklich genug auf den Zusammenhang zwischen der Niedergeschlagenheit des gehenden Subjekts und seiner Empfänglichkeit für visionäre Erlösungsangebote hingewiesen werden. "Dejection" als krisenhafter Bewußtseinszustand gibt es nicht nur bei Coleridge ("Dejection: An Ode"). Ohne diesen Zustand wäre Wordsworths beständige Beschwörung von sinnhaften und beglückenden Begegnungen, die auch schon in Cowpers *The Task* anzutreffen sind, eigentlich unmotiviert und unerklärlich. Er führt im vorliegenden Gedicht auch zu einer auffälligen Art des Gehens. Die vom unglücklichen Bewußtsein ("trouble") ausgelösten Reflexionsbewegungen ("conflicting thoughts") beanspruchen den Geher so sehr, daß er im Akt des Gehens den Körper seiner eigenen Automatik überläßt und Sinnesorgane, welche im Normalzustand die Verbindung und den Austausch mit der Außenwelt herstellen ("ear", "eye"), unbenutzt läßt. In diesem Zustand der 'Entfremdung' schießt die Vision von St Paul's mit der eigentlich unmotivierten und ungeplanten Plötzlichkeit einer modernen Epiphanie hinein. Karl-Heinz Bohrer hat Augenblick und Plötzlichkeit, die sich rationaler Kontrolle und teleologischer Zielgerichtetheit entziehen, als Modus moderner Zeiterfahrung herausgearbeitet, der bis hin zu Joyce und Proust nachzuweisen sei und gleichsam Restbestände von Utopie in sich aufbewahre. Diese Plötzlichkeit markiert der Text immerhin gleich dreimal ("sudden gift", "instantly", "at a glance"). Im momentanen Zusammenwirken von Natur und subjektiver Imagination entsteht ein „Geschenk" ("gift"), das den Sprecher mindestens partiell von der Unruhe des Herzens befreit und ihm die ersehnte Stabilität zurückgibt. Ein wenn auch nur augenblicklicher Ruhezustand von Sinn und Schönheit löst also die Phase konfliktreicher innerer und äußerer Bewegung ab. Diesem Kontext ist die Metapher "anchor" zuzuordnen. Sie löst die Vorstellung aus, daß das offenbar im Wasser der Moderne[16] führungslos dahintreibende Schiff des Subjekts einen festen Halt gefunden hat, der ihm nun Ruhe und Sicherheit gibt. Indem das Subjekt diesen Anker mittels seiner Imagination selbst erzeugt, beschenkt es sich paradoxerweise selbst und unterzieht sich einer Selbsttherapie.

„St Paul's" bestätigt aus ungewohnter Perspektive jene berühmte Selbstdeutung des Dichter-Wanderers und Wanderer-Dichters Wordsworth, die er im *Prelude* folgendermaßen gegeben hat: "A Traveller I am,/ And all my tale is of myself" (III, Z. 196–197). Wichtig ist die Einsicht, daß die Identität des zu Fuß gehenden Subjekts sich nicht ändert, sei es, daß es die Stadt aufsucht oder aufs Land flüchtet. In beiden Fällen sucht der Reisende einen Anker als festen Halte- und Orientierungspunkt. Wenn dies richtig ist, dann fällt von dem vergleichsweise durchsichtigen und expliziten Gedicht, das den Vorgang implizit selbst reflektiert, auch ein erhellendes Licht auf eine Schlüsselstelle des zehn Jahre früher verfaßten Werks "Tintern Abbey". In diesem berühmten Gedicht, das nicht ohne Grund unmittelbar nach dem Erlebnis und – wie eine ganze Reihe Wordsworthscher Gedichte – noch während des Wanderns konzipiert wurde, findet sich folgende programmatische Äußerung:

> [...] well pleased to recognize
> In nature and the language of the sense,
> The anchor of my purest thoughts, the nurse,
> The guide, the guardian of my heart, and soul
> Of all my moral well-being.[17]

Daß dem Anker hier eine andere Bedeutung zukommt als in "St Paul's", ist nicht zu erwarten. Offenbar bedarf das immer der Gefahr ruheloser, zielloser Bewegung ausgesetzte Ich einer Autorität, die ihm Sicherheit und Orientierung gibt. Die Metaphern "guide", "guardian" und "nurse" weisen allesamt in diese Richtung, auch die Metapher "anchor". Wäre das Ich hier Teil einer großen pantheistisch-ozeanischen Bewegung, von der "Tintern Abbey" auch spricht ("A motion and a spirit, that [...] rolls through all things"), dann wäre es ja in einem übergreifenden Sinnzusammenhang mystisch aufgehoben, es bestünde kein Bedarf an Sicherheit verbürgenden Autoritäten. Diese Autorität ist im Text die Natur als moralische Instanz und Lehrmeister, wobei die Frage, ob diese Natur, die an die Stelle Gottes rückt, unabhängig vom Subjekt existiert oder eine imaginative Projektion desselben darstellt, vermutlich nicht entschieden werden kann. Nach dem Gesagten erscheint es mir übrigens unwahrscheinlich, daß die Metapher des Ankers einen „Ruhepunkt in der ozeanischen Bewegung"[18] anzeigen soll. Es geht ersichtlich um etwas anderes, nämlich

[16] Vgl. Hans Ulrich Seeber, "Auf dem Weg zum Vortex. Zentralbewegung, Ästhetik des Sublimen und das Wasser der Moderne in englischen London-Texten des 19. Jahrhunderts," *Poetica* 21 (1989) 302–328.

[17] *The Oxford Poetry Library. William Wordsworth*, eds. Stephen Gill and Duncan Wu (Oxford: Oxford University Press, 1994) 60.

[18] Wolfgang G. Müller, "Das Problem der Subjektivität in der Lyrik der englischen Romantik." in: *Eine andere Geschichte der englischen Literatur. Epochen, Gattungen und Teilgebiete im Überblick*, ed. Ansgar Nünning. (Trier: Wissenschaftlicher Verlag, 1996) 134.

um Stabilität für das Individuum in einer 'unreinen' Welt ("the anchor of my purest thoughts").

Wie viele lyrische Wandererzählungen, für die wir einen Brief oder eine Tagebucheintragung zum Vergleich heranziehen können (z. B. "I wandered lonely as a cloud" oder Wordsworths im *Prelude, Buch 6*, ausführlich erzählte Alpenüberquerung), erweist sich „St Paul's" als lyrische Vertextung einer Prosavorlage und eines Erlebnisses, das sich bis in sprachliche Details an den tatsächlichen Vorgang und seine briefliche Version hält. Wandern und Dichten fallen zusammen, das Erlebnis des Gehens vollendet sich so recht in der lyrischen Ich-Erzählung. Ein ausführlicher Vergleich, der die Selektionsprinzipien und Stilisierungsverfahren aufdeckte, ist hier nicht möglich. Dennoch ein paar Andeutungen. Hier die Prosavorlage:

> You will deem it strange, but really some of the imagery of London has since my return hither been more present to my mind, than that of this noble Vale. I will tell you how this happens to be. – I left Coleridge at 7 o'clock on Sunday morning; and walked towards the City in a very thoughtful and melancholy state of mind; I had passed through Temple Bar and by St Dunstan's, noticing nothing, and entirely occupied with my own thoughts, when looking up, I saw before me the avenue of Fleet street, silent, empty, and pure white, with a sprinkling of new-fallen snow, not a cart or Carriage to obstruct the view, no noise, only a few soundless and dusky foot-passengers, here and there; you remember the elegant curve of Ludgate Hill in which this avenue would terminate, and beyond and towering above it was the huge and majestic form of St Paul's, solemnised by a thin veil of falling snow. I cannot say how much I was affected at this unthought-of sight, in such a place and what a blessing I felt there is in habits of exalted Imagination. My sorrow was controlled, and my uneasiness of mind not quieted and relieved altogether, seemed at once to receive the gift of an anchor of security [sic!]. Little remarkable occurred during my journey.[19]

Man bemerkt, daß die Prosavorlage – ein Brief an Sir George Beaumont vom 8.4.1808 – fast alle wesentlichen Punkte schon enthält, und zwar einschließlich der sinntragenden Metaphern "anchor" und "gift". Gleichwohl nimmt die Blankversfassung der sprachlichen Erfahrungsverarbeitung einige bedeutungsstiftende Akzentuierungen vor, die ihr eine größere Intensität verleihen. Statt eines Briefes an Sir George Beaumont ist das Gedicht als briefliche Seelenbeichte an den im Text genannten Freund ("Friend", "Now mark") konzipiert. Es handelt sich um Coleridge, von dem sich Wordsworth soeben verabschiedet hat. Der autobiographische Bezug erzeugt nicht auflösbare Kontingenzen. Denn während das Gedicht nahezulegen scheint, daß Wordsworths besorgte Gedanken dem Freunde gelten, könnte es laut Brief auch die eigene Familie sein ("my heart has been so occupied since my return with my own family"). Die Frage stellt sich ohnehin, ob wir dem partikularen, autobiographisch belegten Seelenzustand des Sprechers paradigmatischen, repräsentativen Charakter im Blick auf moderne Subjektivität zuschreiben dürfen. Mir scheint dies legitim, zumal Wordsworth sein Gehen im *Prelude* – das London-Erlebnis und die Flucht aufs Land – gezielt in den Horizont einer Erfahrung der Moderne einrückt und die Struktur von Gehen und Epiphanie durch ihre ständige Wiederkehr symbolisches Schwergewicht erhält. Es ist deshalb auch kein Zufall, daß der Text die religiösen Bezüge und den religiösen Diskurs gegenüber der Prosavorlage auf-

---

[19] William Wordsworth, *Poetical Works*, ed. Ernest de Selincourt (1936; Oxford: Oxford University Press, 1969) 209.

fällig stärkt. Erst im Gedicht wird, wie schon gezeigt, die Plötzlichkeit der Begegnung mit dem 'Heiligen' offenbar. St Paul's gewinnt im Gedicht noch nachdrücklicher einen erhaben-religiösen Charakter. „Veil" beispielsweise, ein religiöses Sinnbild, wird wie „gift" – ein in der religiösen Sprache ebenfalls übliches Bild – nicht nur einmal, sondern zweimal genannt, dazu noch mit dem vereindeutigenden Attribut "sacred", das in der Prosavorlage fehlt. Der Bezug zur Burkeschen Tradition des Erhabenen, die vor allem die religiöse Dimension des Begriffs betont, wird durch das einschlägige Adjektiv "awful" aufgerufen. Neu ist auch, daß der Imagination eine "holy power" zuerkannt wird und der Dichter den Charakter der subjektiven Erfahrung begrifflich und poetologisch einordnet ("visionary scene"). Auch die Körperlichkeit des gedankenverlorenen Gehens erscheint durch die Nennung der beteiligten Sinnesorgane plastischer. Schließlich hebt der Dichter durch Attributhäufung die Ungewöhnlichkeit des Straßenbildes hervor ("noiseless and unpeopled avenue").

Die hier herausgearbeitete Pilgerstruktur des Gehens bei Wordsworth scheint mir zentral, wobei allerdings dem Augenblick der Offenbarung etwas Zufälliges anhaftet; er ist nicht vorhersehbar und planbar. Viele seiner berühmtesten Texte bezeugen diese Struktur ("I wandered lonely...", "The Ruined Cottage", "The Solitary Reaper", "Resolution and Independence", "Stepping Westward"). Sie sprechen in verschiedenen Varianten von beglückenden und belehrenden Begegnungen, die in manchen Fällen die Niedergeschlagenheit, die häufig genug mit dichterischen Selbstzweifeln zu tun hat, in Gelassenheit und Glück verwandeln. Da Wordsworth in den Naturgedichten die Art des Gehens m.W. nie so detailliert beschreibt wie in St Paul's, ist die Frage, ob von "dejection" begleitetes Wandern in der Natur phänomenologisch dem gedankenverlorenen Gehen in der Großstadt gleicht, also den Charakter des Wanderns verliert, nicht zu beantworten. Ich unterstelle, daß in einem solchen Falle kein essentieller Unterschied besteht.

Das bisher Gesagte erhebt selbstverständlich nicht den Anspruch, den vielfältigen Erscheinungsformen des Gehens und Wanderns bei Wordsworth gerecht zu werden. Dazu bedürfte es einer ausführlichen Studie. Aufschlußreich ist indes, daß auch andere 'Wandergedichte', die sich nicht erkennbar an das Modell der Pilgerschaft anlehnen, es nicht bei der bloßen Feststellung der Faktizität des Gehens belassen, sondern dem Wandern einen Sinn unterlegen. So ist in dem Gedicht "Old Man Travelling: Animal Tranquillity and Decay, a Sketch" der alte, wandernde Mann, in dessen verfallendem Körper ein starker Geist wohnt, offenkundig als moralisches Leitbild konzipiert.

Angenehme Reise, Sinnbild der Vergänglichkeit und Katastrophe.
Das Kutschenfahren bei den Wordsworths und bei De Quincey

Wordsworths beglückende Begegnungen als Wanderer mögen flüchtig sein, nur sehr kurze Zeit dauern, aber ihre Wahrnehmung hat nichts Fragmentarisches, Transitorisches an sich. Die nachträgliche poetische Arbeit stellt sie auf Dauer, hebt sie heraus und verleiht ihnen durch moralische und quasireligiöse Interpretation nachhaltige Bedeutung. Zerrissene Wahrnehmung (wie später in der Moderne) oder die Ahnung tödlicher kinetischer Energie (wie schon bei De Quincey) finden sich auch nicht in den Prosaberichten Dorothy Wordsworths über ihre Kutschenfahrten mit William. "Sweet ride" oder "pleasant ride"[20] sind gelegentlich benutzte Ausdrücke, die das Angenehme der Kutschenfahrt betonen. Ganz im Gegensatz zur Repräsentation des Kutschenfahrens im 18. Jahrhundert, die den Blick auf die moralische Deutung menschlichen Verhaltens richtet, werden bei D. Wordsworth Unterhaltungen innerhalb der Kutsche nur ansatzweise wiedergegeben, meist ist der Blick nach außen gerichtet, so daß der Bericht zu einem Protokoll jener Dörfer, Wirtshäuser, Ruinen, Landschaften, Flußläufe und wechselnden Wetterverhältnisse wird, die man gerade passiert hat. Das Wahrgenommene erscheint in der Regel nicht in so schneller Folge, daß der Eindruck eines abfolgenden Films oder gar einer Serie punktueller Impressionen entsteht. Reisen bedeutet noch Wahrnehmen und Aufnehmen, es dient ersichtlich nicht nur der Überbrückung von Distanzen. Ein Großteil der Aufmerksamkeit ist sehr wohl auf das gerichtet, was man während der Reise sieht – „sehen" ist deshalb eines der am häufigsten gebrauchten Verben. Häufig gibt es aber auch zusammenfassende Feststellungssätze, die lediglich die Tatsache der Reise und der Ankunft mitteilen: "We had a pleasant ride to Keswick where we arrived at about 2 o'clock."[21] Pausen, während der z. B. Pferde gewechselt werden, überbrücken Dorothy und William mit kleinen Wanderungen. Sowohl in diesen Spaziergängen als auch beim Blick aus dem Kutschenfenster begegnet man der Umwelt in der Erwartungshaltung des "lover of nature"[22], der in der Manier des ästhetischen Genießers von Landschaftsparks im späten 18. Jahrhundert darauf aus ist, Aussichtspunkte und Blickwinkel zu erreichen, die schöne Ausblicke ("fair prospects"[23]) erlauben. Insbesondere panoramische Wahrnehmungen werden recht detailliert wiedergegeben:

> We had not wanted, however, fair prospects before us, as we drove along the flat plain of the high hill. Far far off us in the western sky, we saw shapes of castles, ruins among groves, a great spreading wood, rocks, and single trees, a minster with its tower unusually distinct, minarets in another quarter, and a round Grecian Temple also; the colours of the sky of a bright grey, with a dome. As we descended the hill there was no distinct view, but of a great space; [...].[24]

Die Beschreibung suggeriert hier nicht das zeitlich-räumliche Nacheinander der wahrgenommenen Einzelheiten einer englischen Kultur-und Gartenlandschaft, sondern ihr räumliches Nebeneinander und Ineinander, unabhängig von zeitlichen Bestimmungen. Auffällig ist, daß eine emotionale Beteiligung des wahrnehmenden Subjekts kaum zu bemerken ist und sich erst dann einstellt, wenn die beobachtete Außenwelt mit persönlichen Erinnerungen verknüpft ist:

> When we passed through the village of Winsley my heart was melted away with dear recollections – the bridge, the little waterspout, the steep hill, the church. They are among the most vivid of my own inner visions, for they were the first objects I saw af-

---

[20] Dorothy Wordsworth, *Illustrated Lakeland Journals*. Introduction by Rachel Trichett (1987; London: Diamond Books, 1991) 210.

[21] Ebd.

[22] Ebd. 207.

[23] Ebd. 204.

[24] Ebd. 206.

ter we were left to ourselves, and had turned our whole hearts to Grasmere as a home in which we were to rest.[25]

Eine gegenüber den Wahrnehmungsdaten des Gehens deutlich beschleunigte Sukzession, größere Übersicht und größere Informationsfülle, die der größeren Weite und Wahrnehmungsvielfalt des mit der Kutsche durchfahrenen Raumes entsprechen, ist, wie mir scheint, in dem Bericht über die Reise von London nach Dover zu entdecken. Adverbien ("at first" – "then" – "then") und das Stilprinzip der reihenden Kumulation markieren gezielt eine relativ rasche Abfolge, die freilich noch nicht so rasch ist, daß bruchstückhafte Eindrücke entstünden oder ästhetische Urteile nicht mehr möglich wären:

> We rode on cheerfully, now with the Paris diligence before us, now behind. We walked up the steep hills, a beautiful prospect everywhere, till we even reached Dover. At first the rich, populous, wide-spreading, woody country about London, then the river Thames, ships sailing, chalk-cliffs, trees, little villages. Afterwards Canterbury, situated on a plain, rich and woody, but the City and Cathedral disappointed me. Hop grounds on each side of the road some miles from Canterbury, then we came to a common, the race ground, an elevated plain, villages among trees in the bed of a valley at our right, and rising above this valley, green hills scattered over with wood, neat gentlemen's houses. One white house, almost hid with green trees, which we longed for, and the parson´s house, as neat a place as could be, which would just have suited Coleridge.[26]

Auch wenn man den Einfluß neuer Transportmittel auf Wahrnehmungsmodi nicht überbewerten will, scheint doch die Frage legitim, ob diese Art der Außenwahrnehmung von einem beweglichen Blickpunkt aus nicht die für damalige Verhältnisse besondere Schnelligkeit der London-Dover-Verbindung widerspiegelt. Zwar verwendet auch der weiter oben zitierte Text das Stilprinzip der Reihung ("the bridge, the little waterspout, [...]"). Aber dieses Prinzip untersteht hier doch primär der Funktion, affektive Erinnerungswerte durch die Nennung entsprechender Objekte zu mobilisieren. Es geht erst sekundär darum, erinnerte Bewegungserfahrung zu inszenieren. Bezeichnenderweise richten sich in der Romantik Aufmerksamkeit und sehnsuchtsvoller Blick der Vorüberfahrenden insbesondere auf solche Objekte, die Sicherheit, Geborgenheit und Genuß zu versprechen scheinen ("white house", "parson's house").

In einem Sonett der Sammlung *Memoirs of a Tour on the Continent, 1820*, die 1822 veröffentlicht wurde, wird der Zusammenhang von Geschwindigkeit und tendenziell entgrenzter, fragmentarischer, augenblickhafter Außenwahrnehmung so deutlich wie in keinem der bislang herangezogenen Berichte. Das Sonett "In a Carriage, upon the Banks of the Rhine" inszeniert im Präsens die Außenwahrnehmung, Selbstwahrnehmung und Selbstinterpretation eines Reisenden, der in der Kutsche entlang des Rheines fährt:

> Amid this dance of objects sadness steals
> O'er the defrauded heart – while sweeping by
> As in a fit of Thespian jollity
> Beneath her vine-leaf crown the green Earth reels:

---

[25] Ebd.
[26] Ebd. 196.

Backward, in rapid evanescence, wheels
The venerable pageantry of Time,
Each beetling rampart, and each tower sublime,
And what the Dell unwillingly reveals
Of lurking cloistral arch, through trees espied
Near the bright River's edge. Yet why repine?
To muse, to creep, to halt at will, to gaze –
Such sweet wayfaring – of life's spring the pride,
Her summer's faithful joy – *that* still is mine,
And in fit measure cheers autumnal days. [27]

Wordsworth dynamisiert die Außenwelt in ganz ungewohnter Weise. Erscheint die Außenwelt bei Dorothy häufig als Panorama von Landschaften, das in sich nicht bewegt ist, so verwandelt es sich jetzt in einen 'Tanz von Gegenständen', der an dem Beobachter vorüberzieht ("sweeping by"). Dieses Bild des Tanzes gewinnt konkrete Gestalt in der rhetorischen Figur der personifizierten Erde, die, mit einer Krone von Weinlaub versehen, wie ein schottischer Tänzer herumwirbelt ("reel") oder wie der (betrunkene?) Thespis, der Erfinder der Tragödie, in einem Anfall von Fröhlichkeit herumfährt: "Horace (*Ars P*. 275–7) has him taking his plays around on wagons, with the players' faces smeard with wine-lee"[28]. Befestigung, Turm oder Fensterbogen eines Klosters, also typische Ansichten einer Rheinreise, werden nur zufällig und für einen winzigen Augenblick durch eine Öffnung in den Bäumen sichtbar.

Diesen momentanen Außeneindrücken haftet etwas Unwirkliches und Fiktionales an, denn sie erscheinen dem Betrachter als Tanz, ja als Schauspiel (Thespis, "pageantry"), wo man sich zu fragen beginnt, ob es noch eine Grenze zwischen Fiktion und Wirklichkeit gibt. Ab dem zweiten Abschnitt deutet der Dichter die Raumreise als Reise in die Vergangenheit, entspricht doch den vergänglichen, vorüberhuschenden Eindrücken ("rapid evanescence") die Vergänglichkeit einer Zeit, deren erhabene Hinterlassenschaft am Rheinufer zu besichtigen ist. Das Verb "wheel" verbindet als Metapher Raumreise und Zeitreise.

Das Subjekt reagiert auf die Reiseeindrücke mit Trauer ("sadness") und Hader ("repine"), nicht mit Faszination. Eine meditative Betrachtungsweise deutet sie nicht als berauschende Zeichen von Modernität, sondern eher negativ als Sinnbilder der Vergänglichkeit und der *vanitas mundi*. Der anarchische 'Tanz der Gegenstände' scheint die utopischen Hoffnungen des Subjekts auf dauerhaftes Glück und dauerhaften Sinn zu enttäuschen ("defraud"). Trost ergibt sich für den Dichter aber aus der Möglichkeit, solchem schnellen Reisen ein Ende zu setzen. Nicht beschleunigtes Reisen, sondern eine Fortbewegung, die grüblerisches Nachsinnen, Kriechen, beliebiges Anhalten und intensives Anschauen erlaubt ("sweet wayfaring"), vermag Kindheit, Jugend und Alter Freude und Trost zu spenden. Die Kutschenfahrt entlang des Rheins wird so zur antimodernen Meditation über Schnelligkeit und Langsamkeit, Vergänglichkeit und langsamer Bewegung, der eine therapeutische Kraft innewohnt. Aus der Perspektive des alten oder alternden Mannes ("autumnal days")

---

[27] William Wordsworth, *Poetical Works*, ed. Ernest de Selincourt (1936; Oxford: Oxford University Press, 1969) 266.

[28] Simon Hornblower and Anthony Spawforth (eds.), *The Oxford Classical Dictionary* (Oxford: Oxford University Press, 1996) 1510.

gedacht und geschrieben, spricht das Gedicht von der aufmunternden, tröstenden Wirkung langsamen Reisens, das als Konstante seines Lebens immer noch eine reale Handlungsmöglichkeit darstellt. Allerdings: wenn langsames Reisen derart für die Bedürfnisse des Subjekts instrumentalisiert werden kann, wenn es gleichsam eine jederzeit verfügbare Technik der Selbsttherapie wird, verliert es die Plötzlichkeit des epiphanischen Geschenks und nähert sich touristischem Verhalten. Die poetische Intensität des Augenblickserlebnisses des jugendlichen Wordsworth verflacht im Alter zu einer Art touristischem Genuß. Im Zeitalter des Tourismus, das nach 1815 mit Macht einsetzt[29], verfängt Wordsworth sich ungewollt im Widerspruch zwischen dem frühen Ideal individueller Pilgerschaft und touristischem Reiseverhalten.

Wordsworth gerät im Sonett die gesteigerte, vom Gehen deutlich unterscheidbare Geschwindigkeit sehr wohl in den Blick, sie wird aber samt ihrer ästhetischen Konsequenzen der Fragmentierung in einer meditativen Bewegung, die versöhnlich ausläuft, gebändigt und gezähmt, auch sprachlich und syntaktisch. Daß etwas wegen der Geschwindigkeit rasch entschwindet und nur noch vage und ungenau wahrgenommen werden kann, bestätigt Wordsworth nicht mit formalen Verfahren (z. B. Rhythmus, Syntax, Bildfragmente), er stellt es fest: "rapid evanescence". Spürbar ist auch nicht die tödliche kinetische Energie solchen Reisens, die dann bei De Quincey ins Zentrum der Aufmerksamkeit rückt. Immerhin ist festzuhalten, daß noch *vor* der literarischen Eisenbahnreise eine Vertextung von bewegter Wahrnehmung einsetzt, welche dann die Eisenbahntexte radikalisiert. Aber der ältere Wordsworth kontrolliert die entfesselte Wahrnehmung moralisch und ästhetisch, indem er sie als Sinnbild, als Allegorie einer verfehlten Reiseform deutet. Ästhetische und politisch-moralische Restauration gehen also Hand in Hand. So sehr der alte Wordsworth die belebende Kraft des Schauens beschwört, so sehr wird dieses Sehen zunehmend einem ausdrücklich religiösen Blick- und Interpretationszwang unterworfen. "Charity" möge, so Wordsworth in "Composed in one of the Catholic Cantons" (1820), den Blick und die Deutung des wahrnehmenden Reisenden in die richtige Bahn lenken:

> Where'er we roam – along the brink
> Of Rhine – or by the sweepin Po,
> Through Alpine vale, or champaign wide,
> Whate'er we look on, at our side
> Be Charity! – to bid us think,
> And feel, if we would know.[30]

Solches schon viktorianische Moralisieren ist De Quinceys spätromantischer, 1849 veröffentlichter, retrospektiver Deutung der Transportrevolution um 1800 fremd. "The English Mailcoach, or the Glory of Motion" vereinigt als gattungstypologisch instabiler Text u.a. Elemente des Essays, des Prosagedichts und der autobiographischen Erzählung. Der technik- und sozialgeschichtliche Kern, um den sich De Quinceys witzig-paradoxe Erinnerungen, Reflexionen, Digressionen und Dramati-

---

[29] Vgl. James Buzard, *The Beaten Track: European Tourism, Literature, and the Ways to Culture, 1800–1918* (Oxford: Clarendon Press, 1993)

[30] William Wordsworth, *Poetical Works*, ed. Ernest de Selincourt (1936; Oxford: Oxford University Press, 1969) 267.

sierungen ranken, ist die Einführung eines perfekt organisierten und nicht zuletzt deshalb erheblich schnelleren nationalen Postkutschensystems (1784–6). Die Verwendung der Schnellkutsche durch die Königliche Post hinterläßt beim Erzähler aufgrund dramatischer persönlicher Erlebnisse mit dem neuen Verkehrsmittel einen derartigen Eindruck, daß er im Text über jene Ereignisse, die seine Träume und Phantasien lebenslang beherrschen, Rechenschaft abgibt. Was De Quincey fasziniert ist die Verschränkung von sublimem Genuß und Horror, von idyllischen Liebesständeleien bei den kurzen Fahrtunterbrechungen und plötzlicher Todesgefahr beim raschen Kutschenfahren.

Nach Maßgabe des romantischen Blickwinkels unterscheiden sich De Quinceys Auswahlentscheidungen und Stilisierungen erheblich von jenen, die man in Verbindung mit dem Kutschenmotiv im Roman des 18. Jahrhunderts oder auch bei Wordsworth vorfindet. Zwar ist auch Smollett im pikaresken Roman *Humphrey Clinker* [31] wie De Quincey am Abenteuer, am ungewöhnlichen Vorfall bzw. Unfall interessiert. Aber Smollett entfesselt einen Sturm im Wasserglas voller Komik, der mit einer versöhnlichen Umarmung zwischen den Kontrahenten Mr. Bramble und seiner Schwester Mrs. Tabitha Bramble endet. Tabitha, ein streitbares Mannweib, nimmt jede Gelegenheit wahr, ihr zänkisches Temperament auszuleben: zunächst ist der Postillion das Opfer, weil er angeblich die Postkutsche mit voller Absicht umstürzen ließ, sodann sein völlig verarmter Ersatzmann Humphrey, der, schäbig gekleidet, den Damen das unbedeckte Hinterteil zuwendet. Squire Bramble beendet ihre Streitlust mit einem Machtwort. Smollett verwandelt die nach den Normen der Moralistik gewerteten Konflikte der Kutschengesellschaft zur unterhaltsamen Charakterkomödie, die Brambles Humanismus leuchtend hervortreten läßt. Zwar nutzt auch De Quincey die komischen Möglichkeiten des Kutschenmotivs, aber der Nachdruck liegt doch unzweifelhaft auf der tendenziell apokalyptischen Vision eines tödlichen Zusammenpralls zwischen der dahinrasenden Postkutsche und einem leichten Gig. Wordsworths poetische Pilgerreise, die sich in einer Epiphanie erfüllt, weicht dem modernen Schema einer in die Katastrophe führenden Fahrt. Damit offenbart sich De Quinceys nostalgischer Blick zurück auf das Kutschenfahren seiner Studentenzeit zugleich als hellsichtige Vorausschau und Diagnose moderner Katastrophen. Die Pracht- und Machtentfaltung des modernen englischen Nationalstaats, der mit einem modernen Transportwesen ausgestattet wird und – in den gegen Napoleon geführten Kriegen – soeben den gefürchteten Konkurrenten Frankreich aus dem Felde geschlagen hat, zeigt bei De Quincey ihr Janusgesicht, weil Triumph und Tod, Effizienz und zerstörerische Gewalt, Liebesglück und plötzlicher Tod, technische Apparatur und Inhumanität, Menschlichkeit und monströse Metamorphose als komplexes, paradoxes Ineinanderspiel gedeutet werden. Thematik und gesteigertes Problembewußtsein des Textes, der eine ambivalente Diagnose der Moderne vornimmt, erinnern deshalb ungeachtet der romantischen Darstellung weniger an Smollett oder Wordsworth, sondern an Dickens' fast gleichzeitig erschienene Repräsentation einer Eisenbahnreise in *Dombey and Son* (1848), deren Schnelligkeit und Gewaltsamkeit als Allegorie einer Reise in den Tod präsentiert wird (Kap. 20). Dombeys Zugreise von London nach Birmingham ist überschattet vom frühen Tod

---

[31] Tobias Smollett, *The Expedition of Humphry Clinker* (1771; Harmondsworth: Penguin, 1977) 177 f.

seines Sohnes.[32] Der Zusammenstoß zwischen einer schnell dahinschießenden Postkutsche, die einen Fahrplan strikt einzuhalten hat, und Tess' wackligem Karren gerät in Hardys *Tess of the d' Urbervilles* (1890) zum Sinnbild des Untergangs einer alten Zeit, als das Pferd Prince blutend in sich zusammenbricht.

Die Zweideutigkeit des Kutschenfahrens verweist auf die Zweideutigkeit der Moderne. Wie der Essayist und Erzähler von der ambivalenten "terrific beauty"[33] des neuen Postkutschensystems und seiner Geschwindigkeit überwältigt ist, verstricken sich Erzähler und Kutscher, die beide das Fahren vom erhöhten Kutschbock aus erleben, in den Zweideutigkeiten einer neuen Wahrnehmungs- und Handlungswelt, die Genuß und Schrecken, Wohltat und Zerstörung, Glück und Schuld bereithält. Schon in der systematisierenden Aufzählung jener Gründe, die der Essayist zur Erklärung seiner Träume anführt, kommt diese Ambivalenz zur Sprache:

> These mail-coaches, as organised by Mr Palmer, are entitled to a circumstantial notice from myself – having had so large a share in developing the anarchies of my subsequent dreams, an agency which they accomplished, first, through velocity, at that time unprecedented; they first revealed the glory of motion: suggesting, at the same time, an under-sense, not unpleasurable, of possible though indefinite danger; secondly, through grand effects for the eye between lamp-light and the darkness upon solitary roads; thirdly, through animal beauty and power so often displayed in the class of horses selected for this mail service; fourthly, through the conscious presence of a central intellect, that, in the midst of vast distances, of storms, of darkness, of night, overruled all obstacles into one steady co-operation in a national result. To my own feeling, this Post-office service recalled some mighty orchestra, where a thousand instruments, all disregarding each other, and so far in danger of discord, yet all obedient as slaves to the supreme *baton* of some great leader, terminate in a perfection of harmony like that of heart, veins, and arteries, in a healthy animal organisation. But, finally, that particular element in this whole combination which most impressed myself, and through which it is that to this hour Mr Palmer's coach-mail system tyrannises by terror and terrific beauty over my dreams, lay in the awful political mission which at that time it fulfilled. The mail-coaches it was that distributed over the face of the land, like the opening of apocalyptic vials, the heart-shaking news of Trafalgar, of Salamanca, of Vittoria, of Waterloo.[34]

Im Unterschied zu Smollett und Wordsworth nimmt De Quincey gegenüber dem neuen Transportmittel eine überwiegend ästhetische Haltung ein. Der romantische Genießer ästhetischer Wirkungen entdeckt die Geschwindigkeit als Quelle offenkundig stimulierender Bewegungserfahrungen, deren Reiz durch die latente Gefahr noch erhöht wird. Während der triumphalen Fahrt durch England ziehen, einem Schauspiel ähnlich ("spectacle"[35]), Kurzszenen oder besser Momentaufnahmen jubelnder Menschen verschiedenster Herkunft am Reisenden vorüber. Einsame Nachtfahrten erlauben neue Wahrnehmungserlebnisse in der Zwischenzone von Lampenlicht und Dunkelheit. Die unmittelbare Nähe der laufenden Pferde bringt ih-

---

[32] Vgl. Hans Ulrich Seeber, "'The country swims with motion': Poetische Eisenbahnfahrten in England", in: Götz Großklaus und Eberhard Lämmert (Hgg.), *Literatur in einer industriellen Kultur* (Stuttgart: Cotta´sche Buchhandlung, 1989) 426 f.

[33] Thomas De Quincey, *Confessions of an English Opium-Eater and Other Writings,* ed. Gravel Lindop (Oxford: Oxford University Press, 1985) 184.

[34] Ebd. 183–184.

[35] Ebd. 202.

re Schönheit und Kraft zur Geltung, während die perfekte Organisation des Post-kutschensystems De Quincey an ein eingespieltes Orchester erinnert, das die An-weisungen des Dirigenten mit Sklavengehorsam ("all obedient as slaves"[36]) befolgt. Allerdings: reibungsloser Ablauf und Geschwindigkeit werden um den Preis der la-tenten Zerstörung und der Verdinglichung der Handelnden erkauft. Solange die rea-le Zerstörung nicht eintritt, genießt der Erlebende den Nervenkitzel gefahrvoller Er-habenheit, auch nationaler Erhabenheit ("awful political mission"[37]), die freilich in den Horror einer Entscheidungssituation über Leben und Tod umschlagen kann.

Das Poskutschensystem, wie es De Quincey in den ersten beiden Teilen seines poetisch-digressiven Essays charakterisiert, ist Ausdruck und Institution eines machtvollen zentralistischen Nationalstaates. Ihm gebührt durch Gesetz das Vor-fahrtsrecht im Straßenverkehr und weitgehend auch das Informationsmonopol. Tri-umphierende Postkutschen sind es, die unter dem begeisterten Beifall alle Schichten der Bevölkerung die Nachrichten von Englands siegreichen Schlachten gegen Na-poleon im ganzen Land verbreiten. So wie das geschlossene Transportsystem die Nation als politischen und ökonomischen Raum zusammenschließt ("national inter-course"[38]), so stiftet es auch durch seine Funktion der Informationsverbreitung ein einheitliches nationales Meinungsklima. Die ins Land hinausfahrenden Kutschen, welche die Siegesmeldungen mittels einer "progressive diffusion" verbreiten und lauten Jubel auslösen, vergleicht der Erzähler mit einem "fiery arrow" und einem Feuer, das sich dem Pulver entlang ausbreite ("like a fire racing along a train of gun powder"[39]). Die gewählte Bildlichkeit des sich ausbreitenden Feuers veranschau-licht die sich ausbreitende Freudenbotschaft und hintertreibt zugleich ihre aus-schließlich positive Bewertung. Zu dieser Tendenz paßt, daß die Postkutschen ihr Vorfahrtsrecht notfalls rücksichtslos in Anspruch nehmen – für Sympathie oder Mit-leid mit Betroffenen steht keine Zeit zur Verfügung.[40] Die Logik der Systemrationa-lität ("imperial precedency"[41]) und die Logik der Menschlichkeit treten auseinan-der. Wer die Überlegenheit des staatlichen Transportwesens herausfordert, wird in seine Schranken verwiesen, ja als politischer Rebell behandelt. Ähnlich zweideutig wie die Herrlichkeit der geschwinden Bewegung ist die Herrlichkeit und Macht der Nation. Der kühne Kavallerieangriff vor Talavera kostet nämlich vielen Soldaten das Leben, eine Nachricht, die der Erzähler einer betroffenen Mutter allerdings ver-schweigt, um ihre patriotische Aufwallung nicht frühzeitig abzubrechen.[42] Das Prinzip der Ambivalenz und der doppelten Buchführung zieht sich dergestalt durch den gesamten Text. Indem De Quincey sich nicht auf die Wiedergabe einer aus-schließlich privaten Reiseerfahrung beschränkt, sondern den historisch-politischen und organisatorischen Kontext in seine Überlegungen und Anekdoten einbezieht, tritt sein Text indirekt mit dem Anspruch auf, am Beispiel des Kutschenfahrens eine umfassende Analyse von Modernität anzubieten, wobei freilich die emotionalen Wirkungen auf das Subjekt – Freude, Faszination, Spannung, Schrecken, trauma-

[36] Ebd. 183.
[37] Ebd. 184.
[38] Ebd. 180.
[39] Ebd. 204.
[40] Ebd. 180 f.
[41] Ebd. 191.
[42] Ebd. 208.

tische Besessenheit – im Mittelpunkt stehen. De Quincey erlebt und reflektiert, reflektiert und erlebt die englische Gesellschaft aus dem Blickwinkel des privilegierten Beifahrers, der neben dem Postillion auf dem Kutschbock Platz genommen hat.

Laut Text bewegt sich die Kutsche mit einer damals als unerhört schnell empfundenen Geschwindigkeit von bis zu dreizehn Meilen pro Stunde (also ca. zwanzig Stundenkilometern). Beim Vergleich mit der Eisenbahn beklagt der reflektierende De Quincey in kulturkritischer Manier einen Verlust an erhabenen Wirkungen ("Thus have perished multiform openings for sublime effects [...]" [43]), die er auf die Entsinnlichung und Dissoziierung der Reiseerfahrung in der rein maschinellen, von Pferden unabhängigen Bewegung der Eisenbahn zurückführt. Als sinnliche Erfahrung von Auge und Ohr sei die Geschwindigkeit an das Erlebnis der galoppierenden Pferde gebunden, zu denen eine elektrische Beziehung bestehe. Geschwindigkeit ist in ihren Bewegungen, aufgeblasenen Nüstern und donnernden Hufen eine unentrinnbare, unauslöschliche Naherfahrung, die noch Begegnungen mit "impressive faces"[44] an Poststationen erlaube, wo sich alles auf die eine Kutsche konzentriere, während die Kommunikation auf Bahnhöfen gleichsam dezentriert in verschiedene Richtungen zerfließe: "But the crowds attending at a railway station have as little unity as running water, and own as many centres as there are separate carriages in the train".[45] De Quincey, der Spätromantiker, preist wohlgemerkt nicht etwa die Langsamkeit wie heutige Fortschrittskritiker, sondern rügt die Zerstörung des organischen Mensch-Natur-Bezugs durch das maschinelle Ensemble der Eisenbahn. Mag die Schnellkutsche, wie Beyrer gezeigt hat, eine Zwischenstufe zur Heraufkunft der noch schnelleren Eisenbahn gewesen sein, so darf doch nicht verkannt werden, daß die romantisch-subjektive Deutung und Bewertung der Eisenbahn mit kulturkritischem Nachdruck eine fundamentale ästhetische Differenz zur Kutsche behauptet. Zerreißung und Dezentrierung seien gerade noch nicht zu konstatieren, eine Feststellung, die Wordsworths Einsicht widerspricht (vgl. "rapid evanescence"), vor dem Hintergrund der Eisenbahnerfahrung aber sinnvoll und nachvollziehbar erscheint:

> The modern modes of travelling cannot compare with the mail-coach system in grandeur and power. They boast of more velocity but not however as a consciousness, but as a fact of our lifeless knowledge, resting upon *alien* evidence; as, for instance, because somebody *says* that we have gone fifty miles in the hour, or upon the evidence of a result, as that actually we find ourselves in York four hours after leaving London. Apart from such an assertion, or such a result, I am little aware of the pace. But, seated on the old mail-coach, we needed no evidence out of ourselves to indicate the velocity. On this system the word was – *Non magna loquimur*, as upon railways, but *magna vivimus*. The vital experience of the glad animal sensibilities made doubts impossible on the question of our speed; we heard our speed, we saw it, we felt it as a thrilling; and this speed was not the product of blind insensate agencies, that had no sympathy to give, but was incarnated in the fiery eyeballs of an animal, in his dilated nostril, spasmodic muscles, and echoing hoofs. This speed was incarnated in the *visible* contagion amongst brutes of some impulse, that, radiating into *their* natures, had yet its centre and beginning in man. The sensibility of the horse uttering itself in the maniac light of

[43] Ebd. 194.
[44] Ebd.
[45] Ebd.

his eye, might be the last vibration in such a movement; the glory of Salamanca might be the first – but the intervening link that connected them, that spread the earthquake of the battle into the eyeball of the horse, was the heart of man – kindling in the rapture of the fiery strife, and then propagating its own tumults by motions and gestures to the sympathies, more or less dim, in his servant the horse.

But now on the new system of travelling, iron tubes and boilers have disconnected man´s heart from the ministers of his locomotion.[46]

Trotz der größeren Natürlichkeit der Wahrnehmungssituation verbinden sich für den erinnernden und träumenden De Quincey mit der Kutsche vor allem schreckenerregende, 'gotische' Bilder. Die Rede ist vom plötzlichen Tod einer jungen Frau, die im Morgengrauen auf der Straße nach Kendal in Lancashire im rückwärtigen Teil des im letzten Augenblick gewarnten und ausweichenden Gig (leichter offener Zweiradwagen) noch von der vorbeidonnernden Postkutsche getroffen wird. Möglicherweise ist ihr Tod eher visionär als 'real'.[47] Diesem traumatischen Höhepunkt stellt De Quincey ausführliche Reflexionen über den plötzlichen Tod und die mit ihm verbundene Entscheidungssituation voran, so daß Reflexion und Ereignisbericht argumentativ sorgfältig aneinandergefügt sind.

Was im gegenwärtigen Zusammenhang neben der bislang entfalteten Ambivalenz besondere Aufmerksamkeit erheischt, ist das Verhältnis von Geschwindigkeit und narrativer Technik. De Quincey baut die *Spannung* bis zur Katastrophe mit Bedacht auf. Zu seiner Technik gehören retardierende Digressionen voller Witz, etwa über ein Schwein, das während der Fahrt aus der Kutsche entfernt wird (oder hinausfällt) und dabei zu Tode kommt. Da die Todesursache des Schweines, wie der für es verfaßte Epitaph ausweist, ebenfalls mit dem Hinterrad der Kutsche zusammenhängt, fragt man sich, welche abgründigen Beziehungen zwischen diesem Tod und dem Tod der jungen Frau herzustellen sind. Dann assoziiert der Erzähler den Kutscher höchst suggestiv und bedrohlich mit einem Kyklopen (also einem einäugigen Menschenfresser und Schmied, d. h. Techniker), möglicherweise unter dem Einfluß des Opiums, das er zuvor eingenommen hat. Solche spannungssteigernden Verzögerungen und Abweichungen vom Hauptgeschehen, die angeblich eine unvorhergesehene Pause in Manchester widerspiegeln, stuft der Erzähler selbstreflexiv-poetologisch und metaphorisch als "procrastinating mail"[48] ein – Kutschenreise und vertextete Kutschenreise verweisen also metaphorisch aufeinander.[49] Soll man De Quinceys phantastisch-skurrile Verwandlung des Kutschers in ein Krokodil oder einen Kyklopen als Freisetzung unbewußter Ängste vor technisch-organisatorischen Innovationen deuten? Oder als bloß literarisches Spiel mit dem Schauerrepertoire oder autonomen Bildassoziationen?

Während der nächtlichen Fahrt durch Lancaster im Lichte des Mondes und in völliger Stille erinnert nichts daran, daß tagsüber hier die entfesselte Moderne wie

---

[46] Ebd. 193–4.

[47] Vgl. Arden Reed, "'Booked for Utter Perplexity' on De Quincey's English Mail-coach'" In: Robert Lance Snyder (ed.), *Thomas De Quincey: Bicentenary Studies* (Norman: University of Oklahoma Press, 1985) 300.

[48] Thomas De Quincey, *Confessions of an English Opium-Eater and Other Writings*, ed. Gravel Lindop (Oxford: Oxford University Press, 1985) 217.

[49] Vgl. hierzu Arden Reed, "'Booked for Utter Perplexity' on De Quincey's English Mail-coach." In: Robert Lance Snyder (ed.), *Thomas De Quincey. Bicentenary Studies* (Norman: University of Oklahoma Press, 1985) 300.

nirgendwo sonst auf der Welt ihr hektisches Geschäft betreibt: "the original curse of labour in its heaviest form".[50] Just in diese Stille und in diesen Kontext platzt das tödliche Drama des Zusammenstoßes. Vom ersten Hören der anderen Kutsche bis zum Zusammenstoß vergeht nur kurze Zeit, vom ersten Anblick an sind es 90 Sekunden. Aber diese kurze Zeit wird seitenlang gefüllt mit Beobachtungen, Reflexionen, Befürchtungen, erlebten Reden des erregten und mitfühlenden Reisenden und Erzählers, auch mit Beschreibungen der Reaktionen des jungen Mannes in dem Gig, der nach dem Schrei des Erzählers verzweifelt versucht, sein Gefährt aus der Bahn der Postkutsche zu befördern. Das intensive Erleben der durch die Geschwindigkeit und den Schlaf des überforderten Kutschers heraufbeschworenen Gefahrensituation lädt die knappe Zeit randvoll mit einer Fülle von subjektiven Eindrücken, Empfindungen und Gedanken auf, in die der Leser mittels der Technik der dramatischen Vergegenwärtigung hineingezogen wird. Die Folge ist, daß sich das Verhältnis von Erzählzeit und erzählter Zeit umkehrt, steht doch die Geschwindigkeit des erzählten Vorgangs in umgekehrtem Verhältnis zur Ausführlichkeit der Darstellung. Der Erzähler zielt darauf ab, Spannung im Sekundentakt aufzubauen und dabei alle hier nicht im Detail zu analysierenden Register emotional aufrüttelnder Prosa zu bemühen:

> If no more were done, nothing was done; for the little carriage still occupied the very centre of our path, though in an altered direction. Yet even now it may not be too late: fifteen of the twenty seconds may still be unexhausted; and one almighty bound forward may avail to clear the ground. Hurry, then, hurry, my brave young man! for the cruel hoofs of our horses – *they* also hurry! Fast are the flying moments, faster are the hoofs of our horses [...] The rear part of the carriage – was *that* certainly beyond the line of absolute ruin? What power could answer that question?[51]

Die musikalisch-leitmotivartige Behandlung des Themas vom plötzlichen Tod, seine Romantisierung und Ästhetisierung in der Traumfuge des letzten Abschnitts, sei hier nur erwähnt. Festzuhalten bleibt das Innovative der Spannungstechnik, die an Poesche Inszenierungen von Todesgefahren im schauerromantischen Stil erinnert, mehr noch aber an das Spiel von Zeit und Spannung in modernen Krimis, Spionagefilmen und Kriegsfilmen. Spannungssteigerung im Sekundentakt setzt die genaue Meßbarkeit von Sekunden voraus, was Uhren erst im Laufe des 18. Jahrhunderts zu leisten imstande waren. Mit Geschwindigkeit haben aber auch die rezeptionsästhetisch gesehen retardierenden Digressionen zu tun, in denen De Quincey als Sterne'scher *wit* mit lebhafter Phantasie nach dem Prinzip "great wits jump"[52] überraschende, witzig-humorvolle Gedankenbewegungen und assoziative Bildbewegungen vollführt. Dabei produziert, wie auch in modernistischer Prosa wegen des Prinzips der Montage, gerade der rasche Flug der Argumentations- und Bildbewegung einen komplexen, zu langsamer Lektüre zwingenden Text. Was am gefährlichsten ist, der Kutschbock, erweist sich in De Quinceys 'Beweisführung' als der sicherste Ort – der *wit* düpiert konventionelle Erwartungen, schlägt Volten. Da seine Phantasie und Wortverliebtheit den Kutscher in ein monströses Mischwesen aus Krokodil und Mensch verwandeln, ängstigt sich seine nervöse Imagination vor

---

[50] Thomas De Quincey 1985: 218.
[51] Ebd. 222–3.
[52] Ebd. 187.

grauenhaften Mischwesen und schließlich vor der Auflösung des Ichs in mehrere Ichs. Abrupte Diskontinuitäten und Transformationen, die Autonomie einer entfesselten Phantasie, Ambivalenzen, der Zusammenhang von Modernisierung, Geschwindigkeit und Gewalt, das Spiel mit der Spannung im Sekundentakt, die es vor De Quincey m.W. nicht gab, die Dialektik von teilweise technisch vermittelter Beschleunigung und narrativer Verlangsamung – De Quincey, scheint mir, tastet sich in der Haut des Romantikers zu einer modernen Poetik der Bewegung und der Dromologie vor.

Zusammenfassende Schlußbetrachtung

(a) Der bisher ungenannte theoretische Hintergrund meiner Darlegungen sind Paul Virilios und Peter Sloterdijks kulturtheoretisch und kulturkritisch ausgerichtete Reflexionen über die *Modernität*, die als *Geschwindigkeitszivilisation* und als Prozeß der Mobilmachung verstanden wird. In der Verlustrechnung, die beide aufmachen, spielt die Schrumpfung von Raum und Zeit durch die unerhörte Beschleunigung mittels moderner Produktions-, Nachrichten- und Transporttechniken eine Schlüsselrolle. Wenn, gemessen an den natürlichen Wahrnehmungsmöglichkeiten des körpergebundenen Subjekts, der Raum zu einem Punkt schrumpft und die Zeit folglich zur Simultanzeit mutiert, entsteht ein bemerkenswerter Verlust an sinnlicher Nähe und Wahrnehmung. Anders gesagt: der Verlust ist ein ästhetischer. (Photographie, Film, Radio etc. haben freilich gleichzeitig Möglichkeiten einer Ästhetik der Geschwindigkeit eröffnet, auf die Virilio ausdrücklich zu sprechen kommt!) Darüber hinaus entsteht und entstand durch die Geschwindigkeit ein enormes Zerstörungspotential wegen der Zunahme von kinetischer Energie. In der sich entfaltenden Ambivalenz der Moderne gehen Fortschritt und Erlösung, Fortschritt und Tod ein unauflösliches Komplementärverhältnis ein. Meine These wäre nun, daß die romantische Interpretation des Wanderns und Kutschenfahrens, wie sie sich in einschlägigen Texten (Wordsworth, De Quincey) kundtut, den Beginn der oben anskizzierten Debatte um die Moderne einläutet.

(b) Aus dem zivilisationskritischen Blickwinkel neuerer Moderne-Kritik erscheint das Wandern als Protest gegen den Verlust von körperbetonter *Naherfahrung*, den die um 1800 einsetzende Industrialisierung mit ihrer Theoretisierung, Akademisierung und Technologisierung alltäglicher Lebensbezüge mit sich brachte. Wie zu sehen war, entspricht diese Einschätzung durchaus dem Selbstverständnis zeitgenössischer romantischer Beobachter und Interpreten (Rousseau, Seume, W. Wordsworth). Erst aus der Perspektive des Eisenbahnzeitalters konnten dann Wandern und Kutschenfahren gleichermaßen als 'natürliche', mit demselben kulturkritischen Anspruch auftretende Formen der Fortbewegung angesehen werden. Tatsächlich bedeutete die Schnellkutsche für romantische Intellektuelle einen im Grunde problematischen Modernisierungsschub.

(c) Die Abstraktion theoretischer und maschineller Ensembles bedroht die Naherfahrung. Durch die *'Erfindung' des Wanderns* sollen Sinnlichkeit und Sinn solcher Naherfahrung einer göttlich durchwirkten Umwelt zurückgewonnen werden. Die

Überwindung gesellschaftlicher (Ständegesellschaft) und technologischer Artifizialität soll dem Subjekt die Freiheit selbstbestimmter Bewegung und die Sicherheit sinnhafter Begegnung mit einer Umwelt ermöglichen, die als Organismus, nicht als kalter, toter Mechanismus begriffen wird.

Gehen und Wandern, die am Muster einer säkularisierten Pilgerreise orientiert sind, ist aufgegeben, diese Defizite der Moderne zu kompensieren. Mit einiger Überraschung konnte ich feststellen, daß ausgerechnet ein bisher anscheinend nicht in die Diskussion gezogenes Stadtgedicht, nämlich „St Paul's", diese Pilgerstruktur von Gehen und epiphanischer Augenblickswahrnehmung besonders eindrücklich herausarbeitet. Indem hier die sinnhafte Begegnung, die dem unruhigen Herzen des Gehenden als Anker, d. h. als Mittel der Befriedung und Ruhigstellung dient, demonstrativ mit einer Kirche verbunden ist, wird der religiöse Hintergrund charakteristischer Wander-Gedichte von Wordsworth ("I wandered lonely ...", "Stepping Westward", "The Solitary Reaper") besonders deutlich. Während die beschleunigte, technologisch vermittelte Wahrnehmung fragmentarische Augenblickseindrücke aneinanderreiht, verweilt der romantische Wanderer beim konkreten Detail und lädt es in der poetischen Erinnerungs- und Gestaltungsarbeit mit Sinn auf. Diesen Prozeß der Sinnanreicherung sollte der Vergleich zwischen dem Gedichttext und der brieflichen Prosavorlage verdeutlichen.

(d) In den *Kutschen-Texten* von Dorothy Wordsworth ist ein kulturtheoretisches und ästhetisches Problembewußtsein nicht auszumachen. Der innovative Charakter ihrer Tagebucheintragungen erschließt sich allerdings beim Vergleich mit Gestaltungen des Kutschenmotivs in der Literatur des 18. Jahrhunderts. Dort beherrscht die moralische und komische Bewertung und Inszenierung des Verhaltens der Kutschenreisenden die Darstellung, ein Gesichtspunkt, der bei Dorothy völlig fehlt. Stattdessen verlegt sie sich in ihren Tagebucheintragungen auf die beobachtungsgenaue Erfassung von Außenwahrnehmungen, die dem neuen romantischen Interesse an Naturschönheiten, Wettereffekten etc. entsprechen. Nur in Ansätzen bilden Informationsfolge und Syntax den rascheren Rhythmus einer dynamisierten Außenwahrnehmung ab. W. Wordworths Sonett "In a Carriage, upon the Banks of the Rhine" geht in diesem Punkt deutlich über den Tagebuchtext hinaus, verbindet aber das Erlebnis der Geschwindigkeit bezeichnenderweise mit einer negativen Wertung, die auf seine spätere Kritik an der Eisenbahn vorausweist. Dabei verflacht die poetische Intensität früher Epiphanie-Darstellungen zu moralischer Allegorik und quasi-touristischer Pragmatik.

Der komplexe, widersprüchliche Text von De Quincey (1849) tastet sich in seinem radikalen Romantizismus zu Positionen und Verfahren vor, die an eine Ästhetik moderner Dromologie gemahnen. Zunächst: völlig anders als Wordsworth verdammt De Quincey die Geschwindigkeit nicht rundweg. Er genießt sie und erkundet ihr poetisches Potential. Dabei erlaubt ihm sein moderner Subjektivismus, die Überlegenheit der Kutschen-Geschwindigkeit über die Eisenbahn-Geschwindigkeit mit dem romantisch-kulturkritischen Argument größerer Naherfahrung zu begründen. De Quinceys gesteigerte Reflexivität hat zur Folge, daß er sowohl die Zweideutigkeit der Moderne, die Dialektik von Fortschritt und Tod, als auch die poetologischen Implikationen des Kutschenfahrens in den Blick nimmt. Was bei den Wordsworths völlig gefehlt hatte, wird hier zum Thema: die kinetische Energie erhöhter Geschwindigkeit beschwört ein Urbild moderner Katastrophen herauf, das des plötzlichen Todes. Die Perspektive des plötzlichen Todes lädt zu einem ästhetischen Spiel mit Geschwindigkeit und Langsamkeit ein, das ein erhellendes Licht auf Krimis und experimentelle Prosa zu werfen vermag. Spannungssteigerung im Sekundentakt, die eine verfeinerte Zeitmessung voraussetzt und mit einer Umkehrung des üblichen Verhältnisses von Erzählzeit und erzählter Zeit verbunden ist, muß als neu eingestuft werden. Neu ist aber auch die Dialektik von Geschwindigkeitssteigerung und narrativer Verlangsamung, zwingen doch die raschen Bildsprünge und Bildassoziationen einer autonomen, digressiv-'witzigen' Phantasie, ähnlich den Montagekonstruktionen moderner Prosa, zu verlangsamter Lektüre.

(e) In einem Gespräch mit Sylvère Lothringer hat Paul Virilio ästhetische Aspekte seiner Dromologie erläutert und Beziehungen zu seiner eigenen Schreibpraxis hergestellt. Ausgehend von der gegen den Fortschrittsglauben gerichteten Grundeinsicht „Geschwindigkeit ist eine Form der Gewalt",[53] die zu Unfällen, Katastrophen und Tod, d. h. zu „Unterbrechungen"[54] führe, erläutert Virilio gleichwohl die produktive Funktion solcher Unterbrechungen und Perspektivenvielfalt für seine Ästhetik des Fragments. Ganz bewußt beantwortet Virilio Fragen nicht „umfassend", sondern „spring(t)"[55] von einem Gedanken zum anderen. Insofern ist sein Buch ein „Fahrzeug".[56] Schon De Quincey korreliert die Fahrt der Kutsche mit dem Erzählvorgang und erkennt die strukturierende Leistung von Unterbrechungen und mechanisch-abrupten Sprungbewegungen. Und auch die Viriliosche Einsicht in den Zusammenhang von Geschwindigkeit und Gewalt ist bei ihm vor-gedacht und gestalterisch vorweggenommen. Virilio theoretisiert Einsichten, die in De Quinceys poetischer Prosa in Ansätzen schon vorhanden sind. Die Widersprüche und Spannungen in der Position beider Autoren, auch die Unterschiede zwischen ihnen, können hier nicht mehr entfaltet werden.

---

[53] Karlheinz Barck et. al. (Hgg.), *Aisthesis: Wahrnehmung heute oder Perspektiven einer anderen Ästhetik:. Essais*, darin: „Technik und Fragmentierung: Paul Virilio im Gespräch mit Sylvere Lotringer" (1990; Leipzig: Reclam, 1994) 71 – 82, hier: 72.
[54] Ebd. 74.
[55] Ebd. 79.
[56] Ebd. 80.

Ziellose Bewegung im Kristallpalast:
John Davidsons "The Crystal Palace" im Kontext von industrieller und ästhetischer Moderne

Einleitung

In den vorzüglichen Arbeiten von Marshall Berman[1] und Georg Maag[2] zum Verhältnis von Modernisierung und Kunst bzw. Kunstdebatte im 19. Jahrhundert ist John Davidsons zuerst 1908[3] publiziertes Gedicht "The Crystal Palace" – es existiert auch eine Prosaversion – nicht in die Überlegungen einbezogen worden. Es ist dies symptomatisch und verständlich, mußte in England doch seit der spektakulären Crystal Palace-Weltausstellung von 1851, deren ästhetische Dimension im Zentrum der Untersuchungen von Maag steht, aber auch ausführlich von Berman erörtert wird, erst ein halbes Jahrhundert ins Land gehen, ehe die ausgeprägten Vorbehalte der Kunstkritik gegen die Nutzung des "Technisch-Imaginären" (z. B. Panoramen), des "Real-Imaginären" (z. B. Wintergärten)[4] und auf sich selbst aufmerksam machender technischer Materialien als bedingender Erfahrungshintergrund avancierter Poesie zumindest in der literarischen Praxis nicht mehr verbindlich waren. Anders gewendet: Erst nach diesem Gewöhnungs- und Diskussionsprozeß war man allem Anschein nach in der englischen Poesie in der Lage, das radikal Neue dieser funktionalen Architektur halbwegs angemessen zur Sprache zu bringen. Neben dem von T.S. Eliot bewunderten "Thirty Bob a Week" ist "The Crystal Palace" jedenfalls eines der besten Gedichte[5] von Davidson, das teilweise eine Brücke schlägt zwischen der industriellen (1851) und der ästhetischen Moderne um 1910.

---

[1] Marshall Berman, *All That is Solid Melts into Air: The Experience of Modernity* (London: Verso, 1983).

[2] Georg Maag, *Kunst und Industrie im Zeitalter der ersten Weltausstellungen: Synchronische Analyse einer Epochenschwelle* (München: Fink, 1986). Arndt Mersmanns vorzügliche Dissertation (*A True Test and a Living Picture: Repräsentationen der Londoner Weltausstellung von 1851*, phil. Diss. Münster 1999, publiziert von WVT 2001), die mir nach Fertigstellung meines Aufsatzes zugänglich geworden ist, konzentriert sich auf zeitgenössische Repräsentationen des Crystal Palace und geht weder auf Davidson (der nicht erwähnt wird) noch auf die Kategorie des Erhabenen ein.

[3] *The Poems of John Davidson*, vol. 2, ed. Andrew Turnbull (Edinburgh & London: Scottish Academic Press, 1973) 521. Vgl. John Sloan, *John Davidson, First of the Moderns: A Literary Biography* (Oxford: Clarendon Press, 1995) 224.

[4] Karl-Heinz Stierle, „Imaginäre Räume: Eisenarchitektur in der Literatur des 19. Jahrhunderts", in:, *Art social und art industrie'l: Funktionen der Kunst im Zeitalter des Industrialismus*, eds. Helmut Pfeiffer, Hans Robert Jauß und Françoise Gaillard (München: Fink, 1987) 282, 287. Stierle stellt fest: „Die Dichtung und Literatur der Moderne nimmt ihren Ausgangspunkt von jenem Real-Imaginären, das selbst schon in einem wesentlichen Aspekt eine produktive Antwort auf die technische Wirklichkeit der Eisenbaukunst ist." (S. 286)

[5] Dieser Ansicht war schon Virginia Woolf. Vgl. Sloan 1995: vii. Inzwischen ist es üblich, Davidson als wichtigen Anreger und Vorläufer der britischen Moderne zu betrachten.

Davidsons Text ist kein Einzelfall um die Jahrhundertwende. Neben und vor ihm hatten, was freilich noch immer eine Seltenheit war, Henley und Kipling sich der technisch-industriellen Gegenwart zugewandt, letzterer allerdings in der Absicht, die das Empire tragende technisch-wissenschaftliche Dienstleistungsklasse, z. B. Ingenieure, zu heroisieren. Indem Davidson ein international zentrales Motiv der Moderne-Gestaltung und der Moderne-Diskussion aufgreift, lassen sich an seinem Text mit paradigmatischer Einlässlichkeit die Probleme und Wandlungen des Verhältnisses von Technik und literarischer Ästhetik untersuchen. Ich werde dabei, ausgehend von offiziellen zeitgenössischen Interpretationen der Crystal Palace-Ausstellung von 1851 und Hegels substantialistischem Verständnis des Erhabenen, die zwiespältige Rolle des Erhabenen für die Eingemeindung der industriellen Moderne besonders beachten.

Wenn nun, wie K.-H. Stierle gezeigt hat, die Erfahrung der Großstadt und das Real-Imaginäre technischer Großbauten sowohl Motivation und Sujet als auch Konstruktionsprinzip (Montage) moderner Literatur abgegeben haben, dann treten diese direkt oder auch indirekt in ein Verhältnis zur Geschwindigkeit. Mit Recht hat nämlich Paul Virilio[6] darauf hingewiesen, daß alle seit dem 17. Jahrhundert gemachten technischen Erfindungen im wesentlichen der Beschleunigung der Produktion (z. B. mechanischer Webstuhl), des Transports (z. B. Dampfschiff, Eisenbahn) oder der Nachrichtenübertragung (z. B. Telegraphie) dienten. Untrennbar verbunden mit diesen Beschleunigungen sind seit dem späten 18. Jahrhundert der beschleunigte Rhythmus von Zeit und Geschichte, wie überhaupt die Entdeckung der Geschichtlichkeit menschlichen Lebens. Daß der in der Rekordzeit von sieben Monaten erstellte Bau aus Glas und Eisen, der zudem transportabel war – 1854 wurde er vom Hyde Park auf den Sydenham Hill verlegt – und die unterschiedlichsten Kulturen der ganzen Welt, gleichsam die Gleichzeitigkeit des Ungleichzeitigen, am Beispiel repräsentativer Ausstellungstücke wie in einem Museum zur Anschauung brachte, in den Virilioschen Horizont einer Theorie der Geschwindigkeit paßt, versteht sich von selbst. Wichtiger für die Literatur ist indes die Frage, wie sich die moderne Geschwindigkeitskultur auf den Menschen, seine Subjektkonstitution und damit sein Handeln auswirkt. Da Handlungen seit Max Weber als sinnorientierte, d. h. dem Verstehen zugängliche Bewegungsvollzüge von Menschen gedeutet werden, lege ich den Schwerpunkt der folgenden Analyse auf die Auslegung literarischer Bewegungsrepräsentationen. Der Text legt ein solches Vorgehen nahe, weil er schon quantitativ das Verhalten der Besuchermassen in den Mittelpunkt des Interesses rückt.

Das Leiden an der Geschwindigkeit. Der Crystal Palace und das ästhetische Problem der Moderne

Wie schön, wie poetisch ist der Crystal Palace? Einzigartig und herausfordernd steht der Funktionalismus des ausschließlich aus Glas und Eisen gefertigten Crystal Palace im viktorianischen Umfeld der Klassik- und Mittelalterkopien. 1851 nach

---

[6] Vgl. Paul Virilio, *Der negative Horizont: Bewegung, Geschwindigkeit, Beschleunigung* (Frankfurt: Fischer, 1995).

einem Entwurf von John Paxton errichtet, ist er nicht nur ein industriegeschichtliches, architektonisches und politisch-gesellschaftliches Ereignis ersten Ranges, sondern auch ein ästhetisches. Daß die Neuheit die Masse der Besucher nicht verstörte, sondern faszinierte, ist eine Überraschung, auf die schon Maag aufmerksam gemacht hat. Ich gehe zunächst auf ein paar positive Reaktionen ein und wende mich dann im Vorgriff auf Davidson den negativen zu.

(1) Sofern er sich nicht weitgehend mit der Mitteilung von Fakten begnügt, betont der offizielle Diskurs über die Weltausstellung ihre politische und ideologische Dimension. Die "Exhibition of the Works of Industry of all Nations" setzt nicht nur die Leistungsfähigkeit des britischen Empire ins hellste Licht, sie untersteht auch im Sinne der vorherrschenden liberalen, religiös abgesegneten Fortschrittskonzeption dem Zweck, den technischen Erfindungsgeist zu dokumentieren, durch friedlichen Wettbewerb Wohlstand zu mehren und die Menschheit, mit Gottes Segen, in Freundschaft zu einen. Königin Viktoria antwortet auf die Vorrede ihres Mannes u.a. folgendes:

> I cordially concur with you in the prayer, that by God's blessing this undertaking may conduce to the welfare of my people and to the common interests of the human race, by encouraging the arts of peace and industry, strengthening the bonds of union among the nations of the earth, and promoting a friendly and honourable rivalry in the useful exercise of those faculties which have been conferred by a beneficent Providence for the good and the happiness of mankind.[7]

Dieser kompromißfreudige, synthetisierende Diskurs, der einen utopischen Sinnhorizont eröffnet, vermag seine Brüche und Spannungen nur mühsam zu überdecken. Wer garantiert, daß die entfesselte industrielle Tätigkeit schließlich den „gemeinsamen Interessen der Menschheit" dient? Schon sprachlich liegt das Risiko eines „freundschaftlichen und ehrenhaften Wettbewerbs" offen zutage. Und woher weiß man, daß die Fähigkeit, Erfindungskraft, Gewerbefleiß und Handel zu betätigen, das Geschenk einer „wohltätigen Vorsehung" ist, die den innerweltlichen Fortschritt metaphysisch beglaubigt? Entscheidend ist im gegenwärtigen Zusammenhang, daß die offizielle Beschwörung der göttlichen Substanz als Sinngarant erlaubt, das Neue, das Grandiose und scheinbar Grenzenlose des Spektakels direkt oder indirekt der seit der Romantik wohlvertrauten ästhetischen Kategorie des Erhabenen zuzuordnen – und damit zu zähmen. Ein charakteristisches Zeugnis für eine solche Eingemeindungsstrategie ist der Bericht der *Times* vom 2.5.1851 über die Ausstellungseröffnung durch die Königin Viktoria:

> there was yesterday witnessed a sight the like of which has never happened before, and which, in the nature of things, can never be repeated [...] On either side the vista seemed almost boundless [...] Some saw in it the second and more glorious inauguration of their SOVEREIGN; some a solemn dedication of art and its stores; some were most reminded of that day when all ages and climes shall be gathered round the throne of their MAKER; there was so much that seemed accidental and yet had a meaning, that no one could be content with simply what he saw [...] all contributed to an effect so

---

[7] Zitiert in: *Industrialisation and Culture 1830–1914*, ed. Christopher Harvie et al. (London: Macmillan, 1970) 237–38.

grand and yet so natural, that it hardly seemed to be put together by design, or to be the work of human artificers.[8]

Auffällig ist, daß der Text den Begriff 'industry' im modernen Sinne von industrieller Produktion meidet. Der journalistische Interpret verwandelt das glanzvolle Ereignis vielmehr in ein bedeutungsschweres Spektakel, dessen Sinn zwar nicht eindeutig ist, aber doch als allegorisches Zeichen auf traditionelle Sinninstanzen zugeordnet wird wie Königtum (feierliche Thronbesteigung), Religion (zukünftiges Paradies im Jenseits) oder Kunst im altehrwürdigen Sinne von poietischer, hervorbringender Tätigkeit, die auch Handwerker, Baumeister usw. auszeichnet. Die komplexe Fülle der ausgestellten Materialien, Maschinen, Waren und historischen Kopien darf auf keinen Fall für sich stehen, sondern muß auf eine Bedeutung verweisen. Unbewegter Sinnstifter, auf den alle ermittelten Bedeutungen letztlich zurückverweisen, ist nun aber Gott. Kein Wunder, daß am Ende die großartige Wirkung ("so grand an effect") von Gebäude und Ereignis an "artificers" gemahnt, die übermenschlich sind. Wenn aber letztlich nicht der Mensch, sondern Gott oder die göttliche Natur für den überwältigenden Effekt des grandiosen Spektakels verantwortlich zeichnen, dann ist es eine Erscheinungsform des Erhabenen. Das höchste Wesen kommt in einer materiellen Gestalt zur Erscheinung, die endlos scheint ("seemed almost boundless") und doch die Begrenztheit und Endlichkeit alles Irdischen hat. Hegel, der die stets unzulängliche Repräsentation des Göttlichen im Modus des Erhabenen herausarbeitet, definiert:

> In der Erhabenheit dagegen ist das äußere Dasein, in welchem die Substanz zur Anschauung gebracht wird, gegen die Substanz herabgesetzt, indem diese Herabsetzung und Dienstbarkeit die einzige Art ist, durch welche der für sich gestaltlose und durch nichts Weltliches und Endliches seinem positiven Wesen nach ausdrückbare eine Gott durch die Kunst kann veranschaulicht werden.[9]

Die Ankoppelung der industriellen Moderne an die romantische Ästhetik des Erhabenen und des Fantastischen erwies sich in der Lyrik als Hindernis. Die Londoner und die Pariser (1855) Weltausstellung haben keinen einzigen poetischen Text von Rang angeregt – ein Sachverhalt, der in Frankreich, wo seit Saint-Simon immerhin das Konzept der *art industriel* bekannt war, kontrovers diskutiert wurde. Während für den Idealisten Renan der Materialismus der Weltausstellung, ihre Fetischisierung der Ware, mit dem Poetischen unvereinbar schien, dekretierte der Fortschrittsfreund Belly schlicht, daß das Poetische in der Moderne zu den industriellen Gegenständen selbst ausgewandert sei und deshalb nicht mehr in überholter Kunst gefunden werden könne: „Die Poesie wohnt mehr in der Sache selbst als in ihrem ästhetischen Konterfei."[10] Im Lichte der späteren Entwicklung scheint mir noch ein anderer Gesichtspunkt wichtig zu sein. Ästhetisch wirkte nämlich das Erhabene gerade in der Poesie wie eine Fessel. Dies deshalb, weil es zumindest in seiner Hegelschen Variante eine mit der Moderne unvereinbare Metaphysik transportierte, zu

---

[8] Zitiert in: David Thomson, *England in the Nineteenth Century 1815–1914* (1950; Harmondsworth: Penguin, 1978) 99.

[9] G.W. F. Hegel, *Werke 13: Vorlesungen über die Ästhetik I* (Frankfurt: Suhrkamp, 1970) 479.

[10] Maag 1986: 124.

vorschneller Eingemeindung verführte und die Verwendung traditioneller poetischer Rhetorik eher begünstigte als hemmte.[11]

(2) Die wirkungsgeschichtlich bedeutsamen Texte der englischen Kultur- und Kunstkritik reagieren negativ auf die Weltausstellung. Man leidet an eben jener Produktivität, Gewalt, Dynamik und unüberschaubaren Komplexität der Moderne, die der offizielle Diskurs zur Fortschrittsutopie verklären will. Konfrontiert mit einer Welt von Waren, fürchtet man die Auflösung zeitlos gültiger Werte. Aus den Stellungnahmen läßt sich immer wieder entnehmen, daß man den Untergang wahrer Kunst, geistiger Werte und Haltungen, der organischen Natur, der Schönheit und der Einfachheit beklagt – alles Normen und Konzepte, die tendenziell Zeitlosigkeit und Substantialität beanspruchen, die, anders gesagt, im 19. Jahrhundert gegen die Geschwindigkeitszivilisation gerichtet sind. Mit Besorgnis spricht Matthew Arnold von einer erlösungsbedürftigen Zivilisation, die er als "immense, moving, confused spectacle"[12] erfährt.

Das Erscheinen nützlicher, aber auch ästhetisch spektakulärer Funktionsbauten (Brunels Brücken, Paxtons Kristallpalast), die konsequent die Möglichkeiten neuer Materialien und Techniken erproben, erzwingt bei Ruskin eine bedeutsame Differenzierung des Kunstbegriffs. Kunst muß für ihn, modern formuliert, von den Konstruktionen der Bauingenieure und den Entwürfen der Designer abgegrenzt werden. Mit dem Kristallpalast ist für Ruskin die „Kunst der Architektur" ("the art of architecture"), die Suche nach einem zeitlosen Ideal ("search after the ideal"), zur Lust an einem bloßen Gewächshaus verkommen: "[...] in the centre of the nineteenth century, we suppose ourselves to have invented a new style of architecture, when we have magnified a conservatory!"[13] Lediglich mechanische Erfindungskraft, auch jene technische Geschicklichkeit, die imstande ist, Kopien, Reproduktionen echter Kunst herzustellen, vermag für Ruskin offensichtlich nicht jene „Aura" (W. Benjamin) wahrer und erhabener Kunst alter (Milton, Michelangelo) und neuerer (Turner) Meister zu erzeugen: "mechanical ingenuity which has been displayed in the erection of the Crystal Palace [...] is not the essence either of painting or of architecture."[14]

Ruskins Zeitkritik wird von einem utopischen Denken angetrieben, das die unerbittliche Aufzehrung von Sinn und Substanz durch den Dynamismus der materialistisch orientierten Konsum- und Erwerbsgesellschaft beklagt. Indem die funktionsgerechten Konstruktionen der modernen Ingenieure diesen Dynamismus unterstützen, ja ermöglichen, muß Ruskin sie letztlich auch ästhetisch verdammen. Wo alles in Bewegung überführt wird, gibt es in der Tat kein Halten mehr ("exi-

[11] Ein Blick auf Martin Tuppers „A Reverie about the Crystal Palace" und W. M. Thackerays „May-Day Ode" bestätigt diesen Eindruck. Aufschlußreich ist, daß der romantische Ausdruck „Crystal Palace" tatsächlich eine aus P. B. Shelleys *Prometheus Unbound: A Lyrical Drama* stammende Wendung ist. S. *The Poems*, vol. 2, eds. Roger Ingpen and Walter E. Peck (New York: Gordian Press, 1965) 246. Tupper spricht unbedarft von „the Beautiful Sublime". Martin Farquhar Tupper, *Ballads for the Times, American Lyrics, Geraldine, [...]* 4th ed. (London: Hall, 1853) 14.
[12] Matthew Arnold, „On the Modern Element in Literature" (1857), *Selected Prose*, ed. P.J. Keating (Harmondsworth: Penguin, 1982) 59.
[13] Zitiert in Harvie 1970 (vgl. Fußnote 7): 297.
[14] Zitiert in Harvie 1970, 298.

stence becomes mere transition"[15]), es sei denn, man kehrt zur organischen Natur und zur wirklichen Kunst zurück. In den modernen Metropolen aber läßt sich, so Ruskin, der Mensch zum Ding herabwürdigen ("one atom in a drift of human dust"[16]), das nicht mehr reist, sondern in Schnellzügen von einem Ort zum anderen transportiert wird. Das Leben nimmt überreizte, krankhafte Züge an ("the ceaseless fever of their life"[17]). Ruskins Repräsentation moderner städtischer Zivilisation ist von negativ besetzten Bildern der Mobilisierung ("currents of interchanging particles, circulating here by tunnels underground..."[18]), der Verdinglichung, der nivellierenden Vermassung ("a tormented mob"[19]) und der Häßlichkeit geprägt. Das Trauma der modernen Geschwindigkeitszivilisation vergleicht Ruskin im folgenden Auszug aus *Modern Painters* negativ mit mittelalterlichem Stabilitätsdenken:

> And we find that whereas all the pleasure of the mediaeval was in *stability, definiteness*, and *luminousness*, we are expected to rejoice in darkness, and triumph in mutability; to lay the foundation of happiness in things which momentarily change or fade; and to expect the utmost satisfaction and instruction from what is impossible to arrest, and difficult to comprehend.[20]

Das Erlösungsbedürfnis ("deliverance"[21], Matthew Arnold) der Kulturkritik befördert die Rückkehr normativen Denkens, das in Konflikt gerät mit der soeben erst im Historismus gewonnenen Einsicht in die Relativität und Einmaligkeit jeder Epoche. Wovor es dem normativen, insgeheim fundamentalistischen Denkansatz graut, ist nicht nur die Bewegungsdynamik moderner Ökonomie und Lebensweise, sondern auch die unabschließbare Beweglichkeit des skeptischen Infragestellens unveränderlicher Werte und Ideale. Nicht ohne Grund wettert Carlyle in "The Hero as Man of Letters" gegen die Entgrenzungs- und Auflösungsfolgen der modernen, von der Aufklärung ins Werk gesetzten Reflexionskultur, des "scepticism".

Charakteristisch sind die Widersprüche, in die sich Matthew Arnold kurz nach der Crystal-Palace-Ausstellung in seiner Cambridger Antrittsvorlesung "On the Modern Element in Literature" (1857) beim Versuch verstrickt, die Modernität von Gesellschaft und Literatur zu bestimmen. Seine Argumentation kommt zu dem paradoxen Resultat, daß nicht etwa die industrielle Epoche und ihre Literatur, sondern gesellschaftliche Verfassung und Literatur der athenischen Hochkultur in der Zeit des Perikles dem Begriff der Moderne in jeder Hinsicht entsprechen. Denn im Un-

---

[15] *Ruskin Today*, ed. Kenneth Clark (Harmondsworth: Penguin, 1964) 257.

[16] Clark 1964, 257.

[17] Ebd., 250.

[18] Ebd., 257.

[19] Ebd., 257.

[20] John Ruskin, *Modern Painters,* zitiert in: Anne D. Wallace, *Walking, Literature, and English Culture: The Origins and Uses of Peripatetic in the Nineteenth Century* (Oxford: Clarendon Press, 1993) 72. Wenn man will, könnte man in diesem Zusammenhang eine „Rückständigkeit" der englischen Literatur gegenüber der französischen konstatieren. Weder findet sich in der Lyrik, wie bei Baudelaire oder Rimbaud, eine phantasmagorische Überbietung des Real-Imaginären moderner Funktionsbauten, noch wird in der Romanliteratur, im Unterschied zu Zola, einem Romancharakter, wie etwa Claude Lautier in *Ventre de Paris*, Kritik an Kirchenarchitektur und Lobpreis moderner Eisenkonstruktionen in den Mund gelegt. Weil die poetische Inszenierung und Interpretation des Crystal Palace in den Sog einer durch Nietzsche bekräftigten kulturkritischen Perspektive gerät, kann die Erfahrung des Gebäudes für Davidson nicht mehr, wie für Baudelaire oder Rimbaud, zum Ausgangspunkt einer imaginär-romantischen Übersteigerung werden.

[21] Keating 1982, 59 (s. Anm. 15).

terschied zur Gegenwart und zur römischen Zeit realisieren sie nicht nur die nach Arnold für jede Moderne konstitutiven Kriterien des inneren Friedens, der Toleranz, des materiellen Komforts und der wissenschaftlichen Grundhaltung – sie haben auch, was entscheidend sei, in der Literatur bzw. "poetry" (Sophokles, Aristophanes, Pindar) eine "adequate representation"[22] jener Verhältnisse geliefert, was man von den römischen und zeitgenössischen Schriftstellern nicht sagen könne. Unter dem Druck des Erlösungsbedürfnisses und aus Reverenz für die an den Public Schools gelehrte griechische Literatur wird letztere geradezu zum Inbegriff der Moderne, die uns Wege aus der Misere weisen könne: "a mighty agent of intellectual deliverance"[23]. Obwohl ausdrücklich definiert, wird also der Moderne-Begriff in Arnolds Text in mindestens drei Bedeutungen benutzt: als zeitliche Bezeichnung für eine einmalige Entwicklungsphase, eben die industrielle Gegenwart ("modern times"), von der sich "ancient Greece" so wohltuend abhebe; im Widerspruch dazu als entgeschichtlichter, aufklärerisch-utopischer Wertbegriff, der in verschiedenen Phasen und Kulturen mehr oder minder verwirklicht worden sei; und schließlich als Bezeichnung für die Zeit des Perikles, die dem Begriff in jeder Hinsicht genüge.

Entsprechend zweideutig ist auch der Begriff der "adequate representation". Denn "adequate" verweist offenbar nicht auf ein authentisches künstlerisches Analogon zeitgenössischer Verhältnisse und Verfahren (z. B. der naturfernen „Konstruktion"), sondern auf eine weltanschaulich-moralisch positive Grundhaltung, die Arnold hier und anderswo mit Begriffen wie "sanity", "spiritual mastery", "moral grandeur" u.ä. umschreibt. Mit dieser normativen Forderung nach "sanity", unter der auch die "plain and simple proceedings of the old artists"[24] (1853) zu verstehen sind, manövriert Arnold die englische Poesie in eine Sackgasse, aus der sie lange nicht herauskam. Denn es war gerade die literarische Lösung der Moderne bzw. der radikalisierten Romantik gewesen, jenes Ungeheure und Entgrenzte, jene unfaßbare Dynamik, jene undurchdringliche, zu ziellosen Bewegungen führende Komplexität und jenen Eindruck der Entwirklichung, kurz: jene Erfahrung der aktuellen Moderne ästhetisch zu inszenieren, unter der Arnold sichtlich leidet: "an immense, moving, confused spectacle, which [...] perpetually baffles our comprehension."[25] Für Arnold kommen moderne Technologie und Architektur als konstitutive Momente poetischer Wirkungen nicht in Frage – sie entbehren der moralischen Größe.

Ohne ihn beim Namen zu nennen, weist Arnold den offiziellen Diskurs der Crystal-Palace-Ausstellung brüsk zurück. Obwohl nun John Davidson ("The Crystal Palace") sämtliche Arnoldschen Vorbehalte über Bord wirft, inhaltlich Maschine, die Wissenschaft und den orientierungslosen Pöbel ("mob") in den Mittelpunkt rückt, und weltanschaulich die von Arnold dem Dichter untersagte kritisch-skeptische Haltung einnimmt, stehen seine ästhetischen Urteile über den Crystal Palace immer noch im Banne der kulturkritischen Schelte. Für Davidson fehlt es dem Crystal Palace nicht nur an Schönheit. Er ist auch ein toter Fremdkörper, dessen Glaswände im Gegensatz zu Backsteinmauern keine Chance haben, durch eine Symbiose mit der organischen Natur im Laufe der Zeit eingemeindet zu werden und auf diese Weise Schönheit zu erlangen. Möglichkeiten, es dem romantisch-

---

[22] Keating 1982, 67.
[23] Ebd., 58.
[24] Ebd., 53: „Preface to First Edition of Poems" (1853).
[25] Ebd., 59.

Imaginären zuzuordnen, die selbst Ruskin noch konzediert hatte, werden erst gar nicht erwogen. Das Gebäude steht quer zu den Normen der organischen Ästhetik. Die Bewegungslosigkeit der aus künstlichen Materialien gefertigten Konstruktion, ein Gegenstück der entfesselten Mobilität des ökonomisch-gesellschaftlichen Lebens, wird negativ vom natürlichen Rhythmus der organischen Natur abgehoben:

> It is a dreadful place the Crystal Place, an ugly thing; from no standpoint and in no mood can I find it beautiful. Its colossal ugliness fascinates. It is built of glass and iron; what is the brag? – "the most enduring and the most brittle of materials." One feels simply that it has no right to exist. It is nature's outcast. The weather can do something with the most utilitarian building of stone or brick. Time itself in the end can adopt these, and make them beautiful, even although it be in ruins. But glass can take on no mellow hue of age; moss and lichen are powerless to help it. Iron mould is beautiful, but here it must be stopped with paint of a neutral tint. The Crystal Palace is without comeliness or colour. Nature has said `No' to it from the beginning; it is as unchanging and horrible as a glass eye in a human head. It is a building without life, without growth, without decay. I hope it will stand forever, a witness and a rebuke.[26]

Allerdings: im Angesicht des Kristallpalastes verspürt Davidson nicht nur kulturkritisch motivierte Unlust, sondern auch die Faszination des Häßlichen, Profanen und Maßlosen. Der Begriff der Faszination, der ursprünglich Behexung meint und in der Moderne eine Aufwertung erfährt, sprengt herkömmliche ästhetische und moralische Normen. Nicht zufällig feiert die Moderne seit Baudelaire die Faszination des Bösen und Häßlichen. Dieses Schwanken zwischen Lust und Unlust, Abstoßung und Anziehung, zwischen der Faszination machtvoller Häßlichkeit und ihrer Ablehnung, ist eine Erlebnis- und Wahrnehmungsform, die dem Erhabenen eignet. Die Berufung aufs Erhabene kann, wie oben festgestellt, eine überholte poetische Rhetorik stimulieren, sie kann aber auch die unvermeidliche Verabschiedung der klassischen Schönheitsästhetik in die Wege leiten.

Auch wenn man Davidsons Gedicht wie die Stadtlyrik Eliots als eine Art Stadtsatire in der Tradition der neuklassizistischen Juvenal-Imitationen ansehen kann, so ist die Formulierung "its colossal ugliness fascinates" ein Schlüssel nicht nur für dieses Gedicht, sondern auch für die Ästhetik der Moderne schlechthin. Mit ihr überschreitet Davidson die Grenzen der Arnoldschen und Ruskinschen Ästhetik, auch wenn sie zu seiner Zeit keineswegs mehr aufregend war und die Organisation seiner lyrischen Rede nicht experimentell zu nennen ist. Was fasziniert, emanzipiert sich ästhetisch oder auf andere Weise vom behaupteten Schönheits- und Sinndefizit, sonst könnte es nicht faszinieren. Gegenstand faszinierter Betrachtung ist die stark vom Üblichen, Vertrauten und Ungefährlichen abweichende Erscheinungsweise eines Wahrnehmungsobjektes, das nicht allein durch sein Sosein faszinierte Betrachtung anregt, sondern auch durch seine potentielle Fähigkeit, den Betrachter zu ängstigen oder zu erfreuen, zu zerstören oder zu befreien.

Eben diese Wirkungsweise unterstellt man den 'Wundern' der Technik, wenn sie in Texten des 19. Jahrhunderts erhaben genannt werden. Diese Tradition aufgreifend, stellt der Sprecher von Davidsons "The Crystal Palace" mit gutem Grund eine kritische Erwägung über die Berechtigung des ästhetischen Urteils "so sublime"

---

[26] Turnbull 1970, 521 (Vgl. Fußnote 3).

(Z. 17)[27] an. Damit wird ein säkularisierender Transfer vorgenommen, den Hegel noch nicht im Blick hat. Übernähme man Hegels substantialistische Definition des Erhabenen, wonach es als unzulänglicher Ausdruck des absolut Unbeweglichen und Unbegrenzten („substantielle Ruhe und Festigkeit Gottes") anzusehen ist, wäre eine Anwendung auf die profanen Verhältnisse der sich beschleunigenden modernen Weltwirklichkeit prinzipiell unmöglich. Wenn aber nicht der substantialistische Inhalt, sondern schon die sinnliche Gestalt als solche genügt, die Anwesenheit des Erhabenen zu konstatieren, dann sind häßliche Metropolen oder spektakuläre Bauwerke sehr wohl sinnliche Tatsachen, die man der Anschauungsform des Erhabenen zurechnen kann. Das so entstehende Paradox ist allerdings kaum erträglich. Die sinnliche Form muß selbst zum Inhalt werden, da Mobilität als Selbstzweck, wie sie in der Moderne beobachtbar ist, nicht in die Position der zeitlosen Idee der Erhabenheit oder gar der göttlichen Substanz einrücken kann. Im innerweltlichen Kontext ist Faszination nun einmal das, was die Interessen, die Ängste und Sehnsüchte des Betrachters mächtig anrührt. Ästhetische, sinnliche Wahrnehmung, abgetrennt von metaphysischen oder totalisierenden Sinnansprüchen, ist in diesem Kontext die einzige legitime Perzeptionsweise in der künstlerischen Tätigkeit. Bedeutungszuweisungen werden prinzipiell mobil und unsicher, weil sie subjektiven Akten des Künstler-Interpreten und zeitlich und kulturell nur begrenzt gültigen Normen entstammen. Sie nehmen häufig die Form von Reflexionsprozessen an, die entweder in den Text selbst integriert sind oder durch ästhetische Verfahren beim Leser ausgelöst werden. Anders gewendet: Während tradierte Substanz in der Geschwindigkeitszivilisation aufgezehrt wird und das 'Natürliche' bzw. 'Organische' seinen Vorbildcharakter einbüßt, verwandelt sich Kultur in einen Reflexionsprozeß, der Kontingenz nicht nur abbaut, sondern auch ständig neu erzeugt. Ein Raum von Sinnleere entsteht, der mit kompensatorischen Bewegungen, Aktivitäten und Suchaktionen ausgefüllt wird, die nie ans Ziel führen.

In der Moderne wie im vorliegenden Text finden sich u.a. drei höchst bezeichnende Bewegungsformen:

1. die entfesselte Mobilität der technisch-ökonomischen Struktur selbst
2. die ziellosen, kreisenden Bewegungen diesseitigen Genußverhaltens und schließlich
3. die historischen Reflexionsbewegungen, die deshalb entstanden, weil der eigene Standort zum Problem wurde.

Just diese drei Aspekte werden, nach einem vergleichenden Blick auf Prosa und Gedichtversion von "The Crystal Palace", Gegenstand der nun folgenden Textanalyse sein.

Prosa- und Gedichtversion von "The Crystal Palace". Die Betonung der kulturkritischen Perspektive

Das Gedicht ist als Beschreibung und Kommentar angelegt mit einer implizierten satirischen Beobachterfigur, die aus kulturkritischer Perspektive das Treiben der vergnügungssüchtigen, gleichwohl unglücklichen Menge im Kristallpalast beobach-

---

[27] Turnbull 1973, 427–433, hier: S. 427.

tet. In Ansätzen szenisch entfaltet, stehen Essen und Trinken als Hauptvergnügungen im Mittelpunkt des Interesses. Das elitäre, seit Nietzsche und der Moderne-Kritik vertraute Konzept der unselbständigen, entfremdeten, nur dem Materiellen zugewandten und von ihrer Sinnlichkeit getriebenen Masse gibt eindeutig das Selektionsraster ab, das die Auswahl und Bewertung der mitgeteilten Detailfülle steuert. Die so gut wie vollständige satirische Transparenz wie die Strukturierung des Textes nach thematischen Blöcken und Geschehensabläufen verhindern die Dunkelheit wirklicher experimenteller Poesie. Obwohl Eliot nach eigenem Bekunden von Davidson gelernt hat, verhindert dieses Festhalten an solchen, letztlich kohärenzstiftenden, Verfahren – Sprechsituation und Perspektive ändern sich z. B. nie –, daß die Satire aufs zivilisatorisch-städtische Chaos über die Dimension der inhaltlichen Komplexität auch die der strukturellen gewinnt. Ansonsten genügt der Text allen Erwartungen der Moderne. Sein Sujet knüpft an den Erfahrungsbereich des "Real-Imaginären" (Stierle) an, verwirft in seiner skeptisch-wissenschaftlichen Grundhaltung metaphysische Sinnangebote ("irreverent we", Z. 6), entgrenzt mit seiner materiellen Detailfülle poetische Hierarchien und pflegt einen reflexiven, auch metasprachlichen stilistischen Duktus.

Der etwa 2 Druckseiten lange Prosatext gibt den zeitlichen und räumlichen Ablauf eines Ferientages wieder, den der Erzähler im Kristallpalast verbringt. Seine Wahrnehmungen und Reflexionen bilden den Inhalt des Textes. Fast alle Motive und viele sprachliche Formulierungen der Prosavorlage werden ins Gedicht übernommen. Beim Wechsel vom Prosa- zum Versmedium erhalten Wahrnehmung und Reflexion aber sichtlich eine andere Qualität. Der Stil wird präziser, zupackender und reflektierter, so, als ob der Erzähler als Gedichtsprecher erhöhten Anforderungen genügen wolle. Die imaginative Verwandlung arbeitet mit Hilfe von Hinzufügungen, Weglassungen und gezielten Kontrasten die Kritik an der Moderne und der durch sie erzeugten Bewußtseinslage heraus. Das Wort "mob", in der Prosavorlage nur am Ende benutzt ("Enough of mob for a year or two"), wird jetzt, in Großschreibung,[28] zum häufig wiederholten Leitmotiv. Es ersetzt die in der Prosavorlage mehrfach neutral benutzten Ausdrücke "people", "throng" und "crowd".

Zu dieser negativen Stilisierung der bloßen Menge zur „Masse", zum „Pöbel" im Nietzscheschen Sinne, tragen noch ein paar weitere Änderungen bei. Am Ende kontrastiert der Dichter pointiert den Pöbel mit alten Geistesheroen. Die zu Szenen ausgeweiteten Situationen des Essens und Genießens unterstreichen die Herrschaft der Triebe und des Materiellen. Die Begegnung mit der Statue von Voltaire, im Prosatext noch als angenehme Überraschung vermerkt, die nur den Ich-Erzähler berührt, rückt im Gedicht an exponierter Stelle in eine kontrastive oder auch versteckt ursächliche Beziehung zur Masse. Jene sympathische alte Dame, die im Prosatext das Treiben um sie herum ebenfalls mit kritischem Auge betrachtet, wird ersatzlos gestrichen. Alle persönlichen Spuren eines Ich-Erzählers werden – wohl um die Autorität des Gesagten zu erhöhen – zugunsten einer 'objektiven' Stimme getilgt, die

---

[28] In einem Brief an Max Beerbohm vom 16.4.1906 erläutert Davidson, warum er jene zahlreichen Menschen, die den Crystal Palace an einem Feiertag (Bank Holiday) besuchen, als Verkörperung des 'Mobs' schlechthin ansieht: „A theatrical audience is a mob, so is a church audience, or a concert audience: each of these is *a* mob, but it has a mind, it is occupied with something, has a special purpose in assembling. But a crowd in the Crystal Palace on a bank holiday is not *a* mob; it is Mob, aimless, featureless, enormous, like the great Boyg." Zit. nach Sloan 1995, 222.

sich gelegentlich die Form des Kollektivs ("we") gibt. Und schließlich: Der spöttische Vergleich des angeblich mißglückten Bauwerks mit einem Dinosaurierskelett, der gleich im zweiten Abschnitt des Gedichts erscheint, fehlt in der Prosavorlage völlig. Es ist ganz offensichtlich, daß die kulturkritische, modernefeindliche Absicht die Verfahren der Bedeutungskonstitution in einem Text lenkt, der *gleichwohl* mit seinem saloppen sprachlichen Ton und Witz, zumal seiner völlig unromantischen Verbindung von wissenschaftlichen Fachsprachen, Kolloquialismen und Abstraktionen, zu erkennen gibt, daß das Kritisierte und Verdüsterte ein ästhetisches Faszinosum ersten Ranges ist. Eben diese Verbindung von Kulturkritik und Faszination des Häßlichen zeichnet ja auch die großen lyrischen Texte der angelsächsischen Moderne aus. Allerdings wird sie erst bei Eliot zum faszinierenden stilistisch-strukturellen Ereignis, weil er im Unterschied zu Davidson unzureichend markierte dramatische Monologe untereinander kombiniert.

Uneindeutige Symbolisierung, mobile Apparatur und die Faszination des Häßlichen

Der Blick auf die Prosavorlage erweist sich als große Hilfe bei der vereindeutigenden Sinninterpretation, wirft aber auch grundsätzliche Probleme auf. Was in der Aneignung und Lektüre des Verstextes als symbolisch angereichertes Detail gelesen wird, gibt sich in der Prosa eher als reine Tatsachenmimesis. Nur teilweise läßt sich dieses Problem mit der abweichenden, bewußteren Sprachverwendung im Verstext erklären. Eine genauso große Rolle spielt, daß der Kontext der Gattung Lyrik eine andere Wahrnehmungseinstellung herausfordert. Dieses grundsätzliche Problem des Verhältnisses von Tatsache, Symbol und Wahrnehmung auszuloten, würde hier zu weit führen. Da symbolische Formen in der Moderne nicht mehr durch die Kultur verbindlich festgelegt sind, scheint es sich bei dieser *semantischen Mobilität* nicht nur um ein mediales, sondern auch um ein spezielles Problem neuzeitlicher Literatur zu handeln.

Gegen Ende des Prosatextes heißt es: "In the Renaissance court under the shadow of Michael Angelo's Moses they are dancing a cakewalk. There are three people in the Reading-room." Der entsprechende Verstext lautet:

> "We came here to enjoy ourselves. Bravo.
> Then! Are we not?" Courageous folk beneath
> The brows of Michael Angelo's Moses dance
> A cakewalk in the dim Renaissance Court.
> Three people in the silent Reading-room
> Regard us darkly as we enter: three
>
> Come in with us, stare vacantly about,
> Look from the window and withdraw at once.
> (Z. 290–297)

Bei der Lektüre der Prosa gibt es deutlich weniger Anlaß, den mitgeteilten Fakten mehr als einen wörtlichen Sinn zu unterstellen. Dafür ist der gesamte Kontext zu unspezifisch. Auch wenn unverkennbar ist, daß natürlich auch schon in der Prosa Interpretationsaktivitäten einsetzen: "The light is now artificial and the place has become quite phantasmal; like a beach in Hades where souls are ground up together by an unseen sea" (II, 522). Der Text wird fast unverändert ins Gedicht übernommen: "The light is artificial now; the place/Phantasmal like a beach in hell where souls/Are ground together by an unseen sea" (II, 433, Z. 281–284). Schon die Prosa assoziiert also Technik, künstliche Beleuchtung und Entwirklichung und die Menge mit den Seelen der Verdammten, die im Hades bzw. der Hölle von einer unsichtbaren See zerrieben werden.

Der Verstext als solcher und die ständige Betonung kulturkritischer Wertungen in ihm erzeugen im Leser dennoch eine andere Leseeinstellung, die den auffälligen Kontrast von Renaissance, Michael Angelo, Moses einerseits und modernem Tanz andererseits erkennt und mit symbolischer Bedeutung auflädt. Die im Kristallpalast zur Schau gestellten Kopien von Überresten scheinen wahre Kunst (Michelangelo) und Religion (Gesetzgeber Moses) zu repräsentieren, in deren Angesicht einen 'grotesken Negertanz' zu tanzen einer gewissen Frechheit ("courageous folk") bedarf. Der "cakewalk" wird in *The Collins English Dictionary* (2nd ed., 1986) folgendermaßen charakterisiert: "A dance based on a march with intricate steps, originally performed by American negroes with a prize of a cake for the best performers." Modernes, geistfernes Amusement, das den Lesesaal meidet, wird allem Anschein nach mit den Zeichen wahrer Kultur konfrontiert. Dabei verdrängt die kulturkritische Perspektive die Einsicht, daß auch der "cakewalk" eine durchaus anspruchsvolle kulturelle Praxis darstellt ("intricate steps").

Im ersten Abschnitt des Gedichts sind die Symbolisierungsanstrengungen vollends unübersehbar:

> Contraption – that's the bizarre, proper slang,
> Eclectic word, for this portentous toy,
> The flying-machine, that gyrates stiffly, arms
> A-kimbo, so to say, and baskets slung
> From every elbow, skating in the air.
> Irreverent, we; but Tartars from Thibet
> May deem Sir Hiram the Greatest Lama, deem
> His volatile machinery best, and most
> Magnific, rotatory engine, meant
> For penitence and prayer combined, whereby
> Petitioner as well as orison
> Are spun about in space: a solemn rite
> Before the portal of that fane unique,
> Victorian temple of commercialism,
> Our very own eight wonder of the world,
> The Crystal Palace.
>
> (Z. 1–16)

Gegenstand der Beschreibung sind zwei Apparate: der (transportable!) Kristallpalast selbst und die am Eingang aufgebaute Flugmaschine von Sir Hiram Maxim (1870–1916). Bekannt wurde Sir Hiram durch die Erfindung des ersten kriegstauglichen Maschinengewehrs. Das von ihm konstruierte Dampfflugzeug (1894), auf welches sich der Text möglicherweise bezieht, hatte aber keinen Erfolg.

Auffällig an der Beschreibungssprache ist die Verbindung von salopp-spöttischem Ton, technischem Jargon und Reflexivität. Letztere äußert sich zunächst in einem sprachreflexiven, metasprachlichen Gestus. Sofort wird das Verhältnis von Sache und Wort zum Thema: "contraption", d. h. Apparat, Mechanismus, verrückte Erfindung, gleich zu Anfang provokativ hingesetzt, sei der richtige Ausdruck für Sir Hirams ständig rotierende Flugmaschine. Mit dieser spektakulären Eröffnung rückt sofort die Faszination der Maschine in den Mittelpunkt der Wahrnehmungs- und Interpretationsaktivität des Lesers. Aber just diese Reflexionshandlung, die den Gegenstand in ein Symbol verwandelt, führt der Sprecher nach der einführenden Beschreibung selbst aus. Als Werkzeug dient ihm dabei die ausgeführte religiöse Analogie und die kulturelle Perspektivierung. Die Verknüpfung der inkongruenten Vorstellungen technischer Apparat und Religion soll verstören, vor allem die geschichtliche und kulturelle Differenz zwischen profaner Jetztzeit und religiöser Kultur ironisch zur Anschauung bringen. Wenn Tataren aus Tibet – die alliterative Verknüpfung des nicht Zusammengehörigen soll vielleicht die Vorstellungen des Barbarischen und des Religiösen assoziativ miteinander verbinden – unterstellt wird, sie würden Sir Hiram als großen Lama und die rotierende Flugmaschine als große Gebetsmühle interpretieren, so ist hier sicherlich religionskritischer Spott am Werk, mehr noch aber die Einsicht in den Unterschied zwischen gläubiger und aufgeklärter, respektloser ("irreverent we") Sehweise. Indes könnte sich der aufgeklärte Skeptizismus als Falle und Selbsttäuschung entpuppen. Für die dem Ausstellungsgebäude zustrebenden Besuchermassen fungiert die faszinierende moderne Apparatur nämlich als Religionsersatz. Die Austreibung des Mythos hat nicht die Sehnsucht verabschieden können, die sich lediglich andere Objekte der Verehrung sucht. Deshalb nennt der Sprecher den Kristallpalast einen "viktorianischen Tempel des Kommerzialismus" und die "rotatory engine" vollführt vor dem Haupteingang des Tempels einen „heiligen Ritus". Indem der Sprecher reflexiv die Analogie Apparat/ Religion hervorhebt, verwandelt er die Beschreibungsgegenstände Kristallpalast und Flugmaschine in Symbole eines verweltlichten Erlösungsbedürfnisses. Die ironische Perspektive der Inkongruenten vermittelt zugleich die Einsicht in den Prozeß der Säkularisierung und Verschiebung. Aufgrund dieses Prozesses wird das Ausstellungsgebäude mit einer Bedeutung (Tempel) besetzt, die ihm von Hause aus nicht zukommt. Am „Tempel" erwartet die Besucher oder besser „Wallfahrer" aus der ganzen Welt aber nicht das Heiligtum, das zur Ruhe und Besinnung einlädt, indem es einen Kontakt mit der göttlichen Ewigkeit herstellt. Der Tempel des Kommerzes lädt vielmehr zur Zerstreuung ein, zu ständigen Kreisbewegungen, sei es mit der rotierenden Flugmaschine, sei es im ziellosen Schlendern von Ware zu Ware, von Spektakel zu Spektakel, von historischer Kopie zu historischer Kopie, von Genuß zu Genuß. Die kreisförmigen Bewegungen der Flugmaschine nehmen symbolisch die ziellos-kreisförmigen Bewegungen des "mob" vorweg.

Hedonistische Bewegungen im Kristallpalast

Eine Wahrnehmungsflut überwältigt den Besucher und verwandelt ihn von einem eigenverantwortlich Handelnden zum passiven Konsumenten. Unsicher treibt er von einem Reiz zum andern und spürt doch eine unsägliche Leere, die ihn mit Trägheit und Melancholie erfüllt. Das Handeln ist ritualisiert. Weil sein Sinn von den Handelnden nicht mehr benannt werden kann, steht es auf der Scheidelinie zwischen Handeln und bloßem Verhalten. Letzteres aber, von Reizen oder sonstigen Fremdeinwirkungen gesteuert, eignet auch dem Tier oder dem 'verzauberten Wilden' ("like savages bewitched", Z. 76). Weil ein Ziel fehlt, entsprechen die beschriebenen Bewegungsabläufe der Wiederkehr des Gleichen. Als Erben zahmer, demütiger Christen starrt die moderne 'Herde' nicht auf die Autorität des Heiligen, sondern treibt von Show zu Show. Selbst Prediger fügen sich der Einsicht, daß man nur über die Unterhaltung einen Zugang zum modernen Publikum findet, nicht über Predigten: "'In London now',/He thinks, 'the play's the thing'". "He undertakes/To entertain and not to preach: [...]" (Z. 239–240). Man bewegt sich im 'Kirchenschiff' ("nave") des Warentempels unbefriedigt im Kreise ("In the main floor the fretful multitude/Circulates from the north nave to the south/[...]", Z. 53–54). Nach der Beschreibung des Gebäudes setzt die Charakterisierung des "mob" folgendermaßen ein:

> But come: here's crowd; here's mob; a gala day!
> The walks are black with people: no one hastes;
> They all pursue their purpose business-like –
> The polo-ground, the cycle-track; but most
> Invade the palace glumly once again.
> It is "again", you feel it in the air -
> Resigned habitués on every hand:
> And yet agog; abandoned, yet concerned!
> They can't tell why they come; they only know
> They must shove through the holiday somehow.
>
> In the main floor the fretful multitude
> Circulates from the north nave to the south
> Across the central transept – swish and tread
> And murmur, like a seaboard's mingled sound.
> [...]
>   thus, passive, all,
> Like savages bewitched, submit at last
> To be the dupes of pleasure, sadly gay –
> Victims, and not companions, of delight!
>   (Z. 42–77)

Freizeit ist zur leeren Zeit verkommen, die irgendwie totgeschlagen werden muß. Man versteht es nicht mehr, richtig zu feiern, denn längst ist auch das Freizeitverhalten von den im leistungsorientierten Arbeitsleben erworbenen Gewohnheiten ("They all pursue their purpose business-like", Z. 45) kolonialisiert worden. So führt auch der verinnerlichte Drang, ja nichts zu versäumen, alles abzufeiern, zu jener ruhelosen Mobilität, die im Text als Verknüpfung der Leitmotive "mob" und "up and down" erscheint. Am Ende wird die Ziellosigkeit des Gehens (Verstext) und Schauens (Prosatext) ausdrücklich versprachlicht ("aimlessly"):

>   [...] but none of those
> Deluded myriads walking up and down
> The north nave and the south nave anxiously –
> And aimlessly, so silent and so sad.
>   (Z. 299–302)

Die entindividualisierte Masse, die mit Gefangenen in einem Labyrinth, einer ein-
gesperrten Herde und Lokustenschwärmen verglichen wird, ist ein Opfer ihres eigenen Konsumdranges. Davidson verwandelt das Verb 'to consume' in eine kulturkritische Metapher. Während die Menschen beim Essen und Trinken sitzen, werden
ihre Eingeweide von Langeweile ("ennui") verzehrt:

> And so alone, in couples, families, groups,
> Consuming and consumed – for as they munch
> Their victuals all their vitals ennui gnaws –
> [...]
> Beyond a doubt a most unhappy crowd!
> Some scores of thousands searching up and down
> The north nave and the south nave hungrily
> For space to sit and rest to eat and drink:
> Or captives in a labyrinth, or herds
> Imprisoned in a vast arena, here
> A moment clustered; there entangled; now
> In reaches sped and now in whirlpools spun
> With noises like the wind and like the sea,
>
> But silent vocally: they hate to speak:
> Crowd; Mob; a blur of faces featureless,
> Of forms inane; a stranded shoal of folk.
>   (Z. 124–146)

Einziger Lichtblick in diesem trostlosen Bild passiven Getriebenwerdens sind jene
jungen Leute, die im wilden, unbeholfenen Tanz oder beim Geschlechtsakt ihren
Trieben wenigstens aktiv Ausdruck verleihen. Sie verfügen offenbar über einen
Restbestand aktiver Energie, den der Sprecher lobend notiert. Die Kreisbewegung
des Tanzes bedeutet nicht Ziellosigkeit, sondern den Versuch, Freude am Dasein in
Bewegung zu übersetzen. Sie sind die arkadischen Schäfer und Schäferinnen der
Moderne (vgl. Z. 79–102).

Die entmündigte, dahintreibende, dem Konsum ergebene Masse ist natürlich keine Erfindung Davidsons, sondern ein kulturkritisches Schreckbild, das seit der Romantik Literatur und Philosophie durchgeistert und in der Individualisierungsdebat-
te der sozialwissenschaftlichen Moderne-Theorie eine wichtige Rolle spielt.[29] Dabei
müssen zwei Typen unterschieden werden, die Le Bon (*Psychologie des foules*,
1895) und Nietzsche auf den Begriff gebracht haben. Le Bon analysierte als erster,
daß der Mensch sich in der Masse anders verhält als in der Kleingruppe. Er öffnet
sich leichter affektiven Einflüssen in einem durch die Masse induzierten Klima gesteigerter Erregtheit und Suggestibilität. Nur so seien beispielsweise die in Revolu-
tionen beobachtbaren gewalttätigen Exzesse erklärbar. Offenbar läßt sich Davidsons
"mob" diesem Typus nicht ohne weiteres zuordnen. Der Mangel an Leidenschaft

---

[29] Einen guten Überblick über die einschlägige Diskussion bietet das Kapitel „Individualisierung" in
Hans van der Loo und William van Reijen, *Modernisierung: Projekt und Paradox* (München: dtv,
1997), besonders die Abschnitte „Macht und Ohnmacht des Individuums" und „Der Mythos vom
modernen Individuum". Im gegenwärtigen Zusammenhang ist vor allem auch der Abschnitt „Der
moderne Konsumentismus" (S. 168 f.) wichtig. Es zeigt sich, daß die einschlägigen Theorien
(Riesman, Lasch, Sennett, Kritische Theorie, u.a.) das wissenschaftlich erhärten und ausformulieren,
was der poetische Text, inspiriert von Nietzsche, schon viele Jahre früher inszeniert hat.

und Initiative, die zivilisierte Fügsamkeit und Gebrochenheit, das traurige, führungslose Herdendasein der modernen Wilden,[30] ihre Leere, Langeweile und Ziellosigkeit, ihr Überdruß im Angesicht der Überreizung, die Verachtung dieser Masse durch einen implizit einsamen, aristokratischen Intellektuellen – all das erweckt den Eindruck, als habe der Autor Nietzsches Konzept der Modernität und des Pöbels poetisch konkretisieren wollen. Tatsächlich hat John Lester[31] – ohne auf "The Crystal Palace" einzugehen – den starken Einfluß Nietzsches auf Davidson bis ins Detail nachweisen können. Stichworte wie „Pöbel", „Herde", „Langeweile" ("ennui"), vor allem aber „Ziellosigkeit", könnten direkt Nietzsche entnommen sein, der im Kapitel „Das Problem der Modernität" (*Umwertung aller Werte*)[32] als ersten Gesichtspunkt die „Ziel- und Zuchtlosigkeit" hervorhebt. Wo es, wie im 19. Jh., kein Maß und keine Grenze mehr gibt, erzeugt die Vielfalt der Perspektiven, die gleichzeitige Erlangbarkeit von jedem und allem, ein „furchtbare(s) Gefühl der Öde":

> Es sind uns, wie noch nie irgendwelchen Menschen, Blicke nach allen Seiten vergönnt, überall ist kein Ende abzusehen. Wir haben daher ein Gefühl der ungeheuren *Leere* voraus: und die Erfindsamkeit aller höheren Menschen besteht in diesem Jahrhundert darin, über dies furchtbare *Gefühl* der Öde hinwegzukommen. Der Gegensatz dieses Gefühls ist der *Rausch*: [...][33]

In Verbindung mit den Wissenschaften leitet die moderne Herrschaft des häßlichen Pöbels (des „Mittelmaßes", der „Mißratenen" usw.) für Nietzsche ein „Zeitalter der Barbarei" ein: „Ein Zeitalter der Barbarei beginnt, die Wissenschaften werden ihm dienen."[34] Auch für Davidson ist der Pöbel potentiell gefährlich. Wie der Mensch in Schwäche und Passivität verfiel, illustriert Nietzsche was für den gegenwärtigen Zusammenhang besonders aufschlußreich ist – mittels der Analogie von „Ernährung und Verdauung":

> Die Modernität unter dem Gleichnis von Ernährung und Verdauung. –
> Die Sensibilität unsäglich reizbarer [...], die Fülle disparater Eindrücke größer denn je:
> – der *Kosmopolitismus* der Speisen, der Literaturen, Zeitungen, Formen, Geschmäcker, selbst Landschaften. Das *Tempo* dieser Einströmung ein *prestissimo*, die Eindrücke

---

[30] Die Gleichsetzung moderner, entmündigter 'Massenmenschen' mit (angeblich) triebgesteuerten, unzivilisierten Wilden gehört zum Standardrepertoire kulturkritischer und psycho-analytisch inspirierter Modernetheorie. Für Freud schlummert in jedem Menschen ein primitives Erbe, das jederzeit durchbrechen kann, wenn rationale und zivilisatorische Kontrollen zusammenbrechen. Dies geschieht vor allem dort, wo der Mensch als Teil einer Masse agiert und deshalb leichter irrationalen Suggestionen anheimfällt. Zustimmend verweist Sigmund Freud in *Massenpsychologie und Ich-Analyse* (Frankfurt: Fischer, 1967) auf Le Bons Einsicht, wonach es „eine Übereinstimmung mit dem Seelenleben der Primitiven und Kinder" (S. 10) gibt. Er betont ausdrücklich die Berechtigung, „die Massenseele mit der Seele der Primitiven zu identifizieren" (S. 18). Nietzsche, A. Huxley, T.S. Eliot und A. Gehlen bemühen die Analogie zwischen (dekadenter) Moderne und Urmensch ebenfalls.

[31] John A. Lester, „Friedrich Nietzsche and John Davidson: A Study in Influence", in: *Journal of the History of Ideas* xviii (June 1957) 411–429. Lester stellt fest: „[..] to my knowledge, Davidson was the first British man of letters to take serious notice of Nietzsche's thoughts" (S. 411). Zeitgenossen erklärten ihn zum Propheten Nietzsches, obwohl man sagen muß, daß Haeckels Materialismus ein noch bedeutenderer Einfluß war.

[32] Friedrich Nietzsche, *Umwertung aller Werte*, 2 Bde., ed. Friedrich Würzbach (München: dtv, 1969), II, 1: 476–531.

[33] Ebd., 2:476.

[34] Ebd., 2:487.

wischen sich aus; man wehrt sich instinktiv, etwas hereinzunehmen, *tief* zu nehmen, etwas zu "verdauen"; – Schwäche der Verdauungskraft resultiert daraus. Eine Art *Anpassung* an diese Überhäufung mit Eindrücken tritt ein: der Mensch verlernt zu *agieren*: *er reagiert nur noch* auf Erregungen von außen her. *Er gibt seine Kraft aus* teils in der *Aneignung*, teils in der *Verteidigung*, teils in der *Entgegnung*. *Tiefe Schwächung der Spontaneität*: – der Historiker, der Kritiker, Analytiker, der Interpret, der Beobachter, der Sammler, der Leser, – alles *reaktive* Talente, – *alle* Wissenschaft!
[...]
Unser nervöses Zeitalter prätendiert, daß eine ewige Erregtheit und Ungleichheit der Stimmung die großen Menschen auszeichnen: sie wissen nichts von dem gleichmäßigen, tiefen, mächtigen Strömen nach einem Ziel zu:[35]

"The Crystal Palace" ist inhaltlich in doppelter Weise modern, weil es das klassische Symbol der industriegeschichtlichen Modernität mit der von Nietzsche analysierten 'modernen' Bewußtseinslage verbindet. Dabei erweist sich noch einmal Davidsons kulturkritische Metaphorik des Essens und Konsumierens als Schlüssel des Verständnisses. Denn nicht nur die speisenden Reichen nehmen genießend etwas auf, auch der moderne Dichter Davidson reagiert und registriert in den Rollen des „Historikers", des „Analytikers", des „Interpreten", des „Beobachters", des „Lesers" und des „Wissenschaftlers"! Wo er mittels der Sprache der Gourmets den „Kosmopolitismus der Speisen" demonstrativ inszeniert, schafft er unwillkürlich auch das Symbol einer ganzen Epochenerfahrung, die im Zeichen der unüberschaubaren historisch-kulturellen Vielfalt und der „Gleichzeitigkeit des Ungleichzeitigen" steht:

> "Grilled soles?!" – for us: – Kidneys to follow. Now,
> Your sole, sir; eat it with profound respect.
>
> A little salt with one side; – scarce a pinch!
> The other side with lemon; – tenderly!
> Don't crush the starred bisection; – count the drops!
> Those who begin with lemon miss the true
> Aroma: [...]
> And now the wine – a well-decanted, choice
> Chateau, *bon per*; a decade old, not more;
> A velvet claret, piously unchilled.
>
> (Z. 190–205)

Der Fülle der Spätzeit entspricht eine bewegliche Neugierde, ein bewegliches Konsumieren, zu dem im Zeitalter des Historismus auch die Reisen in die Vergangenheit gehören.

Weltausstellung als Museum. Reise in die Vergangenheit oder die Paradoxie des Fortschritts

Davidsons Gedicht antizipiert das Strukturprinzip mancher modernistischer Texte. Sein ironisches Verfahren[36] spielt die heroische Vergangenheit gegen die banale

---

[35] Ebd., 2:480–81.

Massengesellschaft aus und suggeriert dabei eine merkwürdige Dialektik des Fort-schritts: die Modernisierung gebiert Gebäude und Menschen, die den Betrachter an die primitive Urzeit erinnern, an 'verzauberte Wilde', Lokustenschwärme und Di-nosaurier. Drei Zeitebenen sind also zu unterscheiden: die banale, dekadente Ge-genwart, die frühe Neuzeit der Künstler- und Denkerheroen (z. B. Michelangelo, Voltaire, Verrochio, u.a.), und die Urzeit, die im realen oder imaginativen Kontakt miteinander die historische und naturgeschichtliche Reflexion des Dichter-Besuchers wie des Lesers antreiben.

Diese Reflexion führt rasch zu der Erkenntnis, daß die Vergangenheitsreste, die dem Besucher in Form von Gipsabdrücken begegnen, zwischen faktischer und symbolischer, zwischen positiver und negativer Bedeutung schillern, überhaupt eine Tendenz zur Mehrdeutigkeit haben. Wie schon der Begriff Dialektik anzeigt, ist das Verhältnis nicht als schlichte Opposition zu deuten. Ich beschränke mich, was die Statuen betrifft (die Exponate wechselten ständig und sind um 1908 natürlich ande-re als 1851), auf das Beispiel Voltaire:

> Astounding in the midst of this to meet
> Voltaire, the man who worshipped first, who made
> Indeed, the only god men reverence now,
> Public Opinion. There he sits alert –
> A cast of Houdon's smiling philosophe.
> Old lion-fox, old tiger-ape – what names
> They gave him! – better charactered by one
> Who was his heir: "The amiable and gay".
> So said the pessimist who called life sour
> And drank it to the dregs. Enough Voltaire –
> About to speak: hands of a mummy clutch
> The fauteuil's arms; he listens to the last
> Before reply; one foot advanced; a new
> Idea radiant in his wrinkled face.

(Z. 147–160)

"Astounding" verweist auf die Überraschung des Betrachters, dem unmittelbar nach höchst negativen Bildern des modernen Massendaseins Houdons Skulptur des lä-chelnden Aufklärungsphilosophen begegnet. Es bleibt indes in der Schwebe, wie Voltaire einzustufen ist. Denn er ist ja gerade, so der Sprecher, der Erfinder jener Instanz, nämlich der „öffentlichen Meinung", an die im Zeitalter der Demokratie jene Masse glaubt, die vom Dichter verächtlich gemacht wird. Tatsächlich schuf und mobilisierte Voltaire z. B. mittels der *Lettres philosophiques* (1734) die franzö-sische öffentliche Meinung gegen die Autorität der Theologie, des kirchlichen 'Aberglaubens' und des absolutistischen Regimes. Er war also entscheidend am

---

[36] Zu Recht hebt Andrew Turnbull in seiner wohlinformierten Einleitung zu den Gedichten auf David-sons "ironic method" ab, in die Traditionen der romantischen Ironie wie auch die modernere der kosmischen Ironie (Hardy) eingegangen sind. Ironie als spezifisch moderne Welthaltung unterstellt eine disharmonische, konfliktgeprägte, der Kontrolle der Menschen entzogene 'Realität'. Ironie er-kennt im Widerstreit, in der konfliktreichen Vielheit, das Prinzip der Welt: "Irony is centric, the ada-mantine axis of the universe" (Turnbull 1973, 1: xxi) betont Davidson. Offen bleibt bei der Über-gangsfigur Davidson dennoch, ob Ironie letztlich in romantischer Manier harmonische Ganzheit impliziert ("Irony affirms and delights in the whole." Zit. Turnbull 1973, 1: xxi) oder als unauflös-barer Widerstreit die Welt prägt.

Durchbruch der Moderne beteiligt. Der Philosoph setzte eine Idee in die Welt, deren Folgen im Urteil des Dichters allerdings beklagenswert sind. Diese unkontrollierbare Dialektik ändert nichts daran, daß Voltaire ansonsten im Text, und zwar wegen des Wechselspiels mit dem Kontext, durchaus als Gegenbild zur Masse fungiert. Im Gegensatz zur Masse ist Voltaire nicht passiv oder schwächlich, sondern aktiv und voller Energie ("Old lion-fox, old tiger-ape"); nicht traurig, sondern – wie der Pessimist Schopenhauer ("So said the pessimist") formulierte – liebenswürdig und fröhlich; nicht sprachlos und stumm, sondern kommunikationsfähig; nicht dumpf, sondern voller heller Ideen.

Mehrdeutig ist schließlich Davidsons Umgang mit der primitiven und vorgeschichtlichen Vergangenheit. In der Wertung 'verzauberte Wilde' setzt er primitive Kultur und Moderne unter negativen Vorzeichen in eins, während er dem imaginären Fossil eines glänzenden Riesenkrebses sehr wohl die Eigenschaft des Erhabenen zugesteht:

> So sublime! Like some
> Immense crustacean's gannoid skeleton,
> Unearthed, and cleansed, and polished! Were it so
> Our paleontological respect
> Would shield it from derision; but when a shed,
> Intended for a palace, looks as like
> The fossil of a giant myriapod! ...
> 'Twas Isabey – sarcastic wretch! – who told
> A young aspirant, studying tandem art
> And medicine, that he certainly was born
> To be a surgeon: "When you try", he said,
> "To paint a boat you paint a tumour."
>
> (Z. 17–28)

Die Trivialität eines vergrößerten Schuppens, wie ihn der Kristallpalast darstelle, vermag indes nicht die Wirkung des Erhabenen auszulösen. Die ironische Abwertung moderner Ingenieursbaukunst klassifiziert das Werk als unfreiwillige Mißgeburt und Fehlkonstruktion, die an einen riesigen Tausendfüßler erinnert, der wiederum analogisch mit einem Tumor in Beziehung gesetzt wird. Davidson spürt, daß die ästhetische Kategorie des Erhabenen nicht ausreicht, um moderne Sachverhalte zu beschreiben, und greift doch spontan zu ihr in Ermangelung einer Alternative. Der logische Widerspruch, der beim Vergleich der Prosa- und Gedichtversion nun vollends deutlich wird, spiegelt diese Unsicherheit. Hatte es im Prosatext noch unzweideutig geheißen "Its colossal ugliness fascinates", so wird im Gedicht eben dieser entscheidende Spontaneindruck im Bewußtsein des traditionellen Wissens, daß die sinnliche Gestalt auch eine erhabene Idee ausdrücken muß, wieder zurückgenommen: "Colossal ugliness may fascinate/If something be expressed; [...]" (Z. 30). Auch daran wird sichtbar, daß Davidson ästhetisch den entschlossenen Schritt zur experimentellen Moderne noch nicht getan hat. Daß Negativität und Diskontinuität, also das Chaotische des Sublimen ohne sinnstiftende göttliche Substanz, produktive ästhetische Prinzipien sein können (man denke an *Ulysses* und das Theater des Absurden), vermag er noch nicht zu sehen. Stattdessen beklagt Davidson im folgenden Brief vom 2. Juni 1906 die Inkongruenz zwischen Gebäude und abwesendem Sinn. Glas und Eisen des Kristallpalastes repräsentieren nichts, es sei denn das ewige sinnliche Begehren ("perpetual Priapism"):

> Royalties used to build Cathedrals: this is a temple without art, without religion, without a priest, dedicated to nothing, representing nothing except transparent brittleness and tough endurance in a perpetual Priapism.[37]

Die im Kristallpalast zur Anschauung kommende *unmittelbare Kontiguität* des zeitlich und kulturell Verschiedenen hat gleichwohl der historischen Montage moderner und postmoderner Texte vorgearbeitet. Denn sie erzeugte bzw. befestigte auch den Sinn für die historische Relativität aller Zeiten, zumal der Jetztzeit, ohne die das intertextuelle Spiel mit Texten nicht beginnen konnte. Diese Wirkung der Reise in die Vergangenheit hat Nathaniel Hawthorne folgendermaßen beschrieben:

> Die ihm [dem Kristallpalast, H.U.S] zu Grunde liegende Absicht scheint darauf zu zielen, sämmtliche vergangenen Zeitalter heraus zu rufen, indem man die Züge ihrer Innen-Architektur repräsentiert, ihrer Gewandung, ihrer Religionen, ihres häuslichen Lebens, kurz, was da durch Farbe und Stuck sich ausdrücken läßt. Und gleicher Maßen ist darauf Bedacht genommen, sämmtliche Climaten und Regionen des Erdballs in dem zaub'rischen Rund zu vereinen, zusammt ihren Bewohnern und ihrem Tier-Bestand in lebenswahrer Erscheinung, sowie ihrem Pflanzen-Bewuchse, der, soweit als möglich, ächt ist. In manchen Zügen ist solche Absicht vervollkommnet bis zu einem ans Wunderbare gränzenden Grad. Nichts in unsren Tagen ist glanzvoll und prächtig. [...] Wir leben ein recht nacktes Leben! Dies war die einzige Überlegung, die angestellt zu haben ich mich entsinne, als wir Jahrhundert um Jahrhundert zurückschritten durch die Aufeinanderfolge von classischen, orientalischen und mittelalterlichen Höfen, hinab und hinunter den Ablauf der Zeit – all jene Epochen besichtigend in so engem Abstand, wie sonst nur der Ewige Jude sie im Geist überschauen mag.[38]

Das für modernistische Texte (z. B. *The Waste Land*) typische Strukturprinzip der simultanen Präsentation des räumlich und/oder zeitlich Verschiedenen, einschließlich der Wirkung des kulturkritischen Kontrastes, war in der Ausstellungsstrategie des Kristallpalastes angelegt.

---

[37] Zit. nach: Sloan 1995, 224.
[38] Zit. nach: Norbert Kohl, ed., *London: Eine europäische Metropole in Texten und Bildern* (Frankfurt: Insel, 1979) 231–32.

Zielloses Gehen in den Kew Gardens (V. Woolf)

Ein experimenteller Text

Virginia Woolfs "Kew Gardens" wurde 1919 veröffentlicht, drei Jahre vor Joyces *Ulysses* und Eliots *The Waste Land*. Am experimentellen Charakter dieser Kurzgeschichte, welche gezielt auf die übliche Handlung verzichtet und wegen ihrer auffälligen perspektivischen und semantischen Mobilität verschärft Sinnzuschreibungsprobleme stellt, hat es nie einen Zweifel gegeben. In der Kritik ist immer wieder auf die psychologisierende Innenperspektive und die impressionistische Technik hingewiesen worden, wobei statt oder zusammen mit „impressionistisch" auch häufig das Adjektiv „symbolisch" erscheint.[1] Zu überprüfen ist, inwiefern die Ästhetik der Bewegung auch an dieser Skizze ihre erschließende Kraft unter Beweis zu stellen vermag.

Der Text will schon in seiner Wahl des Gegenstandes modern sein, ganz in dem Sinne, wie Baudelaire, die französischen Impressionisten und Davidson das Freizeitverhalten großstädtischer Menschen als geeigneten Stoff künstlerischer Darstellungen entdecken und erkunden. Es geht darum, mit den Mitteln der Wortkunst (oder Malkunst) eine Deutung modernen Lebens zu versuchen. Zur Erholung, Zerstreuung und zum Vergnügen suchen die Großstädter einen künstlich geschaffenen Raum voller künstlicher Effekte auf, eine Natur, die menschlichen Raumkonzeptionen – ovales Blumenbeet in den Kew Gardens, Gewächshäuser – unterworfen ist. Der im Südwesten Londons gelegene naturkundliche Park Kew Gardens trennt die dort flanierenden Menschen nicht von der Metropole ab, sondern bildet einen Raum, der akustisch und visuell mit der Metropole in Kontakt bleibt. Und ohnehin ist die Welt der Technik und der modernen Verkehrsmittel, die am Ende in die Beschreibung der Menschen im Park eingefügt wird (Busse, Flugzeuge), schon in den Gesprächen der Flanierenden gegenwärtig. Der geistesgestörte alte Mann spielt nicht nur auf den Ersten Weltkrieg an ("and now, with this war")[2], sondern schwadroniert auch von einer "electric battery" (204) und einer "little machine" (204), mit deren Hilfe die Witwe den Geist – welchen Geist? ihres gefallenen Mannes? – herbeizaubert und herbeibeschwört.

Der Modernität eines solchen Raumes entsprechen Menschen, deren Kommunikation mehr oder minder gestört ist. Sie alle werden im Vorgang des Gehens und des Wechsels wie auf der Bühne vorgeführt. Aber ihre körperlichen und geistigen Bewegungen offenbaren allenthalben Dissonanzen und Abweichungen von der Norm harmonischer, gelingender Bewegungen. Held oder Heldin gibt es nicht mehr. Diese Position wird, möglicherweise in ironischer Absicht, von der beharr-

---

[1] Vgl. Karl J. Häussler, „Das beispielhafte Experiment: Virginia Woolfs 'Kew Garden'", *LWU* 15 (1982): 241–67.

[2] Virginia Woolf, „Kew Gardens", *The Penguin Book of English Short Stories*, ed. Christopher Dolley (Harmondsworth: Penguin, 1975) 203. Alle folgenden Zitate nach dieser Ausgabe.

lich, rational und methodisch ihren Weg suchenden Schnecke eingenommen. An ihr, die sich langsam im Blumenbeet vorarbeitet, defilieren nacheinander, demonstrativ, gleichsam als Exempel modernen Lebens ("thus", 206), vier Gruppen von Menschen vorbei. Eingerahmt werden die Auftritte flanierender Menschen von der Beschreibung des Blumenbeetes bzw. der Kew Gardens, und zwar einleitend in fast mikroskopischer Nahaufnahme und abschließend aus panoramischer Perspektive. In Verbindung mit den zwei Auftritten der Schnecke ergibt sich folgendes Schema:

I.   Einleitung: Ortsbeschreibung (ovales Blumenbeet)
II. Auftritte:
    1. Die Familie: Simon, Eleanor, die Kinder Caroline und Hubert
    2. Die Schnecke
    3. Die beiden Männer: der verrückte Alte und sein Begleiter William, wohl der Oberschicht zugehörig
    4. Die beiden älteren Damen aus der unteren Mittelschicht
    5. Die Schnecke
    6. Der junge Mann und das junge Mädchen Trissie
III. Schluß: Ortsbeschreibung (Kew Gardens, Tiere, Menschen, Pflanzen, Stadtgeräusche, Verkehr, meist von oben gesehen).

Die herumwandernden Menschen streben, falls sie in ihren ziellosen Bewegungen überhaupt ein Ziel haben, einer Tasse Tee im Parkcafé zu – erreichen dieses aber nicht. Ebensowenig vermag der Leser dem Text ein bestimmtes Sinnziel zu entnehmen, es sei denn, dieses bestünde darin, in – wie die abschließende Entgrenzung anzeigt – tendenziell totalisierender Weise das moderne Leben schlechthin in seiner Brüchigkeit und Unabgeschlossenheit, in seinem vitalen Bewegungsdrang und den Grenzen, die diesen gezogen sind, mit Hilfe einer fiktionalen Konstruktion zur Anschauung zu bringen, deren Sprache mitunter lyrische Intensitätsgrade erreicht.

Gehen im Park

Wer sich im Park ergeht, wer dort dahinbummelt oder flaniert, verläßt nicht die Bewegungs- und Wahrnehmungsweisen des großstädtischen Lebens. Er löst nicht die ästhetischen und ideologischen Erwartungen ein, die sich seit Wordsworth und den Essayisten mit dem Wandern in der Natur verbinden. Wie Anne D. Wallace[3] plausibel argumentiert hat, ist die seit dem Ende des 18. Jahrhunderts sich ausbreitende Manie des Fußmarschierens und des Bergsteigens u.a. eine moralisch und ästhetisch motivierte Antwort auf die Revolution des Transportwesens um 1800. Sobald ferne Ziele mit Hilfe des verbesserten Kutschenservice und der neuen Eisenbahnen fast anstrengungslos erreicht werden konnten, bot sich das bisher nur als Plage und Mühe verstandene Gehen zu Fuß als bewußt zu wählende Alternative an. Durch sie erhoffte man sich eine Wiedergewinnung des Bezuges zur Natur, zur Erde, zu natürlichen Formen der Wahrnehmung und vor allem durch die Verbin-

---

[3] Anne D. Wallace, *Walking, Literature, and English Culture: The Origins and Uses of Peripatetic in the Nineteenth Century* (Oxford: Clarendon, 1993).

dung von Landschaftswahrnehmung und Erinnerung, den Kontakt mit den Werten des Landlebens. Der radikalen Veränderung der wirklichen Landschaft, den Wahrnehmungsverzerrungen und Entwirklichungserfahrungen, die sich mit den mechanischen Transportmitteln einstellten, sollte also durch die Erfahrung des Gehens entgegengewirkt werden. Im Gehen versichert man sich des natürlichen Raumes, nimmt seine natürlichen Dimensionen wahr, bildet sich selbst und versöhnt kraft der Arbeit der Erinnerung und der Phantasie moderne und alte Welt, Mensch und Natur, Individuum und Gesellschaft.

Von solchen therapeutischen Wirkungen, die in der von Wordsworths Dichtung abgeleiteten Ideologie des Gehens behauptet werden, kann bei den Fußgängern in den Kew Gardens nicht die Rede sein. Da sie im Unterschied zum einsamen romantischen Wanderer in Gruppen auftreten, ist ihre Aufmerksamkeit aufeinander gerichtet; und ihre Erinnerung zielt auf meist erotisch gefärbte Erlebnisse. Das Gehen leitet nicht die versöhnte Idylle ein, eine Balance zwischen Bewegung und Ruhe im Angesicht der organisch einbezogenen Natur. Sie offenbart vielmehr in der gestörten Kommunikation die mangelnde Korrespondenz von Mensch und Mensch, Sprache und Empfindung. Auffällige Parallelen zwischen Mensch und Natur zeigen, wie im Bild der kreisenden Libelle oder im herzförmigen Blatt, nicht die Entdeckung von verbindlichem moralischem Sinn an, sondern die Wirksamkeit vitaler Energie bei Mensch und Tier. Dem langsam Gehenden unterstellt man gewöhnlich eine Nähe zur Natur, eine „natürliche" oder „organische" Wahrnehmung der Umwelt mit allen fünf Sinnen. Aber auch eine solche „normale" Rezeptionsweise fehlt im Text. Die dort abgebildeten und reflektierten Wahrnehmungen erzeugen weit eher den Eindruck des durch ein technisches Medium Vermittelten. Die fast mikroskopische (Anfang), die an eine Luftaufnahme ("were spotted for a second", 207) erinnernde panoramische (Schluß) und die impressionistische Sehweise erinnern an Entgrenzungen und Verzerrungen, die durch moderne Transport- und Beobachtungsmittel ausgelöst wurden. Fraglich ist deshalb auch, ob die plötzliche Offenbarung der schönen Details des Blumenbeetes, welche die schwerfällige Dame überfällt und aus den mechanisierten Abläufen sinnentleerter trivialer Konversation reißt, ob also das plötzliche Erwachen zur Wahrnehmungsfähigkeit beim Anblick des Blumenbeetes als organisch-romantische oder als moderne, technisch (z. B. Schnappschuß) vermittelte Epiphanie einzustufen ist.

> The ponderous woman looked through the pattern of falling words at the flowers standing cool, firm and upright in the earth, with a curious expression. She saw them as a sleeper waking from a heavy sleep sees brass candlestick reflecting the light in an unfamiliar way and closes his eyes and opens them, and seeing the brass candlestick again, finally starts broad awake and stares at the candlestick with all his powers. So the heavy woman came to a standstill opposite the oval-shaped flowerbed, and ceased even to pretend to listen to what the other woman was saying. She stood there letting the words fall over her, swaying the top part of the body slowly backwards and forwards, looking at the flowers. Then she suggested that they should find a seat and have their tea. (204)

Ein leichter Windhauch, der durch das Blumenbeet weht, bringt die Dinge im einleitenden Abschnitt zum Tanzen. Woolf vermeidet gezielt jegliche Statik in ihrer Wahrnehmung der Außenwelt. Indem die Blätter der Blumen sich bewegen, verändern sich die Lichtverhältnisse ständig. Das Blumenbeet löst sich in eine Serie von Farb- und Lichteindrücken auf, die von Augenblick zu Augenblick neue Einblicke und Durchblicke eröffnen. Das Licht, das auf vorher verborgene oder unauffällige Dinge fällt, „illuminiert" („illumination", 201) und „offenbart" ("revealing", 201); die Farben der im Licht aufstrahlenden Blumenblätter färben auf die braune Erde darunter ab:

> The petals were voluminous enough to be stirred by the summer breeze, and when they moved, the red, blue and yellow lights passed one over the other, staining an inch of the brown earth beneath with a spot of the moist intricate colour. (201)

Das Licht, das auf Pflanze, Tier (Schnecke) und Steine fällt, erreicht schließlich auch das Auge der Spaziergänger in den Kew Gardens. Es entdeckt die Äderung der grünen Blätter und erleuchtet die grüne Dämmerung des Blattwerks. Am spektakulärsten ist aber, das sei hier schon betont, das dynamische Zusammenspiel von Wasser und Licht. Sobald das Licht auf den Wassertropfen fällt (201), scheinen Blau, Rot und Gelb die den Wassertropfen zusammenhaltende Spannung mit gesteigerter Intensität aufzubrechen. Einen Augenblick später ist der Wassertropfen wieder unauffällig grau.

Was hier von den Dingen gesagt wurde, gilt auch für die Menschen. Deren äußerliches Erscheinungsbild entgrenzt sich, löst sich in unbestimmte Lichteindrücke auf, zumal aus der Distanz. Körper verlieren ihre prägnanten Umrisse, werden halb durchsichtig, verschwimmen als Objekte von Licht- und Schatteneffekten:

> They walked on past the flower-bed, now walking four abreast, and soon diminished in size among the trees and looked half transparent as the sunlight and shade swam over their backs in large trembling irregular patches. (203)

Woolf bringt am Ende des Textes diese Verwandlung von Substanz in Lichteindrücke und Atmosphärisches ("vapour", "atmosphere", 206, 207) ausdrücklich auf den Begriff. Gleich zwei Mal werden die Ausdrücke "substance" und "dissolve" (206, 207) verwendet:

> Thus one couple after another with much the same irregular and aimless movement passed the flower-bed and were enveloped in layer after layer of green-blue vapour, in which at first their bodies had substance and a dash of colour, but later both substance and colour dissolved in the green-blue atmosphere. (206/7)

> [...] they wavered and sought shade beneath the trees, dissolving like drops of water in the yellow and green atmosphere staining it faintly with red and blue. (207)

Woolf verwandelt die Wirklichkeit in ein unablässiges Spiel von Lichteffekten. Klare Konturen verschwimmen ("dissolving like drops of water") in einem Dunstkreis. Am Ende verselbständigen sich in diesem Verflüssigungsvorgang körpergebundene Farben zu körperlosen Farben und körperbezogene Stimmen zu frei schwebenden Stimmen ("the voice of the summer-sky", 207).

Es gibt kein unschuldiges Auge, keine objektive Wahrnehmung, keine reinen, transzendentalen, zeitlosen Anschauungsformen von Raum und Zeit. Zu Recht ist deshalb von der Kritik immer wieder auf die impressionistische Qualität dieser Beschreibungen aufmerksam gemacht worden. Und in der Tat läßt sich die Abhängigkeit solcher Textstellen von impressionistischen Vorbildern wesentlich schärfer als bisher fassen, wenn man den Zusammenhang von Wasser, Licht und Wahrnehmung ins Blickfeld rückt. Warum sieht man am Ende des 19. Jahrhunderts das Wasser anders als im 18. Jahrhundert, ja anders als jemals zuvor? Auch hier dürfte die allgemeine Antwort gelten, daß es eines individuellen Genius bedarf, der die Tendenzen der Zeit, beispielsweise die allgemeine Mobilisierung, Entgrenzung und Verflüssigung, erspürt und dafür neue ästhetische Darstellungsmittel findet. Die impressionistische Technik der unruhigen, unterbrochenen Linie ist eine solche technische Innovation. Daß sie bei den Impressionisten gerade im Zusammenhang mit der Repräsentation des Wassers (das ohnehin als Metaphorik sämtliche poetischen und nichtpoetischen Zeitdiagnosen des 19. Jahrhunderts beherrscht!) zum ersten Mal Verwendung findet, nämlich in dem Bild "La Grenouillère" von Renoir (1869), scheint mir kein Zufall zu sein. Kenneth Clark schreibt hierzu:

> Es war im Jahre 1969, als Monet und Renoir sich in einem Ufercafé, genannt La Grenouillère, zu treffen pflegten. Zuvor waren sie beide Anhänger des damals üblichen naturalistischen Stils gewesen. Aber als diese Wellen und Spiegelungen in ihr Blickfeld gerieten, hatte der beharrliche Naturalismus ausgespielt.
> Man konnte einzig und allein einen Eindruck wiedergeben – Impression wovon? vom Licht, denn das ist alles, was wir sehen. Schon lange zuvor war der Philosoph David Hume zu dem gleichen Schluß gekommen. Und die Impressionisten hatten keine Ahnung, daß sie eine philosophische Theorie nachvollzogen. Aber Monets Worte: „Das Licht ist die Hauptperson im Bild" gab ihrem Werk so etwas wie eine philosophische Einheit; so hat die große Zeit des Impressionismus ebenso unsere Fähigkeiten erweitert wie sie unsere Augen erfreut. Unser Bewußtsein vom Licht ist Teil jenes allgemeinen Bewußtseins geworden, jene Erhöhung der Sensibilität, die Proust so wundervoll beschrieben hat, daß es uns bei der ersten Bekanntschaft mit seinen Romanen fast so vorkommt, als würden uns neue Sinne verliehen.[4]

Monet, der vielleicht überragendste und konsequenteste Impressionist ist zeitlebens von seinem Kindheitserlebnis des spielenden Wassers fasziniert, das er immer wieder aufsucht und malt. Ständig beschwört und umkreist er Wassereindrücke, den Fluß, das Meer und am Ende, mit symbolistischer Intensität, Rosen im Teich. Wo er städtische Massen zur Darstellung bringt (z. B. in "La rue Montorgueil", 1878), betrachtet er sie – wie offenbar Woolf auch im abschließenden Abschnitt – als von oben gesehene Farbtupfer. Diese Farbtupfer sollen die Beweglichkeit und Unabgeschlossenheit des Lebens ausdrücken:

> Damit sie [die Welt, H.U.S.] als Augenblick ausgedrückt werden kann, bedarf es eines Farbtupfers, der das Bild zu einem Ganzen zusammenfaßt. Mit dem Tupfer wird näm-

---

[4] Kenneth Clark, *Zivilisation* (1969; Hamburg: Rowohlt, 1970) 321–22.

lich aus den vorherigen geschlossenen und einsamen Welten eine zugleich zerstückelte und offene, in das Zeitgeschehen eingebettete Welt, [...][5]

Den Zusammenhang der impressionistischen Kunst mit dem Erlebnis des spielenden, das Licht unendlich vielfältig reflektierenden Wassers hat Kerchove de Denterghem folgendermaßen erläutert:

> Er [Monet, H.U.S.] ließ sich verführen durch das Spiel der Spiegelungen, und seine Arbeit bestand darin, die Vibration des Lichtes, das sich auf der Wasserfläche spiegelt, in die Malerei umzusetzen. Dank seiner genauen Beobachtung entwickelte er die Technik des unterbrochenen Pinselstrichs. Durch das Aneinanderreihen von fertigen Kommas gelang es ihm, „die tänzelnde und magische Fröhlichkeit der wechselnden Wasserspiegelungen" wiederzugeben.[6]

Wenn das Licht nach Monet die „Hauptperson" des Bildes ist, vibriert nicht nur das Wasser, sondern auch die Landschaft:

> Monet malt keine Landschaften, sondern Impressionen [...] genaueste Beobachtung des Lichts, dessen laufend changierende Valeurs und seine ständig wechselnde Wirkung auf eine Landschaft ist allerdings nur vor Ort, im Freien möglich. Um alle Schattierungen wiederzugeben wird dank einer unterbrochenen Pinselführung, dem "virgulisme" und einer Aufhellung der Farbpalette, der Eindruck einer vibrierenden Landschaft vermittelt.[7]

Nicht nur der impressionistische Blick relativiert in Woolfs Kurzgeschichte die Welt der Gegenstände. Auch der bewegliche Wahrnehmungsstandort des Betrachters und seine Phantasie unterwerfen sie einem Verwandlungsprozeß. Während Menschen in der Distanz zu Farbtupfern schrumpfen, nehmen kleine Erdklümpchen und Wasserlachen aus der Perspektive der Schnecke die Dimension von Klippen und Seen an; die Blumen gleichen schwankenden Bäumen:

> Brown cliffs with deep green lakes in the hollows, flat, blade-like trees that waved from root to tip, round boulders of grey stone, vast crumpled surfaces of a thin cracking texture. (203)

Beispiele für diesen Vergrößerungseffekt finden sich recht zahlreich. Für die Schnecke bilden die Blätter einen „Dom" (201); das abgefallene Blatt, unter das sie nach gründlicher Überlegung zu kriechen beschließt, wird als "roof" (205) charakterisiert. Auf den Blickpunkt der Schnecke bezogen, erhalten die dem menschlichen Orientierungssystem entnommenen Begriffe einen ungewohnten Anwendungsbereich. Der Text führt mit demonstrativer Sinnfälligkeit, also reflexiv, den Prozeß der perspektivischen und metaphorischen Verfremdung vor. Wirklichkeit ist nichts Substantielles, sondern mobil und relativ.

Diese Einsicht ist von Dichtern in metaphorischen Transaktionen und Verschiebungen schon immer befolgt worden. So auch im Text der Woolf. Zu Recht ist gesagt worden, daß „die abschließende Rahmenszene eine Fülle entgrenzender Bildlichkeit"[8] enthalte. Das hängt, wie schon oben angedeutet, mit der abschließenden semantischen Geste der Totalisierung zusammen. Zwar knüpfen schon am Anfang

---

[5] Guy Vandelouise in *Claude Monet, 18.6. – 31.8.1992, Ausstellungskatalog, Stadthalle Balingen*, 32.
[6] Ebd., 38.
[7] Roland Doschke, ebd., 21.
[8] Häussler 1982, 249.

die Metaphern "heart", "tongue", "throat" und flesh" eine Verbindung zwischen Mensch und Natur. Jetzt werden aber die Entgrenzungen radikalisiert; man kann eine Vielzahl von Beziehungen feststellen, ein imaginatives Verkehrssystem, das Organisches und Mechanisches, Visuelles und Akustisches, Mensch und elementare Natur analogisch ineinander blendet, um den Zusammenhang und die Qualität der wahrgenommenen Welt zu suggerieren. Dabei lassen sich zwei Bewegungsformen unterscheiden; einmal die Bewegungen der Analogien erkundenden Phantasie des Erzählers, sodann die physische Beweglichkeit der dargestellten Sachverhalte selbst, von denen im Grunde keiner in statischer Ruhestellung vorgestellt wird. Die Drosseln hüpfen wie mechanische Blechvögel in abgehackten Bewegungen über den Rasen. Als Farbtupfer evozierte Menschen zerfließen wie Wassertropfen in Farbliches und Atmosphärisches. Das reflektierende Licht auf dem Palmenhaus löst dieses in eine Vielzahl kleiner grüner Schirme auf. Stimmen gleichen züngelnden Flammen, die von den Wachsleibern der Kerzen aufflackern. Bewegung spielt sich hier also vor einem Hintergrund von Ruhe und (scheinbarer!) Stabilität ab, wie auch anderswo im Text Bewegung zumindest punktuell eingefroren und stillgestellt wird. Am auffälligsten ist in diesem Zusammenhang die imaginative Überführung von Beweglichkeit in Stein gewordene Statik. Die Bewegungen der tänzerisch kreisenden Schmetterlinge erinnern die Erzählerin und Wortmalerin an die Konturen einer zerbrochenen Marmorsäule. Woolf scheint hier eine Fundamentalopposition des Lebens andeuten zu wollen, das sich zwischen Sein und Zeit, Stillstand und Bewegung, Verfestigung und Fließen, mystischer, erfüllter Ruhe ("silence") und dem Lärm der *vita activa* abspielt.

Nach Ausweis der gewählten Bildlichkeit zeichnet sich nun für Woolf die moderne Leonardo-Welt der Apparaturen und Strukturen, wie sie sich in der City konzentrieren, durch Künstlichkeit, Systemhaftigkeit und die grenzenlose Beweglichkeit eines *perpetuum mobile* aus. "But there was no silence; all the time the motor omnibusses were turning their wheels and changing their gear; like a vast nest of Chinese boxes all of wrought steel turning ceaselessly one within another the city murmured;" (207) Die Assoziation der Stadt mit einem komplexen System ineinandergreifender, ständig sich drehender Räder und Schachteln gibt ihr ein bedrohliches Aussehen, das der ästhetisch verniedlichende Vergleich mit einem Kinderspiel ("Chinese boxes") teilweise wieder zurücknimmt.

Mit logischer Konsequenz auf die Spitze getrieben, verwandeln impressionistische und perspektivische Beweglichkeit Kunst in das So-Sein ungeformten Lebens, mithin in Nicht-Kunst, zurück. Im vorliegenden Text ist ersichtlich das Gegenteil der Fall. Er findet einen neuen Ausgleich zwischen Form und Leben, Struktur und Entgrenzung durch die Verbindung zweier Verfahren – Verräumlichung und quasi-exemplarische Szenenbildung. Beide zusammen ergeben eine erstaunlich umfassende Deutung modernen Lebens und des Verhältnisses von Sprachkunst und Wirklichkeit. Das neuartige symbolistisch-spatiale Konstrukt gewährt dem Text ein unerhörtes Maß an semantischer Offenheit und bewahrt ihn doch vor dem Verfließen.

Die Gegenüberstellung einer zielgerichtet sich bewegenden und logisch denkenden Schnecke mit ziellos schlendernden, assoziativ denkenden Menschen verstört den Leser. Denn diese Opposition wird nirgendwo aufgelöst oder vereindeutigend entschieden. Man hat den Verdacht, daß gezielt ein offenes ironisches Spannungsfeld aufgebaut wird, das den Leser zu reflexiven Erkundungsbewegungen auffordert.

Die Schnecke verhält sich wie ein zielbewußt handelnder und logisch denkender Mensch. Sie agiert wie das autonome Subjekt der aufklärerischen Tradition. Das Wort "goal" taucht gleich drei Mal auf; ihr Denkprozeß wird mit Begriffen wie "before he had decided ..." (203), "the snail had now considered every possible method." (205), usw. charakterisiert. Selbst das entscheidende Stichwort "progress", das intertextuell an den aufklärerischen Diskurs, die Geschichtsideologie des 19. Jahrhunderts *und* die christliche Tradition ("pilgrim's progress") angeschlossen werden kann, fehlt nicht beim abschließenden „Auftritt" der Schnecke: "– all these objects lay across the snail's progress between one stalk and another to his goal" (203). Die Ausstattung der Schnecke mit menschlichen Eigenschaften legt es nahe, ihr nach dem Muster der Fabel-Tradition eine symbolische oder emblematische Bedeutung zu unterstellen. Aber welche? Die Unabgeschlossenheit des Textes läßt der interpretatorischen Phantasie erheblichen Bewegungsspielraum. Ist die Schnecke, indem sie als Tier ein spezifisch menschliches Kulturkonzept ("progress", "goal", Fortschritt) verkörpert, eine ironische Absage an den ererbten Fortschrittsglauben? Etwa in dem Sinne, wie schon Swift mit der satirischen Konstruktion der weisen Pferde das aufklärerische Menschenbild als illusionär einstuft, ohne doch am normativen Charakter des Rationalen zu rütteln? Fortschritt bedeutet ja nichts anderes, als Bewegung schlechthin in sinngesteuerte Bewegung zu verwandeln. Das Ironiesignal läge dann darin, daß wir nie erfahren, welchem Ziel die Schnecke eigentlich zustrebt: "It appeared to have a definite goal in front of it [...]" (203). Ist Sinn an die Natur schlechthin übergegangen? So dürfte das nicht zutreffen, denn die anderen Tiere vollführen ganz andere Bewegungen, kreisende wie die Libelle (202) oder chaotische wie das grüne Insekt (203). Die Zeichen und Bilder des Textes lassen sich offenbar nicht allegorisch festlegen, verweisen aber immerhin auf die Anwesenheit von Vitalität. Tiefe und Beweglichkeit dieser irrationalen Vitalität des Lebens scheinen rational und sprachlich nicht auslotbar zu sein.

Was nun die dargestellten Menschen betrifft, so bieten sich der ästhetischen Bewegungsanalyse vier Formen der menschlichen Bewegung an: körperliche Bewegungen im natürlichen und gesellschaftlichen Raum (a), Bewegungen in der Zeit und in die Zeit (b), Gedankenströme (c) und interaktive Bewegungen zwischen Menschen mit Sprache und Körper (d).

(a) Die Gehbewegungen in den Kew Gardens beurteilt die Erzählerin am Anfang und am Ende der Auftritte unzweideutig als "aimless". Eine solche kulturkritische Bewertung fand sich ja schon bei Davidson. Sie berücksichtigt nicht den funktionalen Gesichtspunkt des Zerstreuungs- und Erholungswertes flanierenden Bewegungsverhaltens. Eher scheint dieses Bewegungsverhalten das Symptom einer modernen Malaise zu sein, die der verrückte alte Mann paradigmatisch verkörpert: "The elder man had a curiously uneven and shaky method of walking, jerking his hand forward and throwing up his head abruptly, rather in the manner of an impatient carriage horse tired of waiting outside a house; but in the man these gestures were irresolute and pointless" (263). Allerdings ist das Verhältnis zwischen den Eheleuten Eleanor und Simon noch so intakt, daß am Ende eine Harmonisierung der Familienbewegungen ("now walking four abreast", 202) gelingt.

(b) Die Menschen in Kew Gardens haben einen Hang zu monologischer, ich-zentrierter Selbstbezüglichkeit, die Kommunikation sichtlich erschwert oder gar unmöglich macht. Ihr Bewußtsein ist von vergangenen Erlebnissen, vor allem eroti-schen Erlebnissen, beherrscht. Die Außenwelt dient Simon und Eleanor lediglich als assoziativer Auslöser für Reisen in die jeweilige persönliche Vergangenheit, zu Lilly, der Simon in den Kew Gardens und ihren Lilien vergeblich einen Heiratsan-trag machte, zu der alten, grauhaarigen Frau, die das Kind Eleanor auf den Nacken küßte. Diese an konkrete Dinge – Silberschuhe, Libelle, Warze – gekoppelten Er-lebnisse und Erinnerungen, zumal an erotisches Glück, konstituieren nicht nur für die erzählende Figur die eigentliche Wirklichkeit. Der alte Mann ist, angeregt vom Anblick einer aus seinem Blickwinkel schwarz gekleideten Frau, drauf und dran, auf sie zuzustürzen. Als sein Begleiter ihn erfolgreich mit einer Blume ablenkt, ver-meint der alte Mann eine Stimme aus ihr zu hören, die aus der Vergangenheit zu ihm spricht. Denn er beginnt von den Urwäldern Uruguays zu reden, denen er vor Jahrhunderten mit der schönsten Frau Europas einen Besuch abstattete. Sein Be-wußtsein ist mit romantischen Ikonen, gleichsam bildlichen Intertexten, gefüllt. Er murmelt von tropischen Rosen, Nachtigallen, Seestränden, Meerjungfrauen, im Meer ertrunkenen Frauen. Auch glaubt der verstörte Alte Kontakt mit den Geistern der Toten zu haben. Repräsentiert der alte Mann die Karikatur eines romantischen Okkultisten und Phantasten? Auffällig ist, daß im Gegensatz zur Schnecke die Menschen sich durchweg Erfahrungen öffnen, die mehr oder minder stark ins Irra-tionale über spielen. Allem Anschein nach ist der Rationalismus der Schnecke nicht fähig, dieser Tiefe und Unauslotbarkeit des Lebens gerecht zu werden.

(c) So sehr die Kurzgeschichte im Umfeld realistisch-soziologischen Erzählens experimentell genannt werden muß, so vergleichsweise unauffällig sind ihre Ver-fahren der Bewußtseinsdarstellung. Gedanken werden als stilles Selbstgespräch des Denkenden in Ich-Form und als Rede (in Ausführungszeichen) präsentiert (Simon), als gesprochene Rede einer Figur (seine Frau), als Gedankenbericht aus der Per-spektive des Erzählers (Gedanken der Schnecke) und als erlebte Rede (das junge Paar), wobei im letzten Falle durch den Zusatz "so they thought" (206) sogar noch sichergestellt wird, daß der Leser die Zuordnung des Mitgeteilten richtig vornimmt.

(d) Problematischer ist schon die Bestimmung der dialogisch versprachlichten Bewußtseinsinhalte und Erlebnisrealitäten. Zumindest bei drei Paaren ist die Ver-ständigung zwischen den Gesprächspartnern erheblich gestört, weil gleichzeitig das Verhältnis zur Wirklichkeit den Rahmen unproblematischer Normalität verläßt. Am offenkundigsten ist der Fall des alten Mannes. Sein bizarres Verhalten und seine bi-zarren Bewußtseinsinhalte lassen auf massive psychische Störungen schließen, die ihm eine wirkliche Kommunikation nicht erlauben. Anders der Fall der beiden aus der unteren Mittelschicht stammenden Frauen. Ihr Bewußtsein wird von banalen, stereotypen Denk- und Sprechformeln beherrscht. Wirklichkeit wird so überlagert von einer sinnentleerten kulturellen Routine, die den Dialog in einen Pseudodialog verwandelt, der bestenfalls die Funktion hat, nicht Wirklichkeit zu bezeichnen, son-dern den Kontakt zwischen den Gesprächspartnern aufrechtzuerhalten und zu

„ölen". Für Virginia Woolf ist dieser Sachverhalt besonders kennzeichnend für die untere Mittelschicht, deren Dialogverhalten bei ihr deshalb in ironischer ("their very complicated dialogue", 204) und karikaturistischer Absicht zum sinnlosen Wasserfall aus Sprache – Eigennamen, Inquitfloskeln, Substantive, die Eßwaren bezeichnen – wird:

> "Nell, Bert, Lot, Phil, Pa, he says, I says, she says, I says, –"
> "My Bert, Sis, Bill, Granddad, the old man, sugar sugar, flour, kippers, greens. Sugar, sugar, sugar." (205)

Dieser Alltagsdialog, weit entfernt davon, realistisch zu sein, kippt durch Verknappung und Selektion in eine spruchartig-poetische Beschwörungsformel um, von der man nicht genau weiß, was sie suggerieren soll: kulturkritischen Tadel an kleinbürgerlicher Geistlosigkeit und Banalität? Soziale Entfremdung? Die Kommunikationsschwierigkeiten des jungen Liebespaares schließlich rühren daher, daß es eine bestimmte Liebesrhetorik als kulturelle Selbstverständlichkeit nicht mehr zu geben scheint. Sie verheddern sich in ihren sprachlichen Bemühungen, dem gemeinten Gefühl Ausdruck zu geben. Der Dialog stockt ("long pauses", 205) deshalb, nimmt eine metasprachliche Wendung:

> 'Lucky it isn't Friday,' he observed.
> 'Why? D'you believe in luck?'
> 'They make you pay sixpence on Friday.'
> 'What's sixpence anyway? Isn't it worth sixpence?'
> 'What's "it" – what do you mean by "it"?'
> 'O, anything – I mean – you know what I mean.' (205)

Semantische Entgrenzung und semantische Verschlüsselung

Welche Dunkelheit, welche Bezeichnungsschwierigkeit löst dieses unabgeschlossene Abtasten aus?

(a) Man könnte zunächst vermuten, daß die metasprachliche Reflexion auf der Figuren – wie auf der Erzählerebene mit der alten Schwierigkeit zu tun hat, dem Irrationalen und Unaussprechlichen, auch dem Tabuisierten, der Intimerfahrung Liebe Worte zu leihen. Traditionelle Poesie hatte diese Schwierigkeit mit einer poetischen Rhetorik voller Übertreibungen und metaphorischer Substitutionen zu meistern versucht. Jetzt, in nach-realistischer, reflektierter Zeit, hat sich diese Rhetorik offenbar längst überlebt. Pausen und scheinbar banale Wörter und Aussagen wird die Last aufgebürdet, das an Empfindung anzudeuten, was eigentlich nicht sagbar ist:

> The couple stood still on the edge of the flower-bed, and together pressed the end of the parasol deep down into the soft earth. The action and the fact that his hand rested on the top of hers expressed their feelings in a strange way, as these short insignificant words also expressed something, words with short wings for that heavy body of meaning, inadequate to carry them far and thus alighting awkwardly upon the very common objects that surrounded them, and were to their inexperienced touch so massive; but who knows (so they thought as they passed the parasol into the earth) what precipices aren't concealed in them, or what shapes of ice don't shine in the sun on the other side? [...] Even when she wondered what sort of tea they gave you at Kew, he

felt that something loomed up behind her words, and stood vast and solid behind them; and the mist very slowly rose and uncovered – O, Heavens, what were those shapes? – little white tables, and waitresses, who looked first at her and then at him; and there was a bill that he would pay with a real two shilling piece, and it was real, all real, he assured himself [...] (206)

Daß es zwischen den jungen Leuten eine erotische Beziehung geben muß, auf die das nicht erklärte Pronomen "it" umschreibend hinweist, wird erst aus der non-verbalen Geste des gemeinsamen ("his hand rested on the top of hers") Schiebens des Schirmes in die weiche Erde deutlich. Sowohl diese Handlung – warum gerade diese? – als auch die scheinbar belanglosen Worte, die sie wechseln, verweisen suggestiv und – vor allem die Worte – unbestimmt auf das Innenleben des Paares. Die Wörter gleichen Flug- und Transportmaschinen, die nur beschränkt flugtauglich sind. Deshalb bezeichnen sie vordergründig nur die nächstliegenden Objekte und Bedeutungen, während sie in Wahrheit in der Phantasie des Gesprächspartners eine viel größere Bedeutungslast mitschleppen. Suggestion heißt deshalb, daß die Diskrepanz zwischen Gesagtem und Gemeintem die Ermittlung des Letzteren an die schöpferische Phantasietätigkeit des Kommunikationspartners delegiert. Worte können also wie ein verbergender und verklärender Dunstschleier wirken, der schließlich die klaren und womöglich ernüchternden Umrisse der Alltagsrealität freigibt.

(b) Ein Blick auf die fast gleichzeitig entstandenen theoretischen Äußerungen ("Modern Fiction", "Mr. Benett and Mrs. Brown") von Woolf lehrt indes, daß der Text und seine Metasprache mehr und anderes anstreben als nur die Reform der Liebessprache. Es geht vielmehr um den problematisch gewordenen Zusammenhang zwischen herkömmlicher Sprache und neuer Wirklichkeitskonzeption, herkömmlichen Erzählkonventionen und neuem Realitätsbegriff schlechthin. Die neue Instabilität und Inkongruenz zwischen Sprache und Wirklichkeit entstand just deshalb, weil Realität in Übereinstimmung mit der zeitgenössischen Lebensphilosophie auch und gerade von V. Woolf mit Leben gleichgesetzt wurde. Kennzeichen dieses durchaus nicht metaphysikfreien Lebens sind aber seine radikale Zeitlichkeit und rationale Undurchdringlichkeit, seine unordentliche Beweglichkeit und Unantastbarkeit, seine Perspektivität ("one's reality", 202) und Erlebnishaftigkeit:

Life is not a series of gig-lamps symmetrically arranged; life is a luminous halo, a semi-transparent envelope surrounding us from the beginning of consciousness to the end. Is it not the task of the novelist to convey this varying, this unknown and uncircumscribed spirit, whatever aberration or complexity it may display, with as little mixture of the alien as possible?[9]

'The proper stuff of fiction' does not exist; everything is the proper stuff of fiction, every feeling, every thought; every quality of brain and spirit is drawn upon; no perception comes amiss.[10]

For the modern 'that', the point of interest lies very likely in the dark places of psychology.[11]

---

[9] Virginia Woolf, „Modern Fiction", *Virginia Woolf: To the Lighthouse*, ed. M. Beja (London, 1970) 69.
[10] Woolf 1970, 73.
[11] Woolf 1970, 71.

Tolerate the spasmodic, the obscure, the fragmentary, the failure.[12]

Whether we call it life or spirit, truth or reality, this, the essential thing, has moved off, or on, and refuses to be contained any longer in such ill-fitting vestments as we provide.[13]

Die Sprache und die Erzählkonvention des edwardianischen Romans (Plot, Realitätsillusion, Komik, Tragik, usw.) taugen für Woolf bekanntlich nicht mehr, eben jene entfesselte Beweglichkeit, Chaotik und Fragmentarität des „Lebens“, d. h. des modernen Lebens, insonderheit „die dunklen Orte der Psychologie“, angemessen zu repräsentieren. Das „Leben“ läßt sich in seiner Unbestimmtheit per definitionem nicht bestimmen und fixieren; das Obskure und Unbestimmte muß folglich ein integraler Bestandteil der Semantik des modernen Textes sein. Wörter können nur eine ungefähre Ahnung „des Lebens“ vermitteln. Die Sprache des Körpers, zumal wortlose Stimmen (“Voices. Yes, voices. Wordless voices, ...”, “Kew Gardens”, 207) sagen ausdrucksstärker etwas über das „wahre“ Wesen des Lebens aus. Aber die Erzählerin verwickelt sich hier selbst in das Paradox der Sprache. Was die wortlosen Stimmen sagen, bedarf, um mitteilbar zu sein, wiederum der Versprachlichung und der Verbegrifflichung. Solch abstrakte Konzeptualisierung meidet der Text in der Regel geflissentlich. *Dennoch* weiß die Erzählerin am Ende, daß die Stimmen “depth of contentment”, “passion of desire” bei Erwachsenen, “freshness of surprise” bei Kindern anzeigen. Die Offenheit des Textes scheint doch deutlich begrenzt zu sein. Ist es falsch, in seinen Stimmen und Bewegungen letztlich einen Lobpreis vitaler Energie zu erblicken, die zwar schmerzhaft verstümmelt und eingeschränkt wird, letztlich aber triumphiert?

(c) Dieses *Wechselspiel von Offenheit und Geschlossenheit* hat aber, wie mir scheint, noch eine andere, gesellschaftlich vermittelte Dimension. Semantische Instabilität und Beweglichkeit ergibt sich nicht nur aus dem Postulat der Unkontrollierbarkeit und rationalen Unerfaßbarkeit dessen, was Woolf totalisierend ‘Leben’ nennt. Die Wendung “passion of desire” paßt in den Zusammenhang der Vitalitätsthematik und läßt den hermeneutischen Verdacht aufkommen, daß Erotisches in der Form symbolischer Indirektion den Text viel mehr durchdringt als es zunächst den Anschein hat. Meine Vermutung lautet also, daß die Frauenschriftstellerin Woolf eben auch deshalb semantische Unbestimmtheit, Suggestivität und Dunkelheit erzeugt, weil sie über Erotisches nur gebrochen, verstohlen und andeutend sprechen kann. Ein wesentliches Hilfsmittel solcher Verstellung wäre, wenn meine Annahme denn richtig ist, die private Symbolik. *Die aber ist, hat man einmal den Code erkannt, im Gegensatz zum semantisch entgrenzten Text durchaus entschlüsselbar.*

Zwei Beispiele mögen das Gesagte verdeutlichen. Da drei der vier Auftritte von Menschen am ovalen Blumenbeet teilweise massive erotische Anspielungen enthalten, wäre es verwunderlich, wenn dieses Leitmotiv beim Auftritt der beiden kleinbürgerlichen Damen gänzlich fehlte. Ich vermute, daß die Anspielung in diesem Falle so anstößig ist, daß sie einer symbolischen Camouflage bedarf. Erinnern wir uns: Im Angesicht der Blumen, die „kühl, fest und aufrecht in der (ovalen) Erde“ (205) stehen, zeigt sich die eine Dame plötzlich fasziniert. Sie ignoriert den Wort-

---

[12] Virginia Woolf, „Mr. Bennett and Mrs. Brown“, *Virginia Woolf: Collected Essays*, vol. I (London, 1966) 337.

[13] Woolf 1970, 68f.

schwall ihrer Begleiterin und schwenkt, während sie sich in den Anblick der Blumen vertieft, ihren Körper langsam vor und zurück. Die Erzählerin vergleicht ihr Erlebnis mit dem eines Schläfers (einer Schläferin?), der beim Aufwachen plötzlich einen das Licht reflektierenden Kerzenständer erblickt. Der Kerzenständer wird gleich drei Mal erwähnt. So auffällig sind die bildlichen Entsprechungen, daß die Vorstellungen Geschlechtsakt, Penis (Blumen, Kerzenständer) und vulva (ovale Erde) mir nicht völlig abwegig erscheinen. Eine Variante dieser Bildkombination findet sich nämlich auch beim Auftritt der beiden Liebenden. Diese stehen am Rande des Blumenbeetes und pressen gemeinsam – seine Hand ruht auf der ihren – den Damenschirm in die weiche Erde hinein. Die Erzählerin reflektiert die Bedeutung dieser Handlung ausdrücklich, wenn sie feststellt, mit ihr würden die Empfindungen der beiden auf merkwürdige Weise ("in a strange way", 206) ausgedrückt. Wenn man dann aber gegen Ende des Abschnitts liest, der junge Mann habe den Sonnenschirm mit einer ruckartigen Bewegung aus der Erde gezogen, erscheint zumindest demjenigen, der einmal Verdacht geschöpft hat, die gewählte Ausdruckshandlung keineswegs mehr merkwürdig, sondern durchaus sinnvoll.

Welches Fazit lassen die obigen Bewegungsanalysen im Blick auf die übergreifende Thematik von Mobilität und Moderne zu?

1) Die Bewegungen flanierender Parkbesucher sind ein Sujet, das die Erzählung oder besser Prosaskizze gezielt von der Ideologie des romantischen Wanderns abhebt und der Moderne zuordnet.

2) Durch die Ineinanderfügung gegensätzlicher Bewegungstypen – zielorientiert und ziellos, zukunfts- und vergangenheitsorientiert – wird dem Text eine strukturelle Reflexivität einkomponiert, die für modernes Erzählen charakteristisch ist.

3) Die Verknüpfung von Gegenwartserlebnis und Vergangenheitsassoziation kennzeichnet den modernen Erlebnisbegriff, der von einer Wechselwirkung zwischen Vergangenheit und Gegenwart ausgeht. Die Arena dieser ständigen Begegnung ist das subjektive Bewußtsein, zumal die Erinnerung.

4) Wirklichkeit existiert nur in der subjektiven Augenblickswahrnehmung des Subjekts. Sie besteht aus Impressionen, die sich wandelnden inneren und äußeren Wahrnehmungsbedingungen unterworfen sind. Eine absolut gültige Seinshierarchie gibt es nicht, nur Relationen und Perspektiven.

5) Semantische Dunkelheit ist eine Funktion semantischer Mobilität; die Beziehungen zwischen Zeichenkörper und Zeichenbedeutung, Bild und Bedeutung werden über das bislang bekannte Maß hinaus instabil und beweglich.

6) Diese semantische Verdunkelung ist zumindest auf zwei Ursachen zurückzuführen, eine gesellschaftliche und eine philosophische, denen *die Typen der semantischen Verschlüsselung und der semantischen Entgrenzung* entsprechen. Semantische Verschlüsselung im literarischen Text kann im Rahmen eines ästhetischen Gesellschaftsspiels als Ausweis von überlegenem *wit* dienen (vgl. Shakespeare, Donne, u.a.). Im vorliegenden Fall handelt es sich aber eher darum, durch symbolische Verschlüsselung ein gesellschaftliches Tabu, das für Frauen in erotischen Dingen länger wirksam war als für Männer, ungestraft zu brechen. Semantische Entgrenzung (die im Woolf-Text noch nicht sonderlich radikal ist) entwickelt sich zur ästhetischen Notwendigkeit in dem Augenblick, als der veränderte Lebens- und Wirklichkeitsbegriff durchsichtige und geschlos-

sene Ordnungsentwürfe nicht mehr erlaubt. In beiden Fällen wird dem Leser eine gesteigerte geistige Beweglichkeit abverlangt.

"The country swims with motion":
Poetische Eisenbahnfahrten in England[*]

Einleitung

Was die Erfindung der Eisenbahn für die wirtschaftliche und politische Geschichte Europas im 19. Jahrhundert bedeutete, ist von Historikern oft gesagt worden. Von dem raschen und zuverlässigen Verkehrsmittel gingen so zahlreiche Impulse aus, daß es als symbolisches Zeichen für die neue Zeit gewählt wurde. "Railway Times" lautet der Titel eines Gedichtes von Martin Tupper. Dem erhebenden und erhabenen Naturschauspiel der Niagara-Wasserfalle vergleichbar, ist für Tupper das Merkmal der neuen Zeit die unablässige, sich ständig beschleunigende Bewegung. So gewinnträchtig war die Anlage des neuen Verkehrssystems, daß selbst eingefleischte Gegner des 'fauchenden Monsters' wie Wordsworth es sich nicht nehmen ließen, ihr Geld in Eisenbahnaktien anzulegen.

Die ersten Eisenbahnen waren aufsehenerregende Neuigkeiten. Eisenbahneröffnungen pflegten riesige Menschenmassen anzuziehen. Verglichen mit den Ängsten und Hoffnungen, welche durch das Erscheinen der Eisenbahnen ausgelöst wurden, war die Landung auf dem Mond nur das fast gelassen registrierte Eintreffen einer allgemein akzeptierten Prognose. Mittlerweile ist die beschleunigte Modernisierung so die Regel, daß auch umwälzende Neuerungen kaum noch Überraschung auslösen. Diesem Sachverhalt entspricht der Befund, daß auch Poeten den wissenschaftlich-technologischen Bereich nicht mehr als existenzbedrohende Konkurrenz begreifen, der man mit angestrengten Ausgrenzungs- oder Anpassungshandlungen begegnet. Man hat sich, so scheint es, mit der Wissensdifferenzierung abgefunden und verwertet selbstbewußt, was genügend Konkretheit, Analogiefähigkeit und Suggestionskraft besitzt. Poesie will nicht (oder nicht mehr) Universalsprache in dem Sinne sein, daß sie sich anheischig machte, alle Wissensgebiete auf deren jeweiligem Sprach- und Erkenntnisniveau in sich aufzunehmen und zu integrieren. Die „poetische Assimilation industrieller Sachverhalte",[1] von Wordsworth unter

---

[*] Der Text wurde im Herbst 1985 als Antrittsvorlesung an der Universität Stuttgart und auf dem Anglistentag Paderborn vorgetragen. Während der Arbeit an dem Vortrag erschien Dirk Hoeges' anregende Studie *Alles veloziferisch. Die Eisenbahn – Vom schönen Ungeheuer zur Ästhetik der Geschwindigkeit* (Reinbach-Merzbach, CMZ-Verlag, 1985), die in eine ganz ähnliche Richtung argumentiert wie ich selbst. Da das englische Material bislang unaufgearbeitet ist und meine Darstellung wesentlich systematischer angelegt ist als die von Hoeges, mag sie als zusätzlicher Baustein für eine komparatistisch angelegte Geschichte und Ästhetik der Eisenbahnliteratur willkommen sein.

[1] Jeremy Warburg, ed., *The Industrial Muse* (London: Oxford Universitv Press, 1958) XXVIII: „the poetic assimilation of industrial things". Vgl. zu diesem Problem Hans Ulrich Seeber, „Der Ballonaufstieg als Spektakel und Metapher. Zur Assimilierung neuen Wissens in die englische Versdichtung des 19. Jahrhunderts." – In: Jürgen Link u. Wulf Wülfing, eds., *Bewegung und Stillstand in Metaphern und Mythen. Fallstudien zum Verhältnis von elementarem Wissen und Literatur im 19. Jahrhundert* (Stuttgart: Klett-Cotta, 1984) 165 ff.

dem Einfluß des Chemikers Humphrey Davy[2] um 1800 als Forderung aufgestellt und in den 50er Jahren von Dichtern wie Auden, Spender und Lewis wohl am weitesten vorangetrieben, scheint an ihre Grenzen gestoßen und in der poetologischen Diskussion sozusagen aufs Abstellgleis geschoben zu sein. Das Technische wird etwa in *The Penguin Book of Contemporary Verse*, wenn überhaupt, auf fast spielerische, preziöse Weise imaginativ eingemeindet. Hier ein Auszug aus Craige Raines "An Inquiry into Two Inches of Ivory":

> We live in the great indoors:
> the vacuum cleaner grazes
> its udder a swollen wobble [...]

> At night, the switches stare
> from every wall like flat-faced
> barn-owls, and light ripens

> the electric pear.
> Esse is percipi-Berkeley knew
> the gentle irony of objects, how
> they told amusing lies and drew laughter,
> if only we believed our eyes.[3]

Die subjektive Phantasie versöhnt in der überraschenden Analogie Natur und Technik – ein altes Verfahren, das auf die metaphorischen Identifizierungsakte der Eisenbahntexte des 19. Jahrhunderts zurückverweist, wo die fremdartige Lokomotive ja regelmäßig als eisernes Pferd oder als Dampfroß zur Sprache kommt. Aber hier geht es nicht lediglich um die Erläuterung des Fremdartigen durch seine Verkoppelung mit vertrauten Vorstellungen, denn wir können nicht mit Bestimmtheit sagen, ob nun die euterschwere Kuh den Staubsauger witzig illuminiert oder umgekehrt. Das schöpferische Auge – so lautet wohl die Pointe des Textes – schafft sich seine eigene Kunstwelt, seine eigene Fiktion, seine eigene Spielwelt. Und insofern, könnte man fortfahren, ähnelt seine Tätigkeit derjenigen der wissenschaftlichen Phantasie, die nur plausible Hypothesen aufstellt, aber nicht mit dem Anspruch auftritt, Aussagen über die Wirklichkeit zu machen.

Der kleine Ausflug in die zeitgenössische Lyrik sollte u. a. verdeutlichen, daß es sowohl eine Darstellungs- und Problemkontinuität als auch Wandlungen bei der poetischen Behandlung technischer Sachverhalte gibt. Ich skizziere im folgenden zunächst, ohne Anspruch auf Vollständigkeit zu erheben, das Verhältnis von Poesie und Technik unter dem Gesichtspunkt, welche Verfahren und Vorgänge die Poesie benutzt oder voraussetzt, um das Neuartige einzugemeinden. Das kann nur als knapper Überblick geschehen. Und schon gar nicht können wir auf jene Formen des Hereinlachens eingehen, wie wir sie aus dem Lied von der schwäbischen Eisenbahn kennen. Vergleichbares, wenn auch nicht ganz so Überzeugendes, bietet auch die populäre Kultur Englands: das Unglück als komische Zugnummer. Captain Coshers

---

[2] Zum Verhältnis zwischen Wordsworth und dem berühmten Chemiker Humphrey Davy cf. Roger Sharrock, „The Chemist and the Poet: Sir Humphrey Davy and the Preface to the Lyrical Ballads", in: *Notes and Records of the Royal Society of London*, vol. 17, No. 1 (May 1962), repr. 1964.
[3] Blake Morrison and Andrew Motion, eds., *The Penguin Book of Contemporary British Poetry* (Harmondsworth: Penguin, 1982) 170.

Mißgeschick, mit seinem Wagen im unfertigen Eisenbahntunnel steckenzubleiben, beflügelte die sexuelle Phantasie der Volksdichter. – In einem zweiten Schritt frage ich dann umgekehrt danach, welche poetisch-strukturellen Impulse und Neuerungen möglicherweise von der neuen Technik und den durch sie bekräftigten, vielleicht sogar ausgelösten Wahrnehmungsänderungen ausgingen.

Formen der poetischen 'Eingemeindung' der Eisenbahn

Zunächst ist natürlich daran zu erinnern, daß die großen englischen Dichter des 19. Jahrhunderts sich einer poetischen Eingemeindung der Eisenbahn widersetzten. Man beklagt die Entheroisierung und Entpoetisierung der Welt durch Großstadt und Dampfroß. William Morris berichtet über eine Eisenbahnreise nach Rouen:

> We had to [...] go to Rouen by a nasty, brimstone, noisy, shrieking railway train that cares not twopence for hill or valley, poplar tree or lime tree, corn poppy, or blue cornflower [. . .] that cares not twopence either for tower, or spire, or apse, or dome, [.. .] verily railways are ABOMINATIONS.[4]

Morris empfindet die Ankunft der kreischenden Eisenbahn in der stillen Schönheit der Natur als Mißton, als Einbruch der Scheußlichkeit, den er mit literarischen Fluchtbewegungen beantwortet. Morris' 'vorindustrielles Bewußtsein' vermißt offenbar ein Band der Sympathie zwischen technischem Apparat und Natur, einen organischen Bezug. Obwohl Wordsworth die Möglichkeit einer Versöhnung von Technik und Natur im Gedicht "Steamboats, Viaducts, and Railways" nicht prinzipiell ausschließt, sieht auch er das Ende des "old poetic feeling" durch die neuen Fortbewegungsmittel: "motion and means. on land and sea at war / With old poetic feeling [. . .]."[5]

Die literarische Eingemeindung der Morris'schen "abominations" ist mittlerweile selbst schon Geschichte. Dabei brauchte die Bahn nicht erst Patina anzusetzen, um für die Literatur interessant zu werden. Eine ganze Reihe bemerkenswerter Gedichte, Reiseberichte und Erzählungen über Eisenbahnen stammt schon aus dem 19. Jahrhundert. Für John Mackail liegt etwa die Poesie der soeben erfundenen Eisenbahn in dem utopischen Versprechen einer befreiten und befriedeten Menschheit. Was Raum und Zeit besiegt, überwindet auch – so die stillschweigende Annahme der Optimisten – die durch räumliche und zeitliche Trennung hervorgerufene Fremdheit zwischen den Menschen:

> »No poetry in Railways!« Foolish thought
> Of a dull brain, to no fine music wrought
> [...]
> Lay down your rails, ye nations, near and far –
> Yoke your full train to Steam's triumphal car;
> Link town to town; unite in iron bands
> The long-estranged and oft-embattled lands

---

[4] Zit. nach Ludovic Kennedy, ed., *A Book of Railway Journeys* (Bungay: Fontana, 1985) 75.
[5] William Wordsworth, „Steamboats, Viaducts, and Railways", in: Philip Wayne, ed., *Wordworth's Poems*, vol. 2, rev. ed. (London: Dent, 1955) 317.

[...]
Blessings on Science, and her handmaid Steam!
They make Utopia only half a dream;[6]

Der soziale und moralische Zweck des neuen Transportmittels begründet hier also seine Poesiewürdigkeit. Zunehmend genügt aber auch das bloße Erlebnis desselben als Anlaß für poetische Gestaltungsversuche. In beiden Fällen werden dabei nicht zuletzt dichterische Verfahren genutzt, um die Fremdheit des technischen Gegenstandes abzubauen und ihn in die Lebenswelt einzufügen, wie umgekehrt die Anschaulichkeit und große lebenspraktische Bedeutung des neuen Verkehrsmittels es rasch zum beliebten Motiv und Bildspender für Lyriker und Romanciers werden ließen.

1. Schon die Praktiker belegen den Gegenstand ihrer Zuwendung und Leidenschaft mit poetischen Namen. "Prince Albert", "Albion", "Mersey", "Belted Will", "Saddleback" wurden die auf dem Streckennetz der "London and Northwestern Railway" eingesetzten Lokomotiven 1845 genannt. Noch mehr poetische Sensibilität ließen die Namengeber bei der Taufe der Maschinen für die "Great Western"-Linie walten: "Flying Dutchman", "White Horse", "Westward Ho!", "Lorna Doone".[7] Die allerersten Loks der Great Western wurden gar mit den Namen der homerischen Helden („Achilles" etc.) bedacht, was umgekehrt Bewunderern der Great Western wie T. Baker in seinem umfangreichen Dampfepos "The Steam-Engine" oder "The Power of Flame, an Original Poem, in Ten Cantos" (1857) folgende Verse entlockte:

> Triumphant was the burst of rapt'rous joy
> That hail'd our Hero's young victorious boy.
> The great opponent of both time and space,
> Brave young Achilles, chief of all his race,
> When in the pride of his paternal strength,
> With splendid train of more than civic length
> He first by Thames in all his pomp was seen.[8]

2. Eingemeindung durch Personifizierung und Mythisierung ist auch, wie schon aus den erbärmlichen heroic couplets von Herrn Baker hervorgeht, das Rezept der Literaten. Typisch für frühe Texte sind auf den Gegenstand gerichtete poetische Definitionsversuche mit Hilfe eingängiger, dem menschlichen Körper, der Natur oder dem Mythos entnommener Analogien. Hier ein Auszug aus Bungays Gedicht "The Locomotive" (1877):

> With lungs of fire and ribs of steel,
> With shrieking valve and groaning wheel,
> With startling scream and giant stroke,
> Swift showers of sparks and clouds of smoke,
> The iron horse the train is bringing,
> So look while the bell is ringing.[9]

---

[6] John Mackey, „Railways", in: *The Poetical Works, Chanders Classics* (London: Warre n. d., ca. 1876) 214 f.
[7] Angaben nach O. S. Nook, *The Railways of Britain* (London: Batsford, 1962) 198.
[8] Zit. nach D. B. Wyndham Lewis and Charles Lee, eds., *The Stuffed Owl: An Anthology of Bad Verse* (London: Dent, 1965) 194.

Bungays metaphorische Verquickung des Natürlichen mit dem Künstlichen, des Organischen mit dem Maschinellen ("ribs of steel", "shrieking valve", "iron horse") ist nach den Befunden von Dolf Sternberger zugleich als Merkmal eines für das 19. Jahrhundert typischen allegorischen Denkstils zu werten. Landschaft, technischer Apparat und Metaphorik der Zeit zeigen nämlich nicht die Entzweiung von Natürlichem und Künstlichem, sondern deren – in der Kunst gezielt gesuchte – Verkoppelung.

Ob nun Naturanalogien die Eisenbahn als Gegenstand definieren oder umgekehrt die Eisenbahn als Bildspender andere Sachverhalte wie die Fortschrittsidee, den Weg des Menschen zu Gott oder die Klassengesellschaft veranschaulicht: In beiden Fällen handelt es sich um grundsätzlich mögliche, also nicht epochenspezifische Verfahren, derer sich auch Spender in "The Express" bedient. In der Regel treten beide kombiniert auf. Das gilt beispielsweise für die enthusiastischen Fortschritts- und Eisenbahngedichte des schottischen Streckenarbeiters und Dichters Alexander Anderson (1845–1909), die im 19. Jahrhundert einiges Aufsehen erregten. Der Autodidakt besang das neue Transportmittel emphatisch. In der Zeitung "Labour News" konnte man lesen: "If there is a poet living who can sing of the throbbing impulses of this inquiring age, and who is likely to chant a paean over our victories as displayed in the triumphs of science in this eventful era of the world's history, that poet is 'Surfaceman'."[10] An Andersons Gedichten ist die Tendenz der Bemühung aufschlußreicher als die dichterische Leistung: Fortschritt und Eisenbahn verhalten sich in seinen Eisenbahngedichten wie Bildempfänger und Bildspender. Der selbsternannte dichterische Prophet der zivilisatorischen Aufwärtsentwicklung setzt Tempo und Dynamik des 'railway age' in einen poetisch-rhetorischen Wasserfall aus Bewegungsverben, Naturvergleichen und mythischen Anspielungen um. Kraft und unerschöpfliche Energie der Titanen sind, gemäß der impliziten Geschichtstheorie des Verfassers, auf die vom Menschen geschaffenen Maschinen übergegangen. Aber die Personifikationen seiner mythisierenden Rede verwandeln den Apparat in einen rastlos arbeitenden und sich bewegenden Riesen zurück, einen Übermenschen, ein Geschöpf vorwissenschaftlicher Phantasie, dessen dämonisches Zerstörungspotential nie völlig aus dem Blickfeld gerät ("this smoke demon" in "Song of the Engine").

> The Engine
>   On fire-horses and wind-horses we career. – Carlyle.
> Hurrah! for the mighty engine,
>   As he hounds along his track:
> Hurrah! for the life that is in him,
>   And his breath so thick and black;
> And hurrah for our fellows, who in their need
>   Could fashion a thing like him –
> With a heart of fire, and a soul of steel,
>   And a Samson in every limb.[11]

---

[9] Zit. nach Kenneth Hopkins, ed., *The Poetry of Railways: An Anthology* (London: Frewin, 1966) 118.

[10] Abgedruckt in: Alexander Anderson, *Ballads and Sonnets* (London: Macmillan 1879). Eisenbahngedichte enthält vor allem der Band *Songs of the Rail* (London: Simpkin, Marshall 1878).

[11] Alexander Anderson, „The Engine", in: *A Song of Labour and Other Poems* (Dundee: Printed at the Advertiser Office, 1875) 68 (erste Strophe).

Die Eisenbahn erweist sich in den enthusiastischen Texten von Anderson als veritabler Götterwagen, der Feuer und Dampf ausspeit:

> And swift as thoughts fling arches over space
>> In some worn giant's dream,
> He rushes, crown'd with flame, upon his race.
>> The God of fire and steam![12]

Ohne Frage geht es bei den ständigen Anspielungen auf antike Mythen um die Zurschaustellung von Bildungswissen. Entscheidender ist aber deren Funktion, die Dynamik der ungewohnten Technologien und Systeme vertrauten und prestigereichen Vorstellungsschemata zuzuordnen, um den Assimilationsvorgang gezielt voranzutreiben und zu rechtfertigen. Andersons viktorianische Rhetorik heroisiert und mythisiert den Gegenstand. Von Ausnahmen abgesehen, steht in England die ins 20. Jahrhundert führende Entwicklung der poetischen Assimilation der Eisenbahn allerdings mehr im Zeichen von Kategorien wie 'Vergeschichtlichung', 'Familiarisierung' und 'Subjektivierung'.

3. Schon um 1900 begreift man die Eisenbahn als Symbol einer Epoche, die unwiderruflich ihrem Ende entgegengehe. In John Davidsons "The Testament of Sir Simon Simplex concerning Automobilism" geschieht dies aus ironischer Distanz. Für den Snob Sir Simon Simplexist die Eisenbahn der vollkommenste Ausdruck der nivellierenden demokratisch-sozialistischen Tendenzen des 19. Jahrhunderts. Das Automobil als technische Neuheit und neues Symbol läute die Moderne ein – ein Zeitalter der individualistischen Eliten. Da das Automobil dem Willen des Individuums gehorche, sei es der Tyrannei des Eisenbahnfahrens überlegen:

> For 'twas the freedom of the motor-car That showed how tyrannous the railways are [...].[13]

Das Leben als Eisenbahnreise bedeutete nämlich, im gleichen Zug wie die Masse zu sitzen und ohne Möglichkeit des Eingreifens den Bedingungen des Apparats unterworfen zu sein. Eine solche Vorstellung ist nicht nur dem Sprecher des Gedichts, sondern wohl auch dem Elitedenken des modernistischen Kulturkritikers unsympathisch:

> Class, mass and mob for fifty years and more
>
> Had all to travel in the jangling roar
> Of railways, the nomadic caravan
> That stifled individual mind in man,
> Till automobilism arose at last![14]

4. Der vertraute Umgang mit der Eisenbahn macht angestrengte Identifizierungsakte bald überflüssig. Schon in Edward Thomas' berühmten Gedicht "Adlestrop" ist dieser Prozeß der Familiarisierung soweit abgeschlossen, daß die Eisenbahn nicht mehr, wie noch in Morris' Reisebericht, als störender Fremdkörper, sondern eher als ergänzender Bestandteil der Naturidylle aufgefaßt werden soll. Noch weiter geht

---

[12] Aus Andersons „Songs of the Rail" (1878): „To my Readers", 68–71.
[13] John Davidson, „The Testament of Sir Simon Simplex concerning Automobilism", zit. nach Hopkins 1966, 98 ff.
[14] Ebd.

ein Text wie MacNeices "Trains in the Distance",[15] wo die Eisenbahn ausdrücklich zum wichtigsten Teilstück der kindlichen Idylle erklärt wird. Regelmäßige Wiederkehr und vertraute Geräusche der in einiger Entfernung vorüberfahrenden Eisenbahn tragen erheblich zur psychischen Stabilisierung des Kindes bei: "it brought us assurance and comfort." Züge fädeln sich sanft in die „dahindösende Kindheit" des Sprechers ein und werden mit so viel Sympathie betrachtet, daß die kindliche Phantasie in den von der Lokomotive ausgestoßenen Rauchwölkchen „Segelschiffe in voller Takelung" erblickt. MacNeices Metaphern erläutern also nicht die Fremdheit einer technischen Erfindung. Sie versprachlichen vielmehr das subjektive Erleben und Wahrnehmen des Kindes. Dessen Erlebens- und Verstehenshorizont wird in das maschinelle Ensemble restlos eingefügt.

5. Hand in Hand mit dieser lebensweltlich und poetisch vorangetriebenen Eingemeindung verläuft der Vorgang der Partialisierung und Subjektivierung. In modernen Texten wird die Eisenbahn von den Bewußtseinsinhalten und Interessen des lyrischen Subjekts gleichsam verschluckt. Sie verliert in der Regel ihre beherrschende Stellung als strukturbestimmendes Konzept und lebt gerade in den ästhetisch gelungeneren Gedichten als Teilmotiv, narrativer Rahmen oder Bildspender weiter. In "Adlestrop" stehen Erinnerungen und visionäres Erlebnis des Dichters im Mittelpunkt, in "Not Adlestrop"[16] die Frage der Kontaktaufnahme zwischen Mann und Frau.

Diese Verschiebung des Darstellungsschwerpunktes vom Objekt auf das Subjekt und seine besondere Anschauungsform verändert Bedeutung und Funktion gängiger Eisenbahnmotive auf einschneidende Weise. In V. Woolfs "prose poem" (V. Woolf) "The Waves" werden beispielsweise sechs Eisenbahnfahrten jeweils so gestaltet, daß sie als Zeichen für die unterschiedlichen Neigungen, Interessen und damit korrespondierenden Wirklichkeitsbilder von sechs völlig verschiedenen Charakteren gelesen werden müssen.[17] Die Reisenden registrieren nicht bloß die Eindrücke der Außenwelt, sondern schaffen durch ihr Verhalten und ihre jeweilige Wahrnehmung gänzlich verschiedene Ansichten der Realität. Die sinnliche Großstädterin Jinny etwa ist im Einklang mit ihrem unruhigen, dynamischen Wesen nur auf die Geschwindigkeit des Zuges und Männerkontakte fixiert. Selbst beim Blick aus dem Abteilfenster nimmt Jinny nur Männliches wahr. Bei den anderen Charakteren spielt das im 19. Jahrhundert so dominierende Motiv der Geschwindigkeit keine Rolle. Indem Jinny die Geschwindigkeit und die Verflüchtigung der Wahrnehmung als auszeichnende Besonderheit ihrer Sehweise erkennen läßt, bestätigt sie im Umgang mit der Eisenbahn ihre großstädtischen Wahrnehmungsgewohnheiten. Was vormals Teil einer objektiven Gegebenheit von faszinierender Neuigkeit war, für die man angestrengt nach sprachlichen Bezeichnungen suchte, erweist sich jetzt als Zeichen eines ganz persönlichen Horizontes, der die Wirklichkeit strukturiert und den Außenraum in einen subjektiv gestimmten Innenraum verwandelt.

Indem die Eisenbahn durch die Subjektivierung ihre Eigenständigkeit als Raumkomponente verliert, nimmt sie die Funktion eines Stimmungs-, Bedeutungs- und

---

[15] Louis MacNeice, „Trains in the Distances", in: E. R. Dodds, ed., *The Collected Poems of Louis MacNeice* (London: Faber & Faber, 1966).

[16] Dennie Abse, „Not Adlestrop", in: *Penguin Poets 26: Abse, Enright, Longley* (Harmondsworth: Penguin, 1975) 55.

[17] Virginia Woolf, *The Waves* (Harmondsworth: Granada, 1977) 41 ff.

Ausdrucksmediums an. Solche Ablösung von der Pflicht, solide Gegenständlichkeit realistisch zu repräsentieren, macht sie aber zumindest im Ansatz für freie Kombinationen und Konstruktionen verfügbar. Daraus folgt, daß es eine Übergangszone zwischen impressionistischer und expressionistischer Darstellungsform geben muß. Hierzu ein Beispiel. Im gleichen Jahr wie Pounds Metro-Gedicht erschien D. H. Lawrences Roman *The Trespasser* die Geschichte eines Ehebruchs, der mit dem Selbstmord des Protagonisten endet. In einer entscheidenden Phase der Beziehungen zwischen Siegmund und Helena donnert ohne Vorankündigung eine mit impressionistischer Sinnlichkeit evozierte Eisenbahn auf die am Rande des Bahnsteigs wartenden Liebenden zu und verschwindet schließlich im Dunkel der Nacht. Die zahlreichen Warnleuchten schimmern rot und grün wie der funkelnde Regen einer explodierten Leuchtrakete: "farther off, like spangles shaking downwards from a burst sky-rocket, was a tangle of brilliant red and green signal-lamps settling. A train with the warm flare on its thick column of smoke came thundering upon the lovers."[18]

Was hier plötzlich auf Siegmund zudonnert und ihn benommen macht, ist der – anschließend im Dialog konzeptualisierte – Moment der Einsicht in seine wahre Situation und die symbolische Vorwegnahme des Endes. Das impressionistische Bild ist voll ausgeführt und erschöpft sich doch nicht im Abtasten von Oberflächenreizen für den Gesichts-, Gehör- und den Tastsinn. Vielmehr schlägt der impressionistische Moment des kairos, wo das Subjekt in den vorüberhuschenden Eindrücken eines Augenblicks der Wahrheit, seiner Wahrheit, ansichtig wird, dialektisch in die expressionistische Wesensschau um. Sinnliches und Seelisches verschränken sich im visionären Bild, ohne daß eine klare Scheidung zwischen Subjekt und Objekt noch möglich wäre.

Ästhetik der Geschwindigkeit

In dem Maße, wie die Eisenbahn als metaphorisches Interpretationsmodell und als subjektiver Bewußtseinsinhalt Verwendung findet, ist ihre poetische Eingemeindung vollzogen und abgeschlossen. Als wahrnehmungspsychologische Voraussetzung dieser Poetisierung ist leichte Anschließbarkeit an vertraute Vorstellungsmuster zu nennen.

Sehr viel schwieriger ist die Frage zu beantworten, welche ästhetischen Impulse von der neuen Technik auf die Dichtung und Literatur ausgingen: Unbestritten ist ja die Wirkung von Kamera und Film. Für die Eisenbahn ist zunächst von dem auch im Hinblick auf eine Kulturtypologie des 19. Jahrhunderts höchst aufschlußreichen Befund auszugehen, daß die hohe Lyrik des 19. Jahrhunderts vor allem die ästhetische Dimension der neuen Erfahrung fasziniert, während die populäre Kultur diesen Aspekt so gut wie ganz ausklammert. Im 19. Jahrhundert ist in der Versdichtung im weitesten Sinne der Blickpunkt, von dem aus die Eisenbahn zur Sprache kommt, also entweder pragmatisch oder ästhetisch. Populäre Kultur, der die 'broadsides' und Music Hall-Schlager entstammen, bevorzugt in der Regel eine pragmatische, oft komisch verzerrende Einstellung, die nach den praktischen Vorzügen und Nachtei-

---

[18] D.H. Lawrence, *The Trespasser* (1912; London: Heinemann, 1965) 150.

len des neuen Transportmittels fragt. Unsentimentaler Lobpreis überwiegt. Sofern in Kunstdichtung nicht ein moralisch oder kulturkritisch getöntes Lamento über den Verlust der Muße, der organischen Einheit des Lebens oder über die überhandnehmende Häßlichkeit und Profitgier angestimmt wird, erkundet sie die Eisenbahn, insbesondere die Eisenbahnreise, als Quelle neuartiger ästhetischer Reize für den Wahrnehmenden. Die Straßenballaden betonen dagegen das Spektakel und die ökonomischen Fortschritt verheißenden Vorzüge des rascheren und billigeren Transportmittels. Die berauschende Erfahrung der Geschwindigkeit als Erlebnis eines Subjekts kommt ihnen indes nicht in den Blick. Die Geschwindigkeit ist für sie nicht ästhetischer Selbstzweck, sondern Mittel zum Zweck.

"Manchester's Improving Daily"[19] preist etwa aus der Perspektive des Einheimischen, der den Fremdenführer spielt und sozusagen das Lager der Fortschrittsfreunde vertritt, Errungenschaften und Dynamik der neuen Entwicklungen. Die Zeit ist der neue Gott, der in rascher Folge immer neue Fortschritte hervorbringt:

> Thus at improvement on we go,
> We're ever trying at invention;

Die von der Uhr beherrschte neue Zeit ist als linearer Verlauf konzipiert, der ständig utopische Antizipationen ("schemes", "fancy's dreams") in greifbare Realitäten verwandelt, in bessere Straßen z. B. und schnellere Beförderungsmittel (Eisenbahnen statt Kutschen, Strophe 5 u. 7). Die Auflösung organisch-zyklischer Statik in die atemlose Hast einer grenzenlosen Bewegung wird in dem Text ohne Bedauern als großartige Leistung gefeiert: "We've found the true perpetual motion." Nach der Erfindung der Eisenbahn kann die Zukunft nur Verbesserungen bringen:

> Steam coaches soon will run from here
> To Liverpool and other places;
> And their quicker rate and cheaper fare
> Will make some folks pull curious faces:

Im Gegensatz zu solchen gereimten Erfolgsmeldungen tasten sich die Kunstdichter in die Richtung einer neuen Ästhetik der Geschwindigkeit vor. Seine für die damaligen Verhältnisse unerhörte Geschwindigkeit ist nämlich das ästhetische Faszinosum des neuen Verkehrsmittels.[20] Das Verhältnis von Mensch und Natur, bisher geprägt von Kontinuität, Beschaulichkeit und vertrauter Nähe, löst sich etwa beim Blick aus dem Wagenfenster in eine Folge diskontinuierlicher, rasch wechselnder Augenblickseindrücke auf. Hatten schon die ungeheure Vielfalt der neu entstandenen Großstadt und die raschen politischen, technischen und ökonomischen Veränderungen eine allgemeine Dynamisierung des Lebensgefühls ausgelöst, dann kulminiert diese Erfahrung gleichsam handgreiflich im Erlebnis der rasenden Eisenbahnfahrt. Die Maler der impressionistischen Schule ändern nicht zuletzt unter dem Druck der Bewegungserfahrung den bislang gültigen Malstil. An die Stelle exakter Umrisse und Körper rücken schillernde, unruhige Farbflächen, die aufgrund

---

[19] In: Martha Vicinus, *The Industrial Muse: A Study of Nineteenth Century Working-Class Literature* (London: Crown Helm, 1974) 295–97.

[20] Geschwindigkeit ist natürlich ein relativer Begriff. Ob schon die mit dem verbesserten Postkutschenservice gemachten Reiseerfahrungen ähnliche Texte provozierten wie die Eisenbahn, müßte für den englischen Bereich noch untersucht werden. Für die deutsche Situation vgl. Klaus Beyrer, *Die Postkutschenreise* (Tübingen: Univ. Diss., 1985).

ihres skizzenhaften Charakters Landschaften und Personen nicht mehr sorgfältig abbilden und mit historischer Tiefe versehen, sondern sie nur noch andeuten. Es entsteht eine Welt, die nicht mehr solide, betastbar und verfügbar vor den Beschauer tritt, sondern ihn mit Farb- und Lichteffekten überflutet. Die Wahrheit wohnt nicht mehr in der zeitlosen Idee, die formvollendet zur sinnlichen Erscheinung gebracht werden muß, sondern in der flüchtigen Impression, die unter veränderten Licht- und Stimmungsbedingungen sofort von einer anderen abgelöst wird. Wolfgang Drost bemerkt dazu:

> Die Verneinung der Statik – und damit verbunden der platonischen Ideen, die Zuwendung zum Temporären und Akzidentiellen, brachte eine Poesie des Augenblicks in den Bildern der Impressionisten hervor, die Schilderung heiterer Landschaften und die Eindrücke der Großstadt mit dem Gewoge der Menschenmassen, wie sie Renoir und Monet <u>in</u> den Straßenbildern der frühen siebziger Jahre gestalteten.[21]

Diese epochalen Tendenzen verändern auch den philosophischen Wirklichkeitsbegriff fundamental. Seit der Jahrhundertwende zogen die Lebensphilosophen aus der Erfahrung der Dynamik der modernen Gesellschaft den Schluß, daß die der Interpretation von Wirklichkeit angemessenen Kategorien nicht Platons zeitlosem Ideenhimmel oder Kants apriorischen Begriffen entnommen werden dürfen, sondern dem geschichtlichen Leben selbst. Von nun an wird auch in der Philosophie das Begriffssystem radikal verzeitlicht. Leben bedeutet jetzt ständiger Wandel, eine Manifestation von Energie *und* Kraft, eine Sequenz von ständig sich ändernden Augenblickseindrücken, die in der Erinnerungsarbeit des erlebenden Subjekts nach ihrer Bedeutung ausgewählt und zu einem Muster verbunden werden. Dabei soll der Erlebnis-Begriff die alte erkenntnistheoretische Dichotomie zwischen Subjekt und Objekt aufheben. Vor jeder Abstraktion ist der Mensch nämlich im Erleben mit der gesellschaftlichen und natürlichen Umwelt verbunden, und zwar auf eine Weise, in der Anschauung, Wertung und Zwecksetzung von vornherein aufeinander bezogen sind.

Vor diesem Hintergrund läßt sich vielleicht folgende Hypothese wagen: Der Blick aus dem Eisenbahnfenster fördert, ja erzeugt eine Struktur des poetischen Sehens, die in wesentlichen Zügen dem impressionistischen Weltzugriff der Maler entspricht. In beiden Fällen zielt die Kunstpraxis auf eine Ästhetik der Bewegung ab – und es spricht manches dafür, daß die Erfahrung der Eisenbahn in dieser Entwicklung einen wichtigen Impuls darstellte. Welche Folgen hat der Blick aus dem Eisenbahnfenster für die Sprachkunst? Zunächst:

Folgen stellen sich nicht zwangsläufig ein. Es besteht immer die Möglichkeit, an bisherigen Wahrnehmungsgewohnheiten festzuhalten oder das Gesehene Regeln der Darstellung zu unterwerfen, die nichts mit dem Charakter der Erfahrung zu tun haben. Im 19. Jahrhundert erschweren die realistische und die naturalistische Poetik solche freie Verfügbarkeit über lebensweltliche Situationen allerdings erheblich. Wenn aber die Illusion realer Reiseerfahrung hergestellt werden soll und muß, dann kann Landschaft auch nicht mehr den Darstellungsgepflogenheiten romantischer

---

[21] Wolfgang Drost, „'L'instantanéité'. Schönheit, Augenblick und Bewegung in der Malerei von David bis Duchamp und in der frühen Photographie", in: Christian W. Thomson u. Hans Holländer, eds., *Augenblick und Zeitpunkt: Studien zur Zeitstruktur und Zeitmetaphorik in Kunst und Wissenschaften* (Darmstadt: Wiss. Buchgesellschaft, 1984) 560.

Dichtung unterworfen werden. Nicht die einzelne Blume und ihre emblematische Bedeutung für das gemächlich beobachtende und meditierende Dichter-Ich ist dann die verbindliche Darstellungsfigur, sondern eine rasche Folge von Bildern, die am wahrnehmenden Subjekt vorüberfliegen. Der Beobachter ist ihnen in gleicher Weise ausgeliefert wie der Filmzuschauer: Die vom Subjekt nicht kontrollierbare Bewegung, sei es des Beobachterstandpunktes, wie in der Eisenbahn, oder der auf Zelluloid festgehaltenen Bildsequenz wie im Film, schafft eine im Prinzip gänzlich unorganische Dynamik.[22] Die Logik des Blickes aus dem fahrenden Abteilfenster, sofern dieser sich auf den Vordergrund konzentriert, gebietet es, organische Einheiten und ästhetische oder moralische Hierarchien in eine Reihe von zufälligen, fragmentarischen und unterschiedlichen Augenblickseindrücken aufzulösen. Er wirkt entgrenzend: "The country swims with motion" heißt es in dem poetischen Reisebericht "A Trip to Paris and Belgium"[23] des Maler-Dichters Rossetti. Die Konturen lösen sich auf, Kontinuität wird von der Diskontinuität plötzlich auftretender und verschwindender Realitätsausschnitte zerstört, Fragmente ersetzen die organische Ganzheit; Argumentation, Erzählung und begriffliche Hierarchie weichen zumindest tendenziell der Reihung disparater, fragmentarischer Momenteindrücke.

Diese auf die Moderne vorausweisende ästhetische Logik des Blicks aus dem Eisenbahnfenster wird von der poetischen Praxis der Rossetti, Stevenson, Henley, Symons und Davidson allerdings nur ganz ansatzweise eingelöst, weil sie das Neue zwar begrifflich genau zu erfassen wissen, in der lyrischen Präsentation aber immer noch um Ordnung und Zusammenhang mit Hilfe von Adverbien ("here", "there", "sometimes"), Konjunktionen ("and", "and") und rationalen Satzkonstruktionen bemüht sind. Der strukturell naheliegende Schritt zur übergangslosen Überblendung, Reihung und Montage wird noch nicht getan, weil man zu sehr mimetischen Prinzipien verhaftet bleibt und die Zerreißung des organischen Zusammenhangs nicht als Voraussetzung für die Bildung autonomer Konstruktionen, Bildfolgen und Diskurssequenzen versteht. Noch präziser gesagt: weil man sich noch nicht am Vorbild der industriellen Fertigung und wissenschaftlicher Konstruktionsverfahren ausrichtet, die beide den Orientierungsrahmen der sinnlich erfahrbaren organischen Natur entschieden hinter sich lassen.

Hier ein Auszug aus Rossetti:

> Brick walls we pass between, passed so at once
> That for the suddenness I cannot know
> Or what, or where begun, or where at end.
> Sometimes a Station in gray quiet;[24]

Rossetti sieht sich noch genötigt, die Plötzlichkeit des Augenblickseindrucks und den damit einhergehenden Mangel an raumzeitlicher Orientierung in eine kausale

---

[22] Dies muß natürlich differenziert werden. Obwohl Bewegung in beiden Fällen die Wahrnehmung bestimmt, erzeugt im Film die Aufeinanderfolge von 25 Bildern pro Sekunde für das menschliche Auge gerade die Illusion natürlicher Bewegung. Der Blick aus dem Eisenbahnfenster erinnert deshalb mehr an die ruckartige Bewegungsform früher Filme oder an filmische Bildsequenzen, die mit raschen Schnittfolgen arbeiten.

[23] William M. Rossetti, ed., *The Works of Dante Gabriel Rossetti* (Hildesheim: Olms, 1972) 176–188, hier 186.

[24] Ebd., 177. Zur Plötzlichkeit vgl. Karl Heinz Bohrer, *Plötzlichkeit: Zum Augenblick des ästhetischen Scheins* (Frankfurt a. M.: Suhrkamp, 1981).

Abfolge zu bringen. Dasselbe gilt für die Art und Weise, wie die durch die Bewegung des Beobachterstandpunktes bedingte Entgrenzung und Verflüchtigung des Vordergrundes dem Leser vermittelt wird:

> We are upon the Scheldt. We know we move
> Because there is a floating at our eyes
> Whatso they seek; and because all the things
> Which on our outset were distinct and large
> Are smaller and much weaker and quite grey.
> And at last gone from us. No motion else.
> We are upon the road. The thin swift moon
> Runs with the running clouds that are the sky.
> And with the running water runs – at whiles
> Weak 'neath the film and heavy growth of reeds.
> The country swims with motion. Time itself
> Is consciously beside us, and perceived.
> Our speed is such the sparks our engine leaves
> Are burning after the whole train has passed.[25]

Der Ästhet Henley beschränkt sich in "We flash across the level" immerhin schon auf die bloße Feststellung und Reibung sich jagender Moment- und Gegenwartseindrücke – und zwar ohne das Korsett eines Prädikats:

> A rush of streaming hedges,
> Of jostling lights and shadows,
> Of hurtling, hurrying stations,
> Of racing woods and meadows.[26]

Bewegung und Entgrenzung als kennzeichnende Momente der neuen Wahrnehmung finden den ihnen gemäßen Ausdruck in der Wassermetaphorik, die auch bei der Beschreibung der Großstadt in der Literatur des 19. Jahrhunderts immer wieder Verwendung findet. Der Blick aus dem fahrenden Zug setzt die Landschaft selbst in Bewegung ("racing woods and meadows" etc.), verwandelt sie in eine rasche Folge von Szenen und Bildern, die bei genügender Distanz einen Überblick gewährt. Wolfgang Schivelbusch hat in diesem Zusammenhang im Anschluß an Dolf Sternberger von panoramischem Sehen gesprochen,[27] aber es ist, zumindest was den Vordergrund betrifft, ebensogut ein impressionistisches. In Turners Meisterwerk "Rain, Steam and Speeds", das bei den französischen Impressionisten den größten Eindruck hinterläßt, verschwimmen die dahinrasende Eisenbahn, ihr Dampf und die regenverhangene Gewitterlandschaft zu einer höchst wirkungsvollen Gesamtvision aus Licht- und Dunkeleffekten, Natur und Maschine.

Turners gemalte Bildkunst scheint Rossettis Einsicht vorwegzunehmen: "The country swims with motion". Ist der Zusammenhang zwischen dem Impressionismus in Literatur und Kunst und dem Blick aus dem Eisenbahnfenster lediglich eine

---

[25] Ebd., 186.

[26] Zit. nach Jeremy Warburg, ed., *The Industrial Muse: The Industrial Revolution in English Poetry* (London: Oxford University Press, 1958) 64.

[27] Wolfgang Schivelbusch, *Geschichte der Eisenbahnreise: Zur Industrialisierung von Raum und Zeit im 19. Jahrhundert* (München: Hanser, 1977).

"stupende Analogie"?[28] Vielleicht nicht, bezeugen doch zeitgenössische Erlebnisberichte, wie sehr den Beobachtern die Verbindung zwischen beschleunigter Bewegung und Verwischung der Konturen zum Bewußtsein kam. Der Eisenbahnliebhaber Crabb Robinson trägt am 9. Juni 1855 folgendes in sein Tagebuch ein:

> I should have observed before that the most remarkable movements [sic!] of the journey are those in which trains pass one another. The rapidity is such that there is no recognizing the features of a traveller. On several occasions the noise of the passing engine was like the whizzing of a rocket.[29]

Einem Brief von Mrs. John Simon an John Ruskin entnehmen wir, daß der Anlaß für Turners Bild ein Gewitter war, das er aus einem Abteil der Great Western heraus beobachtete. Im Gegensatz zum tatsächlichen Vorgang betont Turner aber die Geschwindigkeit, nicht jene von Frau Simon geschilderte Pause in Bristol, als er das Abteilfenster öffnete, um das Naturschauspiel genauer in Augenschein zu nehmen.[30]

Plötzlichkeit und Verflüchtigung sind ästhetische Kategorien, die in die Vorgeschichte der Moderne verweisen. In herkömmlichen ästhetischen Bahnen bewegen sich dagegen alle jene Versuche von Henley, Davidson und Stevenson, die rasche Bewegung der Eisenbahnfahrt auch rhythmisch zu versinnlichen. Hier ein Beispiel aus Davidsons "Song of a Train":

> O'er bosky dens
> By marsh and mead,
> Forests and fens
> Embodied speed
> It clanked and hurled
> O'er rivers and runnels;
> And into the earth
> And out again
> In death and birth
> That know no pain
> For the whole round world
> Is a warren of railways tunnels.[31]

Solche rhythmischen Fingerübungen sind immerhin ein Beleg dafür, daß die Ästhetik der Geschwindigkeit schon vor dem Futurismus als Darstellungsproblem erkannt wurde. Aufschlußreicher sind freilich jene tastenden Versuche, das Neue der durch die technische Apparatur bedingten Wahrnehmung zu versprachlichen. Die metaphorische Ineinssetzung der Welt mit einem geschlossenen, jeglichen Realitätskontakt ausschließenden Kaninchengehege aus Eisenbahntunnels erinnert an Kulturkritisches und Surrealistisches. Für den Journalisten Henry Mayhew schließlich erzeugt der Blick aus dem dahinrasenden Eisenbahnfenster nicht nur eine Serie plötzlicher Momenteindrücke, die an den expressionistischen Zeilenstil erinnern,

---

[28] Vgl. Werner Spies' Bericht über die Impressionisten-Schau im Pariser Grand Palais, FAZ vom 02. 04. 1985, 25.

[29] Zit. nach Stuart Legg, ed., *The Railway Book* (London: Hart-Davis, 1952) 22.

[30] Der Brief ist zitiert ebd., 158.

[31] Zit. nach Andrew Turnbull, ed., *The Poems of John Davidson* (Edinburgh & London: Scottish Academic Press, 1975) vol I, 60 f.

sondern vor allem auch eine merkwürdig verschobene, verfremdete Ansicht Londons:

> What an odd notion the stranger must acquire of the Metropolis as he enters it by the South-Western Railway! How curious is the flash of the passing Vauxhall Gardens, dreary with their big black trees, and the huge theatrical-looking summer-house ...; and the momentary glimpse of the Tartarus-like gas-works, with their tall minaret chimnies, and the red mouth of some open retort there glowing like the crater of a burning volcano, and the sudden whisking by of the Lambeth potteries [...].

> In a minute or two the train turns the angle of the line, and then through what a bricken wilderness of roofs it seems to be ploughing its way, and how odd the people look, as they slide swiftly by, in their wretched garrets![32]

Nach Mayhew erzeugt der Blick aus dem Abteilfenster Kurioses, wenn er nicht durch aus anderen Quellen erworbenes Wissen korrigiert wird. Dennoch betrachtet er diese verfremdende Perspektive als ein geeignetes Mittel, der Realität Londons habhaft zu werden.

Ich schließe meine Beobachtungen mit einem Blick auf eine frühe und ästhetisch doch schon avancierte Darstellung der Eisenbahnreise in der englischen Literatur, die sich im 20. Kapitel von Charles Dickens *Dombey and Son* (1848) findet. Der Roman handelt von der Lebensgeschichte des stolzen Geschäftsmannes Dombey, dessen Kälte und Distanziertheit die Gefühlstemperatur eines Vertreters des Projektes der Moderne anzeigt. Der Mangel an Wärme[33] wird ihm indessen zum Problem. Der frühzeitige, rasche Tod des Sohnes ist gleichsam ein Akt des Liebesentzuges gegenüber dem Vater, eine schlichte Weigerung, in die rationale Machtregion der Erwachsenen einzutreten. Der junge Dombey ist 'old-fashioned', will ein Kind bleiben, lehnt es ab, seinen Rhythmus dem raschen Rhythmus der arithmetisierten Welt anzupassen.

Dombey befindet sich zusammen mit seinem Begleiter Bagstock auf der Reise von London nach Birmingham. Letzterer liest Zeitung. Dombey meditiert voller Erbitterung über den Tod seines Sohnes. Die strukturelle Bedeutung der bisher herausgearbeiteten Kategorien Subjektivität, Diskontinuität, Reihung disparater fragmentarischer Eindrücke, Plötzlichkeit und Einebnung von Hierarchien ist auch an diesem Text nachweisbar, nun aber deutlich im Horizont der bisher ausgeklammerten Dialektik von Modernisierung, Gewalt und Neukonstruktion, welche sowohl den lebensweltlichen als auch den ästhetischen Raum beherrscht.

Zunächst: Für den Autor von *Dombey and Son* ist der Rhythmus der neuen Zeit nachdrücklich ein anderer als derjenige der Kutsche, mit der Dombey und sein Begleiter ihre Reise fortsetzen. Deshalb frönt Major Bagstock nicht zufällig erst dann seiner Fabulierlust, als er von gemächlich dahintrabenden Pferden gezogen wird, mithin vom psychischen Druck der hohen Geschwindigkeit und der künstlichen Apparatur befreit ist:

> [...] he made an effort to listen to the Major's stories, as they trotted along the turnpike road; and the Major, finding both the pace and the road a great deal better adapted to

---

[32] Henry Mayhew, *The Great World of London* (London: David Bogue, 1856) 20.
[33] Zur Bedeutung der Bildopposition 'Kälte' und 'Wärme' für Moderne und Postmoderne vgl. Helmut Lethen, *Verhaltenslehre der Kälte* (Frankfurt a.M.: Suhrkamp, 1994).

his conversational powers than the mode of travelling they had just relinquished, came out of his entertainment.[34]

Diese Rückkehr zur entspannten Normalität vorindustriellen Alltags und Erzählens kontrastiert im Text inhaltlich und syntaktisch schärfstens mit dem Eindruck sturmartiger Bewegung ("the very speed at which the train was whirled along", S. 54) und fragmentarisch-diskontinuierlicher Außenwahrnehmung, den die Beschreibung der Eisenbahnreise mit den Verfahren der kurztaktigen Reihung, Häufung und Wiederholung von Einzeleindrücken im Rahmen paratak-tischer, mitunter sogar prädikatloser Satzkonstruktionen erzeugt. Im Zusammenspiel von formalen und inhaltlichen Mitteln entsteht ein Bild unstrukturierter, aber auch energiegeladener Vielfalt, die der Vielfalt der Warenströme in der Großstadt (S. 290) und der chaotischen Wildnis einer im Bau befindlichen Eisenbahn (S. 121) entspricht:

> Through the hollow, on the height, by the heath, by the orchard, by the park, by the garden, over the canal, across the river, where the sheep are feeding, where the mill is going, where the barge is floating, where the dead are lying, where the factory is smoking, [...] like as in the track of the remorseless monster, Death! (S. 554)

Es verwundert nicht, daß eine solche, unter die Bedingungen der neuen Apparatur gestellte, Wahrnehmung auch Schnappschüsse ("sometimes pausing for a minute where a crowd of faces are, that in a minute more are not", S. 555) von Momenten angehaltener Bewegung erlaubt, die schon deutlich auf Ezra Pounds imagistisches Gedicht "In a Station of the Metro"

> "The apparation of these faces in the crowd;
> Petals on a wet black bough"[35]

vorausweisen. Schließlich: Schon bei Dickens ist die Außenwelt der subjektiven Wahrnehmungsgewalt des Betrachters unterworfen. Unter dem Druck der quälenden Todeserfahrung gerät Dombey seine Eisenbahnreise zum subjektiven Resonanz- und Reflexionsraum: "He found a likeness to his misfortune everywhere" (S. 555). Die grotesk verzerrten Gebäude und Menschen des Armenviertels, die er am Schluß durchfährt, sind vollendete Spiegelbilder seines eigenen Unglücks, seiner eigenen Kälte, Schwärze und tödlichen Leere: "All things looked black, and cold, and deadly upon him, and he on them" (S. 555).

Dickens typologisiert und mythisiert die Eisenbahnreise nach dem Muster der Lebensreise-Topik zur Reise in den Tod. Damit ist aber – noch – keine grundsätzliche Absage an das Fortschrittssymbol Eisenbahn verbunden. Gewiß: So wie die affektiv bestimmte Wahrnehmung des Subjekts gewalttätig in die Außenwelt eingreift (und seine soziale Gewalt Menschen und Städte entstellt), unterwerfen auch seine wissenschaftlichen Abstraktionen und die Technik Natur und Geschichte. Aber die Abstraktion der Trassenführung (wie die modellartige Reduktion moderner Kunst) vollführt einen Akt der Zerstörung, der Einebnung historischer und natürlicher Vielfalt, ohne die Kunst und Geschichte nicht 'konstruktiv' neu gestaltet werden könnten. Der „Sturm der Energie" ("storm of energy", S. 555), der Industrialisierung und Eisenbahn antreibt und den sie entfesselt, durchstößt, in die pfeilgerade Eisenbahn-

---

[34] Charles Dickens, *Dombey and Son* (Harmondsworth: Penguin, 1984) 557. Nach dieser Ausgabe wird zitiert.
[35] Zit. nach Ezra Pound, *Collected Shorter Poems* (London: Faber, 1973) 2nd. ed., 119.

linie umgesetzt, alles, was sich an organisch oder historisch Gewachsenem ihm in den Weg stellt:

> The power that forced itself upon its iron way – its own – defiant of all paths and roads, piercing through the heart of every obstacle, and dragging living creatures of all classes, ages, and degrees behind it, was a type of the triumphant monster, Death. (S. 554)

Im Lichte anderer Stellen erweist sich die zerstörerische Energie der rasenden Eisenbahn lediglich als Indiz eines – wie die Viktorianer ihr Zeitalter selbst bezeichneten – "age of transition", welches der besseren oder zumindest anderen Zukunft vorausgeht:

> In short, the yet unfinished und unopened Railroad was in Progress; *and,* from the very core of all this disorder, trailed smoothly away, upon its mighty course of civilisation and improvement. (S. 121)

Das Gedankenspiel mit dem apokalyptischen Ende aller Bewegung "it [. . .] might have been the end of everything; it was so ruinous and dreary" (S. 555) wird Dombey vom Erzähler deshalb als persönliche Schwarzmalerei vorgehalten, die den Text der Industrie- und Stadtlandschaft falsch deute:

> [...] as he stood there, tinging the scene of transition before him with tlie morbid colours of his own mind, and making it a ruin and a picture of decay, instead of hopeful change, and promise of better things. (S. 556)

Indem die Eisenbahn das „Herz jedes Gegenstands" durchstößt bzw. durchfährt, läßt sie eine Blutspur zurück, die an anderer Stelle zu "life's blood" (S. 290), zur pulsierenden Quelle gesellschaftlicher Dynamik mutiert. Die schmerzhafte Trennung ist, anders gesagt, der Preis der Modernisierung.

Ich breche hier ab und fasse die Ergebnisse zusammen:
1. Technik wird für Poesie und Literatur dann verwendbar, wenn sie sich einem Familiarisierungs- und Subjektivierungsprozeß unterziehen läßt. Wie der Fall der Eisenbahn zeigt, gehören zur Bedingung der Möglichkeit solcher poetischer Eingemeindung Konkretheit und Analogiefähigkeit.
2. Der zeitliche Längsschnitt ergibt eine Tendenz vom 'Objektpol' zum 'Subjektpol'. Als Ausdrucksmedium subjektiver Erfahrungen bedarf die Eisenbahn keiner – wie an den Gedichten von E. Thomas und L. MacNeice und an den Romantexten von D. H. Lawrence und V. Woolf gezeigt wird – erläuternden Metaphorik mehr wie noch zu Zeiten des Dampfrosses.[36]
3. Der kulturtypologische Vergleich läßt bemerkenswerte Unterschiede in der Verwendung des Motivs erkennen. Während die volkstümliche Versdichtung (Straßenballaden) die praktischen Vorzüge des neuen Transportmittels hervorhebt und feiert, ästhetisiert die Kunstliteratur den Gegenstand in doppelter Weise. Einmal verwandelt sie ihn in ein metaphorisches Zeichen, das die Versinnlichung und Verschlüsselung zeittypischer Konzepte wie Fortschritt (Anderson) oder religiöser Lebenswandel (Tupper) erlaubt. Zum anderen entdeckt sie in ihm Möglich-

---

[36] Zum Dampfroß vgl. den Aufsatz von Helmut Viebrock, „Dickens und das Dampfroß", in: Ulrich Halfmann, Kurt Müller u. Klaus Weiss, eds., *Wirklichkeit und Dichtung: Studien zur englischen und amerikanischen Literatur* (Berlin: Duncker & Humblot, 1984).

keiten einer neuen Erlebnis- und Wahrnehmungsweise, die unter den Begriff einer 'Ästhetik der Geschwindigkeit' fallen.

4. Wenn die Eisenbahn zur subjektiv-ästhetischen Erfahrung, zum Erlebnis, wird, so bedeutet dies auch, daß die Bedingungen des neuen Apparats die Qualität der subjektiven Wahrnehmung tiefgreifend beeinflussen können. Wo dies geschieht, entsteht in der Tendenz ein impressionistischer Darstellungsmodus.

5. Die Texte des 19. Jahrhunderts stehen in der Regel zu sehr unter dem Darstellungszwang herkömmlicher Strukturen, um die modernistische Logik des Blicks aus dem Eisenbahnfenster – Plötzlichkeit, Verfremdung, Fragmentarisierung, Entgrenzung, Einebnung von Hierarchien, Reihung disparater Eindrücke – mit der nötigen ästhetischen Radikalität zur Darstellung zu bringen. Gleichwohl ist schon erkennbar, wie die Künstlichkeit des Apparats die modernistischen Prinzipien der Naturzergliederung und der Neukonstruktion freisetzt.

Der Ballonaufstieg als Spektakel und Metapher: Zur Assimilierung neuen Wissens in die englische Versdichtung des 19. Jahrhunderts[1]

Wissensassimilation und Gattungen im England des 19. Jahrhunderts

Ein stets spitzer Stachel der kultur- und literaturtheoretischen Arbeit ist die Frage, wie vorhandene kulturelle Strukturen, Gattungen beispielsweise, mit der Herausforderung lebensweltlicher Umwälzungen und Neuerungen „fertig" werden. Veränderungen des kulturellen Codes sind niemals nur immanent als 'Verbrauch' und 'Erschöpfung' überkommener Formen durch ständige Wiederholung zu verstehen, sondern als Symptome eines Widerspruchs zwischen realen Erfahrungen und Interessen der Trägerschicht dieser Kultur (bzw. ihres rebellierenden Teils) und den geschichtlich abgelagerten Sinnkonfigurationen, beispielsweise literarischen Konventionen, die jene Trägerschicht für ihre Orientierung benutzt.

Für den skizzierten Zusammenhang gibt es genügend Anschauungsmaterial – die Entstehung der negativen Utopie beispielsweise, die auf das durch historische Erfahrungen ausgelöste oder bekräftigte Mißtrauen der liberalen Intelligenz gegenüber der Fortschrittsidee und geschlossenen sozialen Systemen zurückzuführen ist, oder die Art und Weise, wie englische Kriegsdichtung des Ersten Weltkriegs unter dem Druck der neuen Erfahrung bis dahin nie gehörte „Töne" anschlägt. Der von der Überlieferung ererbte Typus des heroischen Kriegsgedichtes, vermittelt durch Tennysons "The Charge of the Light Brigade", löst sich unter dem Eindruck der technologischen Kriegsführung zumindest in der Kunstdichtung in parodistische Echos, Zynismen und entblößende satirische Kontraste auf (W. Owen, S. Sassoon).

Obwohl es in den „Menschenwissenschaften" (N. Elias) gewiß keine absoluten Oppositionen gibt, dürfte es sinnvoll sein, im Hinblick auf die prinzipiellen Möglichkeiten des Stil- und Strukturwandels jene Veränderungen, die als bloße Modifikationen eines bestehenden Konventionssystems bzw. epochalen Strukturzusammenhanges durch Selektion, stoffliche Erweiterung etc. zu verstehen sind, von jenen zu unterscheiden, die einen grundsätzlichen 'Paradigmawechsel' begründen. In der Welt der Texte berühren solche revolutionären Umbrüche stets die Sprache selbst und die Kombinationsregeln, nach denen sie zu zusammenhängenden und damit verstehbaren Einheiten verbunden wird. Wenn Virginia Woolf beispielsweise in *Modern Fiction* gegen *plot* und auktoriale Narration des klassischen englischen Romans polemisiert, stellt sie zugleich ein Diskursschema in Frage, das bis dahin als brauchbares Instrument der Erfahrungsmitteilung, Erfahrungsorganisation und

[1] Der Aufsatz entstand im Rahmen des SFB „Wissen und Gesellschaft im 19. Jahrhundert". Einschlägiges Material enthält die noch unpublizierte Anthologie *Industrielle Revolution und Versdichtung im England des 19. Jahrhunderts*. Walter Bachern (Bochum), Bernd Kahrmann (Münster) und Karl-Heinz Vollmer danke ich für die Lektüre des Manuskripts.

Erfahrungsdeutung gegolten hatte. Analoges gilt für die Ersetzung rhetorisch-argumentativer Textstrukturen durch alogische und dissonantische Bildfolgen in der modernen Lyrik seit 1910.

Die Veränderungen in der englischen Literatur des 19. Jahrhunderts folgen im allgemeinen dem Muster der Modifikation: Das Erzählverfahren von Thackerays *Vanity Fair* (1847/48) etwa weicht nur unwesentlich von den durch Henry Fielding in *Tom Jones* (1749) ausgebildeten Vermittlungtechniken ab. Dennoch wäre es voreilig, daraus eine Funktionskonstanz dieser Texte in sozialhistorischer, ideen- oder seelengeschichtlicher Hinsicht abzuleiten. Unter der Decke unauffälliger struktureller Wandlungen können sich weitreichende Positionsverschiebungen verbergen oder ankündigen.

Die Assimilierung des neuen kultur- und naturwissenschaftlichen sowie technologischen Wissens in englischen Romanen und Gedichten (das Drama bleibt aus den Überlegungen ausgespart) des 19. Jahrhunderts spielt sich in dem eben skizzierten Rahmen ab. Von einer wirklichen Sprengung des herkömmlichen Diskursgefüges kann keine Rede sein, schon gar nicht in der Lyrik. Für letztere gilt vielmehr das scheinbare und noch genauer zu erläuternde Paradox, daß häufig technische Innovation und ästhetischer Traditionalismus einander treffen. Der Roman entwickelt immerhin neue Subgattungen wie sozialer Roman, historischer Roman und utopischer Roman mit deutlichem Science-fiction-Einschlag als Antwort auf die dominierenden neuen Wissens- und Erfahrungsbereiche – soziale Frage, Entdeckung der historischen Dimension, naturwissenschaftlicher Positivismus – des Jahrhunderts. Freilich weisen diese Typen unter textstrukturellen Gesichtspunkten in der Regel ebenfalls nicht auf die 'Ästhetik der Moderne' voraus.

Vielleicht ist es sinnvoll, zwischen (tendenziell) stofflichen und strukturell-methodischen Assimilations- und Neuerungstypen zu unterscheiden. Im individuellen Text treten beide Verfahren in der Regel kombiniert auf, wobei die Entfernung von der bloßen Modifikation vor allem dann um so größer wird, je mehr sprachliche und strukturelle Konventionen von Veränderungen betroffen sind. Thomas Hardy beispielsweise besetzt die handlungslogisch traditionelle Position des charakterlich anstößigen Verführers in *The Woodlanders* (1887) mit einem Wissenschaftler und spekulativen Idealisten, in *Tess of the d'Urbervilles* (1891) mit einem neureichen Emporkömmling. Der Austausch des Personals bedeutet im Blick auf den Mitteilungszweck der Fiktion lediglich eine Veränderung des Angriffsobjektes durch stoffliche Substitution. Tiefer in die Struktur des narrativen Gefüges und der dem Leser mitgeteilten Erfahrungs- und Weltinterpretation greifen allerdings Hardys Abwandlungen klassischer Handlungsmuster im Sinne negativ-tragischer Problemlösungen sowie seine gezielte Verwendung wissenschaftlicher Sprach- und Argumentationsschemata ein.

Noch deutlicher schlägt diese strukturelle Assimilation wissenschaftlicher Muster in Wells' *The Time Machine* durch. Das Formmodell der Quest und des Schauerromans werden in dieser spannenden Erzählung insofern diszipliniert und szientifisch umgepolt, als der Zeitreisende das Rätsel der Identität der Zukunftsgesellschaft methodisch zu lösen versucht, wobei die ersten zwei Hypothesen von ihm selbst 'experimentell', d. h. durch abenteuerliche Expeditionen widerlegt werden. Mit Bestürzung muß der Erzähler feststellen, daß die lichtscheuen, im Untergrund lebenden Morlocken sich nachts von den verspielt-dekadenten Elois ernähren. Letztere sind, so die dritte Hypothese, das Ergebnis eines langen Dekadenzprozesses, der durch einen statisch-harmonischen Gleichgewichtszustand zwischen Kapital und Arbeit ausgelöst wurde und schließlich zur völligen Umkehrung der Herrschaftsverhältnisse führte. Die mangelnde Beanspruchung der biologischen Ausstattung aufgrund einer harmonischen Umwelt leitete die Rückentwicklung der Führungsschicht ein, während die Arbeiter im Anpassungsprozeß an unmenschliche Lebensbedingungen zu Monstern entarteten. Hinter Wells' grausiger Vision stehen biologische Regressionshypothesen (Thomas H. Huxley) und Postulate der strukturell-funktionellen Soziologie Herbert Spencers, nicht zuletzt aber auch seine kleinbürgerliche, offen eingestandene *(Experiment in Autobiography)* Abneigung gegen die '*working class*'.

Wells' *The Time Machine* enthält trotz seiner deutlichen Einbettung in historische Traditionszusammenhänge wie '*voyage imaginaire*', utopischer Roman und '*tale of terror*' soviel stoffliche und strukturelle Neuerungen, daß die Anwendung unserer Modifikationsregel auf dieses Werk zweifelhaft erscheint. Um so mehr trifft sie auf zwei aufschlußreiche Beispiele desselben Genres zu, Bulwer-Lyttons *The Coming Race* (1871) und Samuel Butlers *Erewhon* (1872). Beide Werke knüpfen – was hier nicht im Detail zu zeigen ist – an die Erzählkonventionen und satirischen Verfremdungsverfahren des utopischen Romans des 18. Jahrhunderts an. Obwohl von Darwins *On the Origin of Species* (1859) angeregte natur- und menschengeschichtliche Evolutionshypothesen 'Botschaft' und argumentativen Kern dieser Romane bilden, folgen sie strukturell dem mittlerweile anachronistisch gewordenen Vorbild der Raumutopie. Anachronistisch deshalb, weil es auf den Landkarten des Jahres 1870 schließlich kaum noch weiße Flecken gab. Dennoch treffen die bürgerlichen Abenteurer unter der Erde *(The Coming Race)* und in einem abgelegenen Teil Neuseelands *(Erewhon)* auf Zivilisationen, die einerseits in satirischer Brechung englische Verhältnisse abbilden, andererseits trotz des raumzeitlichen Nebeneinander als Produkte eines rascheren Entwicklungstempos schon zukünftige Möglichkeiten vorwegnehmen. In *Erewhon* wurden Maschinen abgeschafft, weil sie sich zu einer selbständigen, den Menschen bedrohenden Spezies zu entwickeln begannen. Die unterirdischen Vril-ya können fliegen und verfügen über eine die Menschheit bedrohende magische Universalkraft von atomarem Zerstörungspotential. Hinter der Raumutopie verbirgt sich also jeweils eine explosive Zeitutopie, welche die wechselseitige Abhängigkeit von Wissenschaft und gesellschaftlicher Entwicklung schon ähnlich negativ einstuft wie viele moderne utopische Romane.

Diese strukturelle Janusköpfigkeit setzt sich bei Bulwer-Lytton bis in die Ikonographie fort. Seine 'moderne' Wissenschaft ist mythisch und magisch. Die elektrische Wunderkraft "vril" wird mit einem 'Zauberstab' übertragen, ihre Flugfähigkeit verdanken die Utopier nicht etwa Flugmaschinen, sondern – engelgleich – Flügeln. Bulwer-Lytton schließt das wunderbare technische Novum an vertraute kulturelle Muster an, genauer: Er entwickelt es sogar aus ihnen.

Butler hält sich in diesem Punkt mehr an den technischen Entwicklungsstand des 19. Jahrhunderts. Sein Held vermag in einer lebensbedrohlichen Situation mit Hilfe eines Ballons aus Utopien zu entkommen. Die spektakuläre, im Detail beschriebene Ballonflucht ersetzt die in der utopischen Erzählung sonst übliche Schiffsreise und dient offenkundig unterhaltenden Absichten. Einer Leserperspektive, die den satirischen Kontext des Romanganzen berücksichtigt, drängen sich gleichwohl ironische und symbolische Verweisdimensionen auf. Denn es ist ja ein technisches Hilfsmittel, das dem Helden erlaubt, der maschinenlosen Kultur der Erewhonier ein Schnippchen zu schlagen. Andererseits erfährt der Held im verzweifelten Kampf gegen das Herabfallen des Ballons auf das tobende Meer die Gefahren der neuen Technologie. Während der Aeronaut in der Gondel erschöpft einschläft, meldet sich die Bedrohung in Form eines Traums über monsterhaft zischende Eisenbahnen an:

> I dreamed wildly of a journey in an express train, and of arriving at a railway station where the air was full of the sound of locomotive engines blowing off steam with a horrible and tremendous hissing; I woke frightened and uneasy, but the hissing and crashing noises pursued me now that I was awake, and forced me to own that they were real. What they were I knew not, but they grew gradually fainter and fainter, and after a. time were lost. In a few hours the clouds broke, and I saw beneath me that which made the chilled blood run colder in my veins. I saw the sea... in the main black, but flecked with white heads of storm-tossed, angry waves.[2]

Die Wahl der technischen Motive und die Betonung der Gefahren des Ballonflugs unterstehen wohl nicht nur der Logik der Spannungserzeugung. Im Traumbeispiel findet ein interessanter Rückkoppelungsvorgang statt. Die metaphorisch naturalisierte (und dämonisierte) Technik erinnert das 'Naturwesen' Mensch, nämlich den träumenden Ballonfahrer Higgs, an die Gefahren der unbezähmten Natur. Zugleich treibt den Helden aber die Angst um, Natur und geschichtliche Existenz im Ballonflug zu verlieren. Sobald die Erde wegen der Wolken als Bezugspunkt der Wahrnehmung ausfällt, scheint der Ballon nämlich bewegungs- und zeitlos in der Luft zu verharren:

> Perhaps the most painful feeling when the earth was hidden was that the balloon was motionless, though our only hope lay in our going forward with an extreme of speed... Sometimes I would feel my pulse, and count its beats for half an hour together; anything to mark the time – to prove that it was there, and to assure myself that we were within the blessed range of its influence, and not gone adrift into the timeless-ness of eternity. (S. 183)

Die notwendig knapp gehaltenen Beispiele sollten Umfang und Art der Durchlässigkeit des viktorianischen Romans für das neue technisch-naturwissenschaftliche Wissen andeuten. Erst von hier aus ist zu ermessen, wie weitgehend sich die Kunstlyrik der gleichen Zeit dagegen abschottet und – als Antwort auf die bestürzende Erfahrung der Mechanisierung und der vom Kommerz geprägten Alltagswirklichkeit – alle Energien darauf verwendet, aus Bildungswissen und traditionellen poetischen 'sujets' idyllisch-elegische Rückzugs- und Gegenwelten zu konstruieren. Realer Sinnverlust soll durch die Bildung von künstlichen Sinnwelten (cf. Tennysons *Idylls of the King*) kompensiert werden. Selbst G. M. Hopkins, der in der Versgestaltung die Sprödigkeit und Härte der modernen Welt einfängt, beklagt in "The Sea and the Skylark"[3] *our sordid turbid time* und diese *shallow and frail town*, welche von der Musik der Natur (Seelerche) beschämt werde. Entsprechend lustlos und ästhetisch mißlungen fällt denn auch Tennysons Auftragsarbeit "Ode Sung at the Opening of the International Exhibition" (1861) aus. Die erste Strophe lautet:

---

[2] Samuel Butler, *Erewhon* (London: Dent, 1959) 183.
[3] W. H. Gardner und N. H. Mackenzie, eds., *The Poems of Gerard Manley Hopkins* (1918; London: Oxford University Press, 1967) 68.

Uplift a thousand voices full and sweet,
In this wide hall with earth's invention stored,
And praise the invisible universal Lord,
Who lets once more in peace the nations meet,
Where Science, Art, and Labour have outpoured
Their myriad horns of plenty at our feet[4]

Ein Dank- und Preisgedicht im hohen Stil, das göttliche Vorsehung und wissenschaftlich-technische Naturbeherrschung noch einmal mühsam harmonisiert im Zeichen eines mehr zu erträumenden als zu erhoffenden Friedensreiches (letzte Strophe).

Daß ein beträchtlicher Teil der englischen Kunstdichtung des 19. Jahrhunderts städtisch-industrielle Szenen mied und von naturwissenschaftlich-technischen Neuerungen nur am Rande und meist mit Unbehagen Notiz nahm,[5] hat diskursspezifische, ideen- und sozialgeschichtliche Gründe, die hier – zumal es sich um nicht unbekannte Sachverhalte handelt – nur anzudeuten sind.

Das 18. Jahrhundert hatte sich noch etwas darauf zugute gehalten, die Schönheit der Newtonschen Erklärung des Farbenspektrums mit Hilfe des Prismas poetisch zu feiern. Der Romantiker Keats hingegen sieht durch Newton die Poesie des Regenbogens zerstört; naturwissenschaftliche und poetische Wahrheit fallen für ihn unversöhnlich entzwei. Die gezielte Remythologisierung seiner Poesie mit den Versatzstücken der klassisch-paganen Tradition ist vor diesem Hintergrund als Protest gegen die naturwissenschaftliche 'Entzauberung' der Wirklichkeit zu deuten.

Obwohl Wordsworth diesem unnötigen und ungerechtfertigten (die Aussagen von Dichtung erheben nicht Anspruch auf empirische Überprüfbarkeit) Dilemma der Keatsschen Position nicht zum Opfer fällt, führt seine Lösung des Problems für die viktorianischen Dichter zu kaum anderen Konsequenzen. Prinzipiell ist für ihn die Dichtung ein Organ des elementaren, auf den Menschen als empfindendes Wesen bezogenen Wissens:

To this knowledge which all men carry about them, and to these sympathies in which without any other discipline than that of our daily life we are fitted to take delight, the poet principally directs his attention... Poetry is the first and last of all knowledge – it is as immortal as the heart of man.[6]

Von dieser Voraussetzung ausgehend, kann er bekanntlich die Möglichkeit einer industriellen Poesie ins Auge fassen, die auch esoterisches Fachwissen der naturwissenschaftlichen Einzeldisziplinen einbezieht. Die Bedingung der Möglichkeit der Integration solchen Fachwissens in das Medium der Poesie ist für ihn nun aber erst in dem Augenblick gegeben, wo dieses Wissen zum vertrauten und selbstverständlichen Bestandteil der alltäglichen Verständigung und zwischenmenschlichen Beziehungen geworden ist:

---

[4] Christopher Ricks, ed., *The Poems of Tennyson* (London: Longman, 1969) 1127.
[5] Vgl. hierzu Jeremy Warburg, ed., *The Industrial Muse. The Industrial Revolution in English Poetry* (London: Oxford University Press, 1958) Einleitung.
[6] William Wordsworth, „Preface to Lyrical Ballads" (1802). Zit. n.: Harold Bloom und Lionel Trilling, eds., *Romantic Poetry and Prose* (New York: Oxford University Press, 1973) 604.

The remotest discoveries of the chemist, the botanist, or mineralogist, will be as proper objects of the poet's art as any upon which it can be employed, if the time should ever come when these things shall be familiar to us [...][7]

Nicht die hohe Literatur und noch weniger die Kunstdichtung, sondern der alltägliche Diskurs leistet – falls überhaupt – jene Überführung des kalten Fachwissens in den emotional gefärbten Raum des Alltagswissens, dem der Dichter seine Materialien entnimmt. Den Zeitpunkt einer solchen Integration sieht Wordsworth in weite Ferne gerückt.

Poesie ist für Wordsworth die Selbstdarstellung des empfindenden und reflektierenden Subjekts, nicht, wie noch für Erasmus Darwin, die poetische Einkleidung botanischen Wissens (*The Botanic Garden*, 1791). Daraus ergeben sich im Blick auf die Frage nach dem Verhältnis von Wissen und Poesie tatsächlich weitreichende, bis heute wirksame Konsequenzen. Wahrheit und Überzeugungskraft eines poetischen Diskurses, der dem Ziel der Selbstdarstellung des empfindenden und reflektierenden Subjekts unterstellt ist, hängen nämlich in keiner Weise davon ab, ob der Dichter naturwissenschaftliche und technische Veränderungen als Stoff seiner Dichtung berücksichtigt oder nicht. Poesie als 'Sprache der Leidenschaften' des Subjekts, das nach den allgemeinen Gesetzen der menschlichen Psychologie empfindet, bedarf zu ihrer Rechtfertigung und Wirkung solcher Anleihen gar nicht. Das Problembewußtsein, das man beim ernstzunehmenden Dichter als reflektiertes oder intuitives voraussetzen muß, kann sich – man denke an Georg Trakl – ganz anders mitteilen, als Sprachskepsis etwa, Sprengung herkömmlicher Sprach- und Sinnangebote, irritierende Neukombination uralter poetischer Motive.

Für die Romantiker und ihre viktorianischen Erben ist schließlich noch zu bedenken, daß das Säkularisierungsprodukt 'Natur' als Gegenstand, Prinzip des Selbstausdrucks und ideologische Legitimationsbasis eine bevorzugte, ausgezeichnete Wirklichkeit des Dichtens darstellte, gleichsam ein *sine qua non* des Poetischen.

Zu diesen diskursspezifischen und ideengeschichtlichen Sperren gegen die Thematisierung der neuen sozialen und technischen Wirklichkeit im stofflichen Sinne kommen noch sozialhistorische Hindernisse hinzu. Die überwältigende Mehrzahl der englischen Dichter des 19. Jahrhunderts waren klassisch gebildete Angehörige der Mittelschichten. Mit Sorge betrachtete man in diesen Kreisen, wie der Fortschritt der Naturwissenschaften und des Kommerzes der eigenen literarisch-theologischen Kultur die Grundlage zu entziehen begann – und wie diese Kultur immer weniger die Kraft besaß, der allenthalben sichtbar werdenden Zersplitterung und Entfremdung zu steuern. Innerhalb des bürgerlich geprägten Systems von Rollenerwartungen, Verhaltensregeln und kulturellen Normen verschärfte sich also die Diskrepanz zwischen der Welt des Handelns in der Alltagspraxis ('laissez faire', Effizienz) und der Welt der moralisch-theologischen und literarischen Sinnbildungen ('Moral', klassische Bildung), die der erstgenannten nur noch mit zweifelhaften Ausweich- oder Harmonisierungsmanövern kommensurabel zu machen waren. Die in den Schlüsselgedichten des Jahrhunderts ablesbare Krise des Subjekts (z. B. Arnolds "Dover Beach") wurzelt in solchen Erfahrungen. Schließlich ist der banale,

---

[7] Ebd. 605. Zum Verhältnis von Naturwissenschaft und Poesie in der Romantik vgl. M. H. Abrams, *The Mirror and the Lamp. Romantic Theory and the Critical Tradition* (1953; London: Oxford University Press, 1971) Kap. „Science and Poetry in Romantic Criticism".

aber folgenschwere Umstand festzuhalten, daß jene bürgerlichen Dichter die tatsächlichen Verhältnisse in den industriellen Zentren aus eigener Anschauung in der Regel gar nicht kannten.[8]

Der Ansatzpunkt für unsere weiteren Überlegungen ist nun die Beobachtung, daß eben diese Sperren in der Volkskultur fehlen. Blättert man die zugänglichen Anthologien[9] von Straßenballaden, Bergarbeiterliedern und *music hall songs* durch, so fällt als erstes der unbekümmerte, am Faktischen und/oder Sensationellen interessierte Realismus auf, mit dem in solchen populären Texten von allen nur denkbaren Aspekten der sozialen Wirklichkeit Besitz ergriffen wird – Liebesabenteuer, Mordfälle, Grubenunglücke, Eisenbahneröffnungen, Weltausstellungen, Streiks, Wahlen, Straßenbau, neue Mode, soziales Elend, technische Erfindungen, städtebauliche Veränderungen etc. etc. Die offenkundige pragmatische Verwurzelung dieser Lieder in der konkreten Lebenssituation ihrer Benutzer – eine Integrationsmöglichkeit im Sinne Wordsworths, an die er selbst offenkundig gar nicht dachte – bedarf keiner ausführlichen Kommentierung. Pragmatisch ist aber auch die Verwendungsweise motiviert: Im unterhaltsamen Sprechen und gemeinsamen Singen über konkrete Erfahrungen, aufregende Vorkommnisse und Wünsche versichert sich die Gruppe ihrer Identität und ihres Zusammenhalts, artikuliert sie Hoffnungen, Forderungen und Klagen, bewältigt sie Veränderungen ihrer Lebenswelt durch Benennung und Assimilierung in vertraute, emotional besetzte Ausdrucks- und Kommunikationsformen. Einen Sondertyp bilden die Erzeugnisse literarisch ambitionierter 'Arbeiterdichter'.[10] An den Vorbildern der hohen Poesie in besonderem Maße orientiert, liegen Reiz und Aussagepotential der lyrischen Gebilde von Autoren wie Joseph Skipsey (Bergmann aus Newcastle), Alexander Anderson (Eisenbahnbau), John Harris (Zinnbergbau in Cornwall) oder John Clare (Landarbeiter) in der Reibung zwischen schichtenspezifischer Autorperspektive und traditionellem poetischem Medium.

Als kulturtypologische Hypothese ist zunächst festzuhalten, daß der auch vom liberalen Bürgertum (Disraeli) beklagte Zerfall der englischen Gesellschaft in zwei Nationen ungeachtet sprachlicher, nationaler, religiöser und überhaupt anthropologischer Gemeinsamkeiten eben auch bemerkenswerte kulturelle Unterschiede zeitigt, die gerade am gegensätzlichen Verhältnis zur neuen, von der Technik bestimmten Lebenswelt greifbar werden. Die Möglichkeit, von diesem Befund ausgehend

---

[8] Vgl. zu den „sozialhistorischen Sperren" W. H. Audens Einleitung zu: *Nineteenth Century British Minor Poets* (New York: Delacorte, 1966).

[9] Roy Palmer, ed., *A Touch on the Times: Songs of Social Change 1770–1914* (Harmondsworth: Penguin, 1974); Jon Raven, ed., *Victoria's Inferno. Songs of the Old Mills, Mines, Manufacturies, Canals and Railways* (Wolverhampton: Broadside, 1978); A. L. Lloyd, *Come All Ye Bold Miners. Ballads and Songs of the Coalfields* (London: Lawrence and Wishart, 1952); Martha Vicinus, *The Industrial Muse. A Study of Nineteenth Century British Working-Class Literature* (London: Croom Helm, 1974) mit vielen Textbeispielen; A. L. Lloyd, *Folk Song in England* (1967; London: Lawrence and Whishart, 1975) bes. Kap. „The Industrial Songs".

[10] Eine gründliche Untersuchung der englischen 'Arbeiterdichter' (im Sinne von „self-educated working-class writers", Vicinus 1974, 140) steht noch aus. Das Kapitel „Literature as a Vocation: The Self-Educated Poets" in Martha Vicinus' Buch ist eine nützliche Vorarbeit. Vicinus hebt allerdings zu sehr auf die idyllische Naturdichtung ab. John Harris, den sie gar nicht zu kennen scheint, schrieb aber – aus Platzgründen können wir darauf leider nicht eingehen – umfangreiche und aufschlußreiche Dichtung über Bergwerke. Auch John Nicholsons Bearbeitung industrieller Themen, einschl. des Ballon-Motivs (vgl. diesen Aufsatz), bleibt bei ihr unerwähnt.

125

kulturtypologische und mentalitätsgeschichtliche Differenzen auf dem Wege eines Diskursvergleichs im einzelnen zu entfalten, ist von der auf den isolierten Gegenstand blickenden Straßenballaden- und Lyrikforschung bisher kaum genutzt worden.

Industrielle Volksdichtung, oft in der beliebten Publikationsform von billig zu erwerbenden Einblattdrucken (Straßenballaden) verbreitet, und hohe Lyrik gehören gehaltlich, ästhetisch und im Blick auf ihre jeweiligen Trägerschichten geschlossenen Kulturen an, zwischen denen es bis zum Ende des 19. Jahrhunderts – wenn man von der Offenheit und Rezeptionsbereitschaft der allmählich sich herausbildenden, soziale Grenzen tendenziell einebnenden Unterhaltungsbranche (*music hall*) und einigen komischen Balladen kanonisierter Autoren (Th. Hood, W. M. Thackeray) absehen will – wenig Kontakte und Wechselwirkungen gab. Bürgerliche Kritiker der Zeit, sofern sie von der aus dem Blickwinkel der etablierten Kunst- und Bildungsdichtung minderwertigen Unterschichtenkultur Notiz nehmen, verschweigen diesen Tatbestand keineswegs. Der soziologisch interessierte anonyme Verfasser des folgenden Textauszugs betrachtet gemäß seinem wissenschaftlichen, darüber hinaus vage sozial eingefärbten Erkenntnisinteresse Straßenballaden nicht als Manifestation einer 'Gegenkultur' (weil kein Anspruch auf Beseitigung der dominanten 'bürgerlichen' Kultur angemeldet wird) oder 'Unkultur', sondern einfach als Produkt 'anderer' sozio-kultureller Bedingungen:

> We have this further to urge in favour of our subject. It is one of those windows through which we may get a glimpse at that very large body of our fellow-citizens of whom we know so little; and a better reason we do not care to find or give. In our opinion there can be no better; one half of our world knows nothing of how the other half is living, what it thinks about, reads, takes pleasure in. We have no idea how the events which interest us are looked upon by the half to which we do not belong. Any thing that will help us to a fuller knowledge in these matters must be very good for us; and reading streetballads will do something, if not much, towards it: for they are almost all written by persons of the class to which they are addressed; and the very sameness of them, the family likeness which runs through each separate branch of them, shows that they are adapted to and meet the wants and views of that class. Let any reader of the National Review invest sixpence in the first dozen he can lay his hands on, and, after perusing them, just consider for a minute the enormous gulf which must lie between the thousand buyers and readers of Tennyson, and the tens of thousand serious buyers and readers of these broadsheets, and we believe that several new thoughts will be suggested to him. We are strictly within the mark in saying tens of thousands; for though ballad-singing is dying out in London, and the broadsheet ballad business generally is not what it used to be, it is still enormous.[11]

Industrielle Volksdichtung 'reinen Typs', also Lieder von einem oder mehreren Angehörigen der Unterschichten, über deren Leben und Vorstellungen, für Angehörige der Unterschichten, entstand vor allem in geschlossenen Bergarbeiter-

---

[11] „Street Ballads", in: *National Review* (1861) 399. Zum Konzept der Kulturtypologie, das sich im Anschluß an solche Äußerungen aufdrängt, vgl. neben den klassischen Arbeiten von Michail Bachtin zur „Karnevalsliteratur" Renate Lachmann, „Rhetorik und Kulturmodell", in: Johannes Holthusen u.a., eds., *Slavistische Studien zum VIII. Internationalen Slavistenkongreß in Zagreb 1978* (Köln: Böhlau, 1978) 279–298 und Hans Ulrich Gumbrecht, „Literarische Gegenwelten, Karnevalskultur und die Epochenschwelle vom Spätmittelalter zur Renaissance", in: Ders., ed., *Literatur in der Gesellschaft des Spätmittelalters*. Begleitband 1 zum GRLMA (Heidelberg: Winter, 1980).

siedlungen. Ihre Funktionen waren so vielfältig wie die Bedürfnisse und Zwecke der sozialen Gruppe, die sie hervorbrachte und benutzte. Gelegentlich diente das Lied sogar dazu, in langer Praxis erworbenes Berufswissen an jüngere Mitglieder der Gemeinschaft weiterzugeben. In "Jowl and Listen" fordert ein erfahrener Bergmann den jüngeren auf, vor dem Losbrechen der Kohle mit der Spitzhacke zu prüfen ("jowl"), ob auch die Decke des Stollens sicher genug ist und wo die Kohle sich am bequemsten loslösen läßt ("And not just riving and tewin"):

> Jowl, jowl and listen, lad,
> And hear that coalface workin.
> There's many a marra missin, lad,
> Becaas he wadn't listen, lad.
>
> Me feyther aalwes used te say
> That pit work's mair than hewin.
> Ye've got te coax the coal alang
> And not just riving and tewin.
>
> So jowl, jowl and listen, lad,
> And hear that coalface workin.
> There's many a marra missin, lad,
> Becaas he wadn't listen, lad.
>
> A'oo the deputy craals frae te flat,
> While the putter rams the tyum 'uns,
> But the man at the face hes te knaa his place
> Like a mother knaas hor young 'uns.
>
> So jowl, jowl and listen, lad,
> And hear that coalface workin.
> There's many a marra missin, lad,
> Becaas he wadn't listen, lad.[12]

Der Vers in seiner elementaren Funktion als Gedächtnisstütze, Lied und Refrain als Ausdruck gemeinsamer Arbeit und gemeinsamen Leidens: Man sieht, auf welche Weise das industrielle Volkslied die Integration der Gruppe befördert. Berufs- und Arbeitswelt ("depitty", "putter", "tyum 'uns", i. e. 'empty tubs') sind Elemente einer vertrauten Alltagsroutine, die eben deshalb mit größter Selbstverständlichkeit in den Liedtext eingehen und dort nicht etwa mühsam hineingezwungen werden müssen.

Wer von drückender Handarbeit befreit wird, weiß die Vorzüge der neuen Technik zu schätzen. Wo die Kunstdichtung die bedenklichen moralischen (Profitgier) und ästhetischen (Häßlichkeit) Dimensionen des Industrialisierungsprozesses (Wordsworth, Morris) reflektiert, liefert die industrielle Volksdichtung gelegentlich panegyrische Kleinepen. Hier die ersten drei Strophen eines Berichts über die Einführung leistungsfähiger Förderkörbe im englischen Bergbau (der Text ist in einer aus Durham stammenden Straßenballade überliefert):

---

[12] Lloyd 1975, 342–343.

Come all you good people and listen a while
I'll sing you a song that will cause you to smile.
It is about Haswell I mean for to sing,
Concerning the new plan we started last spring.
And the very first thing I will mention,
Without any evil intention,
It's concerning this new invention
Of winding up coals in a cage.

It was in eighteen hundred and thirty eight,
We began to prepare to make the shaft right.
We put in the conductors from bottom to top,
The materials were ready prepared at the shop.
From the top of the pit to the bottom:
One hundred and fifty-six fathom.
And the distance you do think it nothing,
You rise so quickly in the cage.

Now, considering the depth, it's surprising to say
The quantity of work we can draw in a day.
Five hundred and thirty tons of the best coal
In the space of twelve hours we can win up this hole.
About forty-five tons in an hour.
And, viewers, overmen and hewers,
Our engines must have a great power
To run at such speed with the cage.*13*

Der Text feiert eine technische Errungenschaft, die den Beteiligten Erleichterung und möglicherweise größere Verdienstspannen verschaffte, mit dokumentarischer Genauigkeit. Obwohl der Sprecher eingangs, wie in den Straßenballadentexten üblich, das feilbieterische Gebaren des seine Ware anbietenden Straßensängers übernimmt, macht die Verwendung des Subjekts "we" deutlich, daß er als Vertreter einer genau abgrenzbaren gesellschaftlichen Gruppe – nämlich der Bergarbeiter – und ihrer besonderen Erfahrungen aufgefaßt werden will. Verbreitungsform, Sprache, 'naiver' Detailrealismus und die zur Identifikation einladende Selbst- und Gruppendarstellung des Sprechers deuten darauf hin, daß auch das intendierte Publikum des Liedtextes in dieser sozialen Schicht zu suchen ist. Die Assimilierung und Einverleibung des Neuen in den psycho-sozialen Raum des Gruppenlebens wird durch sprachliche Benennung und Gesang vorangetrieben. Ein Grundzug vieler industrieller Straßenballaden übrigens: Man sucht der überwältigenden Fülle der technischen und sozialen Neuerungen durch schlichte Addition und Benennung Herr zu werden ("My Grandfather's Days"[14]). *Die Faszination des Faktischen überwiegt.* Nur vereinzelt wird das Novum als metaphorisches Vehikel genutzt. Wo dies mit einigem Raffinement und ironischer Distanz, ja mit einer gewissen komischen Leichtigkeit geschieht, wie beispielsweise in "The Scenes of Manchester" oder "Humphrey Hardfeatures' Description of Cast-Iron Inventions" ("cast-iron age", "corn-factors

---

[13] Ebd. 329–330.
[14] Der Text dieser und der im folgenden genannten Straßenballaden befindet sich bei Palmer 1974.

128

with cast-iron hearts"), handelt es sich häufig um Erzeugnisse von professionellen oder semiprofessionellen Liedermachern, die Gesangsnummern für das Londoner Theater und Showbusiness produzieren. – Interpretierende und wertende Textteile begrüßen in der Regel die überall als außerordentlich stark empfundene Beschleunigung des sozialen Wandels, lassen aber auch nostalgische Töne anklingen ("Liverpool's an Altered Town, I can't find Brummagen"). In den narrativen Stücken wird die industrielle Szene meist voller Bewunderung und mit 'naiver' Lust am Detail – Gebäude, Eisenbahnstationen, Fabriksaal, Einkaufsmöglichkeiten etc. – abgeschritten ("Oldham Workshops"). Hinweise auf mögliche Gefahren wie Umweltverschmutzung sind selten. Auch in den zahlreichen Balladen, die soziale Konflikte thematisieren und unzweideutig die Position der Arbeitnehmer vertreten, wird so gut wie nie der Industrialisierungsprozeß als solcher zum Hauptübel erklärt – um Verdienst und Freizeitmöglichkeiten der Landarbeiter war es schließlich noch schlechter bestellt.

Hier werden die Umrisse einer mentalitätsspezifischen Verarbeitung des neuen Wissens sichtbar, die auch den im folgenden zu besprechenden Ballontexten zu entnehmen sind, sofern es sich um authentische Zeugnisse der Unterschichtenkultur handelt: energischer Zugriff auf das Faktische oder Sensationelle, nüchterne, empirisch-praktische Grundeinstellung, Assimilation durch Benennung und gemeinsamen Gesang, überwiegend positive Haltung zu den technischen Innovationen, weitgehendes Fehlen von Deutungen und Bewertungen, die dem Arsenal der gängigen metaphysischen oder philosophischen Sinnangebote entnommen wären. Die Sprache ist handlungsbezogen oder selbst ausdrücklich Handlung, ein Spiegel, der nicht auf sich selbst aufmerksam macht, sondern den Blick auf die gemeinten Sachverhalte freigibt. Mit der fehlenden Distanz und dem überaus bescheidenen Reflexionsgrad der Volks- und Straßendichtung hängt wohl zusammen, daß die in der hohen Lyrik allenthalben angeschlagenen melancholischen Töne meist ausbleiben. Derber, oft komischer Realismus dominiert. Ein abschließendes Beispiel: Wo Straßenballaden – häufig mit komischen Seitenhieben auf das alte Verkehrswesen – in nüchtern-pragmatischer Weise die Vorzüge des neuen Transportmittels Eisenbahn aufzählen (z. B. "The Wonderful Effects of the Leicester Rail Road"), unterwirft die hohe Lyrik den neuen Gegenstand der ästhetischen Einstellung des lyrischen Ichs gebildet-bürgerlicher Herkunft. Aus der Beobachter-Perspektive des Reisenden erkundet man etwa, wie die erregende Erfahrung der Geschwindigkeit das gemächliche Raum-Zeit-Kontinuum herkömmlicher romantischer Landschaftsdichtung in abrupt wechselnde Momentaufnahmen und Impressionen zeiteilt (z. B. Rossetti, "A Trip to Paris and Belgium"; Henley, "We Flash Across the Level"; Stevenson, "From a Railway Carriage").

Der Ballonaufstieg als Spektakel und Metapher

Der in Mythen, Legenden und Dichtungen allenthalben sichtbar werdende Wunsch des Menschen, von der Erdenschwere befreit zu sein und sich wie ein Vogel oder gar Engel in die Lüfte zu erheben, wurde mit der Erfindung des Ballons durch die Gebrüder Montgolfier (1783) Wirklichkeit. Es konnte nicht ausbleiben, daß das, was seit Menschengedenken mit soviel Sehnsüchten und Warnungen (Ikarus-Mythos), Träumen und metaphysischen Assoziationen verknüpft war, bei seiner Realisierung ein ungeheures Echo auslösen würde. Und in der Tat gehören Ballonaufstiege im England des 19. Jahrhunderts wie in anderen europäischen Ländern zu den großen Spektakeln der Zeit, Attraktionen, die jedesmal große Menschenmassen anzogen und deshalb bald ins feste Repertoire der öffentlichen Vergnügungsparks, insbesondere der Royal Gardens, Vauxhall, aufgenommen wurden. Eine reißerisch aufgemachte Werbeanzeige dieser Institution kündigt im Juli 1830 die sensationelle Neuigkeit an, daß der Ballonaufstieg des bekannten Aeronauten Green auf dem Rücken eines Pferdes bevorstehe. Zwei auf derselben Anzeige abgedruckte Zeitungsberichte über den frühesten Versuch (1828) sollen die Sensationslust steigern:

> Tuesday, Mr. Green made his 99th Ascent from the Eagle Tavern, City Road, and, on this occasion, the usual mode of proceeding in the car was abandoned, for the novel experiment of travelling THROUGH the AIR on HORSEBACK. The announcement of his intention had excited curiosity to its highest pitch. At a little before seven he mounted his pony, took his station under the stupendous machine, and set out upon his aerial voyage. The pony was startled by the shouts of the assembled multitude when the balloon first began to ascend, and made several plunges, which shook the rider in his seat; in a short time the animal appeared, to be perfectly quiet, and the balloon proceeded in a grand style across the town, and was soon lost in the distance. (July 29, 1828)[15]

Unter dem Gesichtspunkt der Funktion für den aktiven Rezipienten lassen sich die nicht-sprachlichen und sprachlichen Reaktionen der britischen Öffentlichkeit auf die unerhörte technische Neuigkeit mit den Begriffen Unterhaltung und Erkenntnis sinnvoll ordnen. Ballonaufstiege waren erstens ein besonders aufregendes und neuartiges Unterhaltungsmittel, eine willkommene Bereicherung des schon vorhandenen Vergnügungsangebots, das Schauspiel, Tanz, sportliche Wettkämpfe, Parks, Zauberkünstler, Hahnenkämpfe, Schauerromane, Balladen u. a. m. umfaßte. Zweitens waren sie sowohl Objekt als auch Mittel der Erkenntnis. Zunächst mußte es ja darum gehen, das Novum zu identifizieren, ihm einen Namen zu geben, es in vorhandene Vorstellungs- und Wissensstrukturen einzugliedern, seine Funktionsweise und seine praktischen Anwendungsmöglichkeiten zu erkunden. Dazu standen neben der persönlichen Anschauung eine Reihe von Vermittlungsformen bereit wie Beschreibung, narrativer Ereignisbericht, wissenschaftlicher Essay oder Abbildung. Erst als diese Identifizierungsarbeit in ausreichendem Maße geleistet war, konnte man dazu übergehen, die technische Neuheit ihrerseits als Vergleichsmedium bzw. Bildspender oder auch perspektivisches Mittel zu benutzen, um damit verschiedene Bedeutungs- und Wissensbereiche durch Analogiebildung und Verfremdung anschaulich und erkenntnisanregend zu übermitteln.

Der individuelle Text verknüpft und gewichtet nun diese beiden Funktionen und die ihnen zugeordneten Verfahren je nach Diskursart, der er angehört, auf unterschiedliche Weise. Der systematisch organisierte Lexikonartikel zum Thema 'Balloon' (*Enc. Bnt.*) verzichtet zwar nicht – er kann es gar nicht – auf die narrative Darstellungsform, drängt aber assoziationsbildende metaphorische und symbolische

---

[15] Zit. n.: *A collection of newspaper cuttings, engravings, etc., relating to balloons. 1783–1882. BM. 8755. K. 11.* Ein Großteil des im folgenden verwendeten Materials stammt aus dieser im Britischen Museum gefundenen Sammlung. Leider sind die Texte nicht immer ganz vollständig. Der ursprüngliche Publikationsort ist häufig nicht zu entnehmen.

Verwendungsweisen energisch zurück. Er enthält im übrigen eine Informationsfülle, von der nur ein Bruchteil in den literarischen Text eindringt. So wenig dies überraschen kann, so wenig auch die Beobachtung, daß quantitativ gesehen die große Masse der 'Ballon-Texte' nicht-fiktionaler Art ist. Die knapp 300 Artikel, welche laut *Poole's Index* in anglo-amerikanischen Zeitschriften des 19. Jahrhunderts zu den Themen Ballon und Luftfahrt veröffentlicht wurden, reichen von streng fachwissenschaftlichen Aufsätzen (z. B.: "New Flying Machines", in: *Knowledge*, 1875), die das technische Funktionieren, die möglichen praktischen Zwecke (Meteorologie, Militär) und die historische Entwicklung der Ballonfliegerei erläutern, bis zu subjektiven, leicht an Romanfiktionen anschließbare oder in solche umwandelbare Erlebnisberichte von Aeronauten (z. B.: "Adventures of an Aeronaut", in: *Leisure Hour*, 1875). Ähnliches gilt für die Themen Eisenbahn und Bergbau. Wissenschaftliche und praktische Erkenntnisinteressen sowie das Interesse an der ungewöhnlichen Nachricht dominieren also den Diskurs über den Ballon, weshalb es uns auch zweifelhaft erscheint, ob diese Bildfelder in der Alltagsrede jemals den Status von weit verbreiteten oder gar unentbehrlichen (weil 'wissensintegrativen') metaphorischen Topoi gewannen[16]. Systematische Untersuchungen von journalistischen Texten könnten diesen Eindruck korrigieren.

Ballon-Gedichte gibt es im Unterschied zu Eisenbahn-Gedichten im englischen 19. Jahrhundert nur wenige. Sie sind aber, wie meine abschließenden, aus dem Vergleich von Ballon-Texten gewonnenen Thesen verdeutlichen mögen, nicht zuletzt in kulturtypologischer Hinsicht höchst instruktiv. Hier der Text einer bislang unveröffentlichten Straßenballade aus Newcastle:

> BOB CRANKY's Account of the Ascent of MR SADLER's BALLOON, From Newcastle, September 1st, 1815.
>
> HOWAY a' my marrows, big, little, and drest,
>   The furst of a' seets may be seen;
>
> It's the balloon, man, se greet, aye saiks! its ne jest,
>   Tho' it seems a' the world like a dream.
> 5 Aw read in the papers, by gocks! I remember,
>   It's to flee wivout wings iv the air,
> On this verra Friday, the furst of September,
>   Be it cloudy, wet weather, or fair;
>
>
> And a man, mun, there means in this verra balloon,
> 10   Above, 'mang the stars for to fly,
> And to haud a convarse wi' th' man i' the moon,
>   And cobwebs to sweep fra the sky.

---

[16] Vgl. dagegen den Aufsatz von Link. Viele der hilfreichen Beobachtungen von Link werden im übrigen auch durch das englische Material bestätigt. Angelsächsischem Sprachgebrauch (M. H. Abrams) folgend, unterscheide ich zwischen tropischen Figuren (Vergleich, Metapher) und Symbol. Im Unterschied zu Metaphern, die nie wörtlich verstanden werden können, also eine Decodierung des 'hinter' dem Vehikel versteckten Sinnes erfordern, funktioniert das Symbol, zumal das private Kunstsymbol, auch auf der wörtlichen Textebene. Metaphern liegen auch dann noch vor, wenn das metaphorisch benutzte Bild entfaltet und ein ganzes Netz von semantischen Beziehungen zwischen Bildebene und Sachebene 'geknüpft' wird. Links Kollektivsymbole sind meinem Verständnis zufolge in der Regel Metaphern.

So we started fra heame by eight i' the morn,
  Byeth faither and mother and son,
15 But faund a' wor neibors had started before,
  To get in gude time for the fun.

The Lanes were a' crouded, some riding, some walking,
  I ne'er seed the like iv my life;
'Twas Bedlam broke out, I thought by their talking,
20   Every bairn, lad, lass, and the wife.
The folks at the winders a' jeer'd as we past,
  And thout a' wor numbers surprisin;
They star'd an' they glowr'd, an' axed in jest,
  Are all of you pitmen a rising?

25 Aw fand at the town te, the shops a' shut up,
  And the streets wi' folks were se flocken,
The walls wi' balloon papers se closely clag'd up,
  By cavers! it luckt like a hoppen.
A fellow was turnin it a' into joke,
30   Another was a' the folks hummin,
While a third said it was a bag full of smoke,
  That ower wor heads was a cummin.

To the furst o' these cheps, says aw, nane o' yur fun,
  Or aw'll lay thee at length on the stanes,
35 Or thy teeth I'll beat out, as sure as a gun,
  And mevies aw'll choke ye wi' banes.
Ti' the beak o' the second, aw held up ma fist,
  D-m aw'll bray ye as black as a craw,
Aw'll knock out yur ee, if aw don't, aw'll be kist,
40   An mump a' the slack o' yur jaw.

Aw put them to reets, an' onward aw steer'd,
  And wonder'd the folks aw had seed,
But a' was palaver that ever aw heard,
  So aw walk'd on as other folk did,
45 At last aw got up on the top o' some sheds,
  Biv the help of an' ould crazy ladder;
And owr the tops of ten thousand folks heads,
  Aw sune gat a gliff o' the bladder.

D-m, a bladder aw call it! by gocks aw am reet,
50   For o' silk dipt iv lead itter melted
Its made of, an Lord what a wonderful seet,
  When the gun tell'd it was *filated*.
'Twas just like the boiler at wor Bella Pit,
  O'er which were a great cabbage net,
Which fasten'd by a parcel of strings se fit,
  A corf for the manny to sit.

As aw sat at ma ease aw cood here a' th' folk
        Gee their notions about th' balloon;
Aw thout aw shud brust when aw heurd their strange talk,
60   About the man's gawn to the Moon.
Says yen iv a whisper, aw think aw hev heurd
        He is carryin a letter to Bonny
That's ower the sea to flee like a burd:
        The thout, by jingars, was funny.
65 A chep wiv a fayce like a poor country bumpkin,
        Sed he heurd, but may hap tis'nt true,
That th' thing whilk they saw was a greet silken pumpkin,
        Bim'y eye, what a lilly-ba-loo!
Another said Sadler, (for that is the nayme
70   Of the man) ma pay dear for his frolic,
When he's up iv the clouds (a stree for his fame!)
        His guts may hev twangs of the colic.

The man a' this while the greet bladder was filling,
        Wiv stuff that wad myake a dog sick,
75 It smelt just as tho' they were garvage distilling,
        Till at length it was full as a tick.
They next strain'd the ropes to keep the thing steady,
        Put lilly white bags iv the boat;
Then crack went the cannon, t' say it was ready,
80   An' aw seed the bladder afloat.

Not a word there was heurd, a' eyes were a staring
        For the off gawen moment was near;
To see sic a crowd, se whish'd was amazen,
        Aw thout aw fand palish and queer.
85 After waitin a wee, aw seed him come to,
        Wiv his friends round about, sic a croud;
Of his mountin the stage aw had a full view,
        But they crush'd him se vulgar and rude.

Aw hands then left go, and upwards he went,
90   Shuggy-shuing his corf iv the air:
Aw heads were turn'd up, wiv looks se intent
        To see his flag awaving se fair.
It went its ways up like a lavrick se hee,
        Till it luckt 'bout th' size of a sky ate;
95 When like tiv a pear it was lost t' th' ee,
        Aw wisht the poor man better fate.[17] Angus, Printer

[17] John Bell, ed., *A Collection of Local Songs and Peoms*..., o.J. The Robert White Collection of Chap-books, Garlands and Broadsides. Newcastle-upon-Tyne University Library. Der Verfasser der Stra-ßenballade ist nicht bekannt. Möglicherweise stammt sie von dem Newcastler Kaufmann John Sel-kirk, dem Erfinder der bei den Bergarbeitern und ihren literarischen Wortführern überaus populären Cranky-Figur (vgl. zu dieser Figur Vicinus 33–34). Der Autor besitzt jedenfalls eine intime Kennt-nis der Unterschichtenmentalität. Für die folgende, nicht leicht zu bewerkstelligende Übersetzung des Originals danke ich Jackie Schäfer.

Bob Cranky's Account of the Ascent of Mr. Sadler's Balloon, From Newcastle, September 1st, 1815

Away with all my marrows, big, little and dressed,
 The first of all sights may be seen;
It's the balloon, man, so great, yes folks! it's no joke,
 Though it seems for all the world like a dream.
I read in the papers, by God! I remember,
 It's to fly without wings in the air,
On this very Friday, the first of September.
 Whether it be cloudy, wet weather or fair.

And a man, man, in this very balloon, goes
 Above, to fly among the stars,
And to hold a conversation with the man in the moon,
 And sweep cobwebs from the sky.
And so we started from home at eight in the morning,
 Both father and mother, and son,
But found our neighbours had started before,
 To get in good time for the fun.

The lanes were crowded, some riding, some walking,
 I've never seen anything like it in my life;
Bedlam had broken out, I thought, by the sound of their talking,
 Every child, boy, girl and the wife.
The people at the windows all jeered as we passed,
 And thought all our numbers surprising;
They stared and they glowered and asked in jest,
 Are you all colliers a-rising?

I found in the town, too, the shops were shut up,
 And the streets were so crowded with people,
The walls so closely stuck up with balloon papers,
 By heaven, it looked like a fair
One fellow was making a joke of it all,
 Another was thrashing (?) all the people,
While a third said it was a bag full of smoke
 That was coming over our heads.

To the first of these chaps I said, none of your fun,
 Or I'll lay you down all your length on the stones,
Or I'll knock your teeth out, as sure as a gun,
 And maybe I'll choke you with bones
To the nose of the second I held up my fist,
 Damn, I'll beat you as black as a crow,
I'll knock out your eye, if I don't, I'll be kissed,
 And slap at the slack of your jaw.

I put them to rights and onward I steered,
 And wondered at all the people I had seen,
But it was all as much chatter as I had ever heard,
 So I carried on walking like the other people did,
At last I climbed up on to the top of some sheds,
 With the help of an old crazy ladder;
And over the tops of ten thousand peoples' heads,
 I soon got a glimpse of the bladder.

Damn, a bladder I call it! by God I am right,
 For of silk dipped in melted rubber
It is made, and Lord what a wonderful sight,

134

Erkenntnis- und Unterhaltungsanspruch dieser Straßenballade sind, wie es scheint, der Bewußtseins- und Bedürfnisdisposition des gemeinen Mannes genau angepaßt. Der authentische Umgang mit dem nordenglischen Dialekt läßt sogar vermuten, daß es einer energischen imaginativen Anpassungsleistung auf seiten des Produzenten gar nicht bedurfte, daß vielmehr sein Horizont und derjenige seiner Leser von vornherein weitgehend deckungsgleich waren.

When the gun signalled it was filated (inflated?)
It was just like the boiler at our Bella Pit (mine),
    Over which a large cabbage net
Which fastened by a bunch of ropes so fine,
    A basket for the man to sit in.

As I sat at my ease I could hear all the people
    Giving their opinions about the balloon;
I thought I would burst when I heard their strange talk,
    About the man's going to the moon,
One says in a whisper, I think I have heard
    He is carrying a letter to Bonny*
Who is over the sea to fly like a bird:
    The thought, by my jinkers, was funny.

A chap with a face like a poor country rustic,
    Said he heard, but maybe it isn't true,
That the thing which they saw was a great silken pumpkin,
    By my eye, what an uproar (hullabaloo).
Another said that Sadler (for this is the name
    Of the man) may pay dear for his frolic (fun and games),
When he's up in the clouds (a straw for his fame!)
    His stomach may have twangs of the colic.

All this time the man was filling the great bladder
    With stuff that would make a dog sick,
It smelt as though they were distilling garbage (burning rubbish?)
    Till at length it was as full as a tick (parasitic insect that sucks itself full of blood)
They next tightened the ropes to keep the thing steady,
    Put lily-white bags in the boat;
Then crack went the cannon, to say it was ready,
    And I saw the bladder afloat.

Not a word there was heard, all eyes were staring,
    For the take-off moment was near;
To see such a crowd so hushed was amazing,
    I thought I found palish and queer. After waiting a while I saw him arrive,
With his friends around him, such a crowd; Of his mounting the stage I had a full view,
    But they crushed him so vulgar(ly) and rude(ly).

All hands then let go and upwards he went,
    His basket swinging in the air;
All heads were turned up, with looks so intent
    To see his fine flag waving.
It went its way up as high as a lark (?),
    Until it looked about the size of a bird (?)
When it appeared to be lost to the eye,
    I wished the poor man a better fate.

* Bonny Prince Charlie: Charles Edward Stuart, the young Pretender, defeated at the battle of Culloden (ca. 1745) and who fled to the Isle of Skye.

Was hier geschieht, ist einsichtig: Ein spektakuläres, geschichtlich genau lokalisiertes Ereignis wird durch den Text zur spannend aufgemachten Nachricht. Das entspricht nun in der Tat den sozio-kulturellen Bedingungen, denen Straßenballaden ihre Verbreitung verdankten: Sie waren die Zeitung des kleinen Mannes, der sich die vor der Abschaffung der Stamp Act (1855) teuren Gazetten nicht leisten konnte.

Informationsvermittlung und Informationswahl folgen den in dieser Textsorte[18] üblichen Gepflogenheiten und regeln deshalb auch die Art, wie das Novum aufgenommen und in bestehende Wissensbestände eingeordnet wird. Da der Text als Rollenballade angelegt ist, als Erlebnisbericht eines Augenzeugen des sensationellen Ereignisses, baut er Distanzen ab, führt er seine Leser hautnah an das Geschehen heran. Die Perspektivierung der Vermittlung wird durch die Wahl eines aktiv handelnden Berichterstatters betont. Cranky, eine fiktive Figur, entpuppt sich als rauflustiger Bursche mit einem scharfen Blick für die Komik der Reaktionen der Menge, als ein zur Identifikation einladender Volksheld also, der die anerkannten Normen seiner Gruppe, insbesondere der "pitmen" (Z. 24), verkörpert. Die erzählerische Inkonsistenz der Ballade ist in einem solchen Rezipientenkreis offenbar kein Mangel. Die ersten 12 Zeilen verdeutlichen vorgreifend den unglaublichen Gegenstand des Berichts, nämlich den in Zeitungen angekündigten Aufstieg eines Menschen zu den Sternen, auf der eigenständigen Kommunikationsebene Sprecher-Hörer. Dabei wird nicht berücksichtigt, daß dieser Teil zur Vorgeschichte gehört und deshalb ebenfalls eine narrative Präsentation im Präteritum erfordert hätte. Ab Zeile 13 hält sich dann die Erzählsequenz an die Chronologie der Volksbelustigung. Alle mitgeteilten Handlungen dokumentieren das Spektakuläre des Ereignisses: der Abmarsch zum Ort des Schauspiels, riesige Menschenmassen, geschlossene Läden, Jubel und Scherz, lautstarke Auseinandersetzungen, das Aussehen des Ballons und seine Auffüllung mit einem 'stinkenden Etwas', schließlich der Aufstieg und die vor Spannung und Verwunderung stumm starrende Menge.

Das unvergleichliche Schauspiel ("the furst of a' seets") muß erst einmal verarbeitet sein, ehe es zur anschaulichen Erläuterung anderer Sachverhalte analogisch verwendet werden kann. Der Ballon wird im Text deshalb nirgendwo metaphorisiert oder symbolisiert, er ist vielmehr als zu identifizierender Sachverhalt selbst Gegenstand explikativer Vergleiche und Metaphern. Sozialhistorisch und mentalitätsgeschichtlich ist nun der Befund, daß die zur Verdeutlichung und Erklärung herangezogenen Bildbereiche entweder dem ländlich-bäuerlichen Erfahrungskreis oder dem Bergbau entstammen, im Zeitalter der beginnenden industriellen Revolution (1815) nicht verwunderlich. Cranky und die von ihm zitierten Kommentatoren aus dem Volke nennen den Ballon "a bag full of smoke, the bladder" (3x), "a great silken pumpkin" ('seidener Kürbis'), "his corf" (Förderkorb oder Fischkorb, als Metapher für die Gondel, den Teil, der in der 'korrekten' Beschreibung 'car' genannt wird), "like the boiler at wor Bella Pit" (Kessel). Der Ballon wird heimisch gemacht, für das eigene Bewußtsein akzeptabel, indem man ihn an ein ganzes Netz von wohlvertrauten Assoziationen und Vorstellungen anschließt. Durchweg geht die Analogiebildung vom visuellen Eindruck der birnen- oder ballförmigen Er-

---

[18] Vgl. zu dieser populären Gattung den nützlichen Beitrag von Natascha Würzbach, „Die englische Straßenballade. Eine schaustellerische Literaturform im Umfeld volkstümlicher Kultur", in: Walter Müller-Seidel, ed., *Balladenforschung* (Königstein/Ts: Athenäum, 1980), 134–153.

scheinung des Ballons aus. Das physikalische Prinzip des Ballonfliegens – die Verwendung von Gas, welches leichter als Luft ist – dürfte den Hörern oder Lesern der metaphorischen Umschreibungen freilich verborgen geblieben sein. Das Neue und anscheinend gar nicht Begriffene ist nur auf dem Wege der Negation angebbar, einer Negation, die den vom Naturvorbild abweichenden Charakter des Ballonfliegens naiv erfaßt: "It's to flee without wings in the air." Die eigentliche Auftriebskraft der Flugmaschine, das Gas, wird nicht mit dem zuständigen Begriff bedacht, vielmehr reduktiv und vom Entscheidenden ablenkend als widerwärtig stinkender Stoff eingeführt. Eben dieses Problem der Angemessenheit der erläuternden Metaphorik, d. h. die Gefahr der Verfälschung oder Vereinfachung durch Verbildlichung, wird übrigens – ein bemerkenswerter Vorgang – vom Sprecher selbst erkannt und formuliert: "D–m, a. bladder I call it! by gocks I am right. For of silk..."

Der Text bezieht also einen wesentlichen Teil seines Reizes aus dem Versuch, das Unvertraute für ein Unterschichtenpublikum zu versprachlichen. Solche aufregend-unterhaltsamen Identifizierungsversuche aus der Perspektive 'von unten' gibt es auch in der Prosa. In England führte den ersten Ballonflug der Italiener Vincenzo Lunardi durch, der am 15. September 1784 mit einem Wasserstoffballon von London nach Standen in Hertfordshire flog. Über die Landung in Hertfordshire sind vier eidesstattliche Erklärungen von Bauern und Landarbeitern überliefert, die den Hergang des Ereignisses genau schildern. Hier zwei Auszüge:

> The voluntary declaration and deposition on oath, of Nathaniel Whitbread of Swanley Bar, farmer, in the parish of North Mimms, in the County of Hertford, Yeoman.

> ... And this deponent further on his oath saith, that the Machine in which the gentleman came down to the earth, appeared to consist of two distinct parts connected together by ropes, namely, that in which the gentleman appeared to be, a stage boarded at the bottom, and covered with netting and ropes on the sides, about four feet and a half high, and the other part of the Machine appeared in the shape of an urn, about thirty feet high, and of the same diameter, made of canvass, like oil skin, with green, red, and yellow stripes.
> Nathaniel Whitbread.

> Sworn before me this twentieth
> day of September, 1784.
> William Barker.

> The voluntary declaration and deposition on oath of Elizabeth Brett, Spinster, servant to Mr. Thomas Read, farmer, in the parish of Standon, in the county of Herts.

> This Deponent on her oath saith, that on Wednesday, the 15th day of September, instant, between four and five o'clock in the afternoon, she, this Deponent, being then at work in her master's brew-house, heard an uncommon and loud noise, which, on attending to it, she conceived to be the sound of men singing, as they returned from harvest home. That upon going to the door of the house she perceived a strange large body in the air, and on approaching it in a meadow-field near the house, called Long Mead, she perceived a man in it; that the person in the Machine, which she knew not

what to make of, but which the person in it called an Air Balloon, called to her to take hold of the rope, which she did accordingly;. . .[19]

Um die historische Tatsächlichkeit des unerhörten Ereignisses festzuhalten und es dem Vorwurf der Hexerei und Zauberei zu entziehen, bedient man sich des institutionalisierten juristischen Diskurses. Die Identität des Neuen wird öffentlich beglaubigt. Sämtliche Zeugenaussagen schlagen die technische Neuheit der Klasse der 'machines' zu, erweitern also das Bedeutungsspektrum des vertrauten Wortkörpers, weil ihnen das Lehnwort 'balloon' noch nicht geläufig ist.

Selbstverständlich beschränkt sich die dem gemeinen Mann zugeordnete Literatur nicht ausschließlich darauf, Faktizität und Sensationalität des Ballons zu erkunden und auszuschlachten. Wo in Straßenballaden metaphorische Übertragungen vorkommen, folgen sie der gattungsspezifischen Regel der durchschaubaren Tarnung anstößiger sexueller Bedeutungen. Der Spielraum der Metaphorisierung wird also durch eine konventionelle Funktion der Gattung begrenzt. Diese Funktion schließt das Genre aus dem Feld der herrschenden moralisch-bürgerlichen Kultur allerdings entschieden aus. Dem soeben erwähnten Tarnungsverfahren ist übrigens jedes an sexuelle Bedeutungen anschließbare Bildfeld willkommen. Als Belege für die Freudsche These des sexuellen Hintersinns von Flugträumen[20] sind die Ballons der Straßenballaden deshalb kaum zu verwenden.

Der von der Damenwelt bewunderte Italiener Lunardi bot einen zusätzlichen Anreiz, das Spiel mit den sexuellen Konnotationen des Ballon-Bildes zu eröffnen ("The Air Balloon Fun. A New Song", "Lunardi. A New Song"):

> Balloons they are all the rage,
>   Nothing but them gives delight,
> Lunardi's neck almost broke,
>   The ladies were in a sad fright.
>
> CHORUS For there he went up, up, up,
>   And there the balloon turn'd round-e
> There all the gas flew out,
>   And so he quickly came down-e.
>
> Lunardi he is a fine man,
>   To the ladies he gives much pleasure,
> The tube of his air balloon
>   Is surely a very great treasure.
>
> CHORUS There he went up, etc.
>
> All the ladies very much long
>   To ride in his air balloon,
> To taste love's sweetest joys,
>   Be kiss'd by the man of the moon.

[19] Zit. n. *A collection of newspaper cuttings...*
[20] Vgl. Sigmund Freud, *Die Traumdeutung*, Studienausgabe, II (Frankfurt: Fischer, 1972) 385–386.

CHORUS For there he went up, etc.

A lady was with him to ride,
   Frolick and frisk in the air,
But when his machine did fail,
   Was driven almost to despair.[21]

(Aus: "Lunardi. A New Song")

Herrscht in den Straßenballaden der Unterschichtenkultur die Lust am Schauspiel und an der prickelnden Fremdheit der technischen Neuheit vor, so gibt es auch eine ganze Reihe von Ballon-Texten, die umgekehrt das metaphorische und perspektivische Darstellungspotential des neuen Gegenstandes erproben. Die Herstellung einer Vielfalt von analogischen Beziehungen bedeutet, daß an die Stelle der Schaubudenfaszination ein reflexiv-ästhetisches Verhältnis zum Gegenstand tritt. Es verwundert kulturtypologisch nicht, daß ein solcher Umgang mit dem neuen Fortbewegungsmittel in hoher Lyrik, professionell gemachten und vorgetragenen Liedern des gehobenen Londoner Unterhaltungsbetriebs[22] sowie in solchen Prosatexten vorzufinden ist, die den Erwartungen informierter und literarisch sensibilisierter Leser entsprechen wollen.

Doch kommen wir zu einem Beispiel. Der Arbeiterdichter John Nicholson (1790–1843) – mißratener Sohn eines Fabrikbesitzers aus Yorkshire – ließ sich von den Taten des Ballonveteranen Green zu einem längeren poetischen Erguß animieren. Titel ("Ascent of Mr. Green's Balloon, from Halifax, April 19, 1824") und Gedichtinhalt klaffen allerdings weit auseinander. Während der Titel, ähnlich der Straßenballade, einen Geschehensbericht in Versform erwarten läßt, nimmt Nicholson das historische Ereignis zum Anlaß, mit Hilfe des Ballon-Bildes eine Kette von moralischen Exempeln bzw. Emblemen zu präsentieren, die allesamt die uralte moralische Maxime von Aufstieg und Fall verkünden. Prinzip der Verknüpfung ist einzig und allein dieses Konzept, nicht etwa die Handlungslogik einer Ereignisabfolge. Utopische Schwärmer, fröhlich-kokette Damen, lebenslustige junge Herren, Tyrannen und schließlich die Dichter sind die Beispielfiguren, an denen Nicholson die Wahrheit jener Lebensweisheit entfaltet:

The air balloon a picture is
Of man's most elevated bliss.
As on the wings of hope he hastes,
He finds all earthly pleasure wastes.

---

[21] John Lolloway/Joan Black, eds., *Later English Broadside Ballads* (London: Routledge, 1975) I, 159–160.

[22] Z. B. „The favourite Balloon Song, sung by Mr. Arrowsmith at Vauxhall. Set by Mr. Arne. Written by Mr. Pillon". Die Menschen und Adressaten werden ironisch als Ballonfahrer („Ye high and low-flyers") angesprochen, die im Äther entweder am Ziel ihrer Wünsche („fine castle in the air" für den Dichter, „fond husbands" für die Schönen) sind oder, falls es sich um Aktienbesitzer, Ärzte und Rechtsanwälte handelt, mit ihren Untaten konfrontiert werden. Das Lied klingt mit einem patriotischen und utopischen Schlußakkord aus:
    But in pity to earth wou'd England's Queen fly,
    She'd bring down Astrea once more from the sky.
Zit. n.: *A collection of newspaper cuttings* . . .

The sweetest bliss that man enjoys
In its possession only cloys;
Though with good fortune for his gas
He o'er the clouds of want may pass,
Yet come a storm, the weakened air
May drop him on a sea of care.
The enthusiasts, who soar on high,
And seem as if they'd grasp the sky,
With reason weak, and fancy strong,
Think all the sects but theirs are wrong;
Condemn all creeds, and think that they
Alone are heirs of endless day.
They cling around their car of hopes,
Till Demon Nature cuts the ropes.
As through this evil world they pass,
And fierce temptations waste their gas,
They downward fall – the phantom vain
Comes rapid to the earth again:
And when they can get breath to speak,
They own they are but mortal weak.[23]

Die Dichtung des 18. Jahrhunderts hatte sich naturwissenschaftlichen Erkenntnissen bereitwillig geöffnet. Nicholsons Anlehnung an diese Tradition – abzulesen am Sprachduktus, dem 'heroic couplet' und der ganzen Organisation des Textes – ist aber nicht als bewußte Wahl eines Mediums zu verstehen, das im Unterschied zur romantischen Poesie erlaubt, technische Sachverhalte in den Dienst moralisch-didaktisch motivierter Dichtung zu stellen. Die kulturelle Isolation des Arbeiterdichters, der wohl Kontakt zur industriellen Arbeitswelt hat (vgl. das Gedicht "Low Moor Iron Works"), nicht aber zur literarischen Elite seiner Zeit, ist für dieses im 19. Jahrhundert recht häufige Zusammentreffen von ästhetischem Traditionalismus und Aufgeschlossenheit für technisch-naturwissenschaftliche Motive wohl eher verantwortlich zu machen.

In einem Akt der Überanpassung versucht Nicholson, der Idee des poetisch hohen Stils durch eine Fülle von Metaphernbildungen gerecht zu werden: "wings of gas", "good fortune for his gas", "car of hopes", "love's balloon", "marriage portion for his gas", "folly's balloon", "pride and ambition for his gas" (der Tyrann), "fancy's gas". Durchweg konnotieren die Genitivmetaphern Aufwärtsbewegung und Auftriebskraft. Letztere ist entweder von vornherein negativ einzustufen ("folly", "pride and ambition") oder dazu verurteilt, sich zu erschöpfen und eine ernüchternde Abwärtsbewegung einzuleiten. Das Leben des vom Glück Begünstigten ist wie ein Ballonflug, der früher oder später in die unruhige See hinabführt (vgl. Butlers *Erewhon).*

Nicholson wertet das Ballonbild überwiegend negativ, es wird zum Sinnbild der zeitlosen, 'human condition' schlechthin: Mag der Versuch, sich über die Erde zu erheben und natürliche Beschränkungen abzustreifen, ein Grundzug menschlicher Existenz sein, so gilt doch noch mehr, daß solche Versuche von der Wirklichkeit des irdischen Lebens eingeholt werden.

[23] W.G. Hird, ed., *The Poetical Works of John Nicholson* (the Airedale Poet) (London: Marshall, 1876) 224–225.

140

Nicholson versammelt unter dem Bildfeld Ballon eine ganze Reihe von Konzepten, die vom Ökonomischen (Geld = Gas) bis zu moralischen Qualitäten bzw. Fehlern (Leichtsinn, Ehrgeiz, Torheit, Hoffnung), utopischen Zuständen (Ballonflug = Glück) und der poetischen Phantasie reichen. Worin liegt nun die Leistung dieser Analogiebildungen? Zunächst ist daran zu erinnern, daß es sich bei den Zuordnungen Bild und Bedeutung, 'vehicle' und 'tenor', Substituent und Substitut für die Benutzer um gedachte Beziehungen handelt. Die Funktion solcher Analogiebildungen ist erstens explikativ, weil eine – nicht notwendig abstrakte – Sache durch eine andere Sache möglichst konsistent und anschaulich vermittelt wird; sie ist zweitens affektiv, weil das gewählte Bild den gemeinten Sachverhalt mit Sinnlichkeit verknüpft, und sie kann schließlich – was kaum auf Nicholson zutrifft – exploratorisch sein wie bei der suggestiven Kunstmetapher, die semantische Dimensionen in der Sprache anzudeuten erlaubt, die sonst nicht sagbar wären. Sie kleidet sozusagen das Schweigen in Rede. Alle drei Funktionen der spielerischen Verfremdung haben schließlich für den Rezipienten Unterhaltungs- und Erkenntniswert, weil er gehalten ist, auf einem Umweg, sowohl im Hin und Her zwischen Bild und Bedeutung als auch zwischen Kontext und tropischem Sprachgebrauch, das Gemeinte zu erschließen[24]. Die Stiftung einer Ähnlichkeitsbeziehung zwischen unterschiedlichen Bereichen wirkt nicht nur integrativ; sie schärft, eben weil sie eine bloß gedachte ist, für den Kenner der Sachebene auch das Bewußtsein ihrer Differenz. Anders gewendet: Integration bedeutet die Anpassung neuer bzw. komplexer Sachverhalte an den Bewußtseinshorizont damit unvertrauter Rezipienten mit Hilfe vertrauter, metaphorisch genutzter Bildbereiche. Für diesen Zweck ist also ein explikativer (und reduktiver) Bildgebrauch erforderlich. Wohl kaum kann sie bedeuten, daß im Prozeß der Arbeitsteilung entstandene unterschiedliche Wissensbereiche selbst durch Verbildlichung 'integriert' werden.

Ich sagte soeben, daß Nicholson auf ästhetisch überholte Weise – mechanische Zuordnung von Bild und Bedeutung, rhythmisch monotone 'heroic couplets' u. a. m. – einen neuen Stoffbereich assimiliert, um uralte moralische Maximen aufzufrischen. Der explikative Bildgebrauch herrscht vor, weil es in erster Linie um die Verdeutlichung des zugrundeliegenden Konzeptes geht. Was sich so altbacken und ungleichzeitig ausnimmt, erhält indes im Zusammenhang radikaler und frühsozialistischer Bestrebungen im Gefolge der industriellen Revolution einen politischen, nämlich utopie-kritischen Sinn. Nicholson holt die 'enthusiasts' auf die Erde zurück: Die „Gondel der Hoffnungen" fliegt nur so lange, wie die „dämonische Natur" die Seile nicht abschneidet. Utopische Höhenflüge scheitern an der menschlichen Endlichkeit der Fliegenden selbst – ihrer Korrumpierbarkeit, Schwäche und Sterblichkeit – wie an der Unvollkommenheit der Welt: Im Zusammenprall mit der Realität des Bösen zerstieben die Trugbilder und fallen zur Erde herunter.

Im scheinbar zeitlosen moralischen Lehrgedicht versteckt sich ein aktueller Sinn. In der Tat unterstützte der 'Arbeiterdichter' Nicholson zeit seines Lebens die moralische und politische Position der anglikanischen Hochkirche. Ob dies aus Überzeugung oder mit Rücksicht auf seine zahlungskräftige bürgerliche Leserschaft geschah, sei dahingestellt. So wenig er die politische Gleichstellung der Katholiken (1829) begrüßte ("England's Lament for the Loss of her Constitution"), so sehr ver-

---

[24] Vgl. zur Metapher Karlheinz Stierle, *Text als Handlung* (München: Fink, 1975).

urteilte er im Namen einer christlichen Morallehre und Anthropologie die „demagogischen" Umtriebe englischer Frühsozialisten. Ein langes Gedicht mit dem Titel "Owen's New Moral World" bezweckt einzig und allein die satirische Bloßstellung und Widerlegung vermessener utopischer Pläne (Robert Owens *The Book of the New Moral World,* 1836–1844), welche die Grundlagen einer intakten Gesellschaft wie Ehe, Familie, soziale Hierarchie und christliche Religion mißachteten. Die gleichbleibende Grundhaltung führt zur Verwendung semantisch und funktional äquivalenter Bilder:

> This baseless system never can succeed (Z. 71)
> Vain as the Southern Bubble[25] it will be –
> As soon expect a bridge across the Sea. (Z. 111–112)

Dem herabfallenden Ballonfahrer des ersten Gedichts entspricht hier das eng verwandte Bild der Luftblase, deren voraussehbares Zerplatzen die mangelnde Solidität utopischer Projekte anzeigt. Aufschlußreich übrigens, daß die kompromißlose Utopie-Kritik, indem sie das Zerplatzen oder Herabfallen der 'Blase' als gesichert voraussetzt, in gleicher Weise über die Geschichte verfügt wie die utopischen Pläneschmiede. Woraus man den Schluß ziehen könnte, daß die idealtypische Opposition Geschichte vs. Utopie, im Bildfeld des Ballons gesprochen also Erde vs. Ballon(-himmel), steril ist und die tatsächlichen Prozesse nicht greift. Denn wie die reale Geschichte unablässig utopische Spekulationen, Hoffnungen und Systeme dementiert, nimmt sie ständig – nicht zuletzt als 'Antriebsmoment' – Utopisches in sich auf.

Die auf ein gebildetes Publikum abzielende Ballon-Literatur neigt dazu, den Leser in ein mehr oder weniger raffiniertes analogisches und perspektivisches Spiel zu verwickeln, das auf moralisierende, komische oder satirische Weise Denkbewegungen anstößt. Da einschlägige Untersuchungen fehlen, ist nicht hinreichend deutlich festzustellen, ob diese Texte (Prosa und Lyrik), sofern sie der 'hohen' Literatur zuzurechnen sind, dabei etwa ironisierend, parodistisch etc. auf alltägliche Verwendungsweisen des Bildfeldes reagieren oder ob nicht umgekehrt anspruchsvolle Literatur den Verweisungsspielraum des neuen Vehikels überhaupt erst ausmißt. Sicher ist, daß die hohe Analogiefähigkeit des Ballon-Bildes schon in der dem gewöhnlichen Publikum nicht zugänglichen Zeitschriftenliteratur des ausgehenden 18. und 19. Jahrhunderts gelegentlich ausdrücklich thematisiert wird. So beispielsweise in jenem ironischen Brief des Universal Magazine (*The Universality of Balloons. To the Editor of the Universal Magazine*), der die große Beliebtheit des Ballons mit seiner unbegrenzten Anschließbarkeit begründet:

> What is man himself, but a balloon? His body so slight, so flexible, so easily hurt and torn – what is it, but a covering of gummed taffety? His mind, big with vanities, with resentments, with hopes, with fears, ready to fly off whenever any fracture is made in

---

[25] Der Vergleich bezieht sich auf ein Vorhaben (South Sea Scheme) der South Sea Company (gegr. 1711), die 1720 gegen die Übernahme der gesamten Staatsschulden das Handelsmonopol in der Südsee erhielt. Die dadurch angeheizte Spekulation brach noch im gleichen Jahr zusammen, u. a. wegen unseriöser Praktiken. „Bubble" ist in der auf das historische Ereignis verweisenden Zusammensetzung „South Sea Bubble" (= South Sea Scheme) natürlich eine abgenutzte lexikalische Metapher.

its covering, catching fire to danger of destruction, by one passion or another. – Surely this may well be regarded as nothing else but a little inflammable gas.[26]

Das Ballbild, so der Text, vermöge alle nur denkbaren *departments of life* abzubilden: Die Erziehung gleiche dem Aufblasen des Ballons, die Beredsamkeit entspreche der Kunst des Ballonverfestigens usw.

Drei Ballongedichte von Thomas Hood (1799–1845) bieten gleichsam ein Kompendium der literarischen Verwendungsmöglichkeiten des Ballon-Motivs. Im provozierend unverbindlichen Spiel der komischen Phantasie werden alle nur denkbaren Verfahren durchexperimentiert. Angriffsbewegungen umgedreht, Perspektiven abrupt geändert. Satirisches herrscht in "Ode to Mr. Graham, the Aeronaut" vor. Hood greift ein seit Lukian vertrautes Verfahren satirischer Bloßstellung auf: Aus der Vogelperspektive schrumpfen die aufgeplusterten Mitmenschen und literarische Konkurrenten zur Bedeutungslosigkeit:

> O! Graham, how the upper air Alters the standards of compare.[27]

Der Flug der Phantasie des erfolglosen Dichters 'Tims', den das Gedicht darstellt, schafft die perspektivische Bedingung für satirische Angriffe, die freilich unverzüglich auf ihn selbst zurückschlagen. Denn die Relativität ist eine Frage des Bezugspunktes: In dem Maße, in dem die 'Irdischen' an Wichtigkeit für den Himmelsstürmer verlieren, entschwindet er selbst dem Gesichtskreis der Gesellschaft. Hood verwandelt die Ballonregion in einen Tummelplatz seiner grotesken Phantasie. Da darf denn der Mann im Mond nicht fehlen, der dann tatsächlich in "A Flying Visit" angeschwebt kommt, um mit den Irdischen geschäftliche Kontakte aufzunehmen. Dem Alien ergeht es, wie zu erwarten, bei den Erdbewohnern schlecht, so daß er fluchtartig die Rückreise zum Mond antreten muß.

Über die Verwandtschaft dieser Komik mit dem „Flug" der romantischen Phantasie hat Christian Enzensberger – ohne auf die Ballon-Gedichte einzugehen – Beachtenswertes gesagt.[28] Und in der Tat ist die "Ode to Mr. Graham, the Aeronaut" mit Anspielungen auf Keats' poetologisches Gedicht "Ode to a Nightingale" durchsetzt. Denn die Bewegungskurve von Ballonflug und Imagination, deren Ende und Grenze die Erde setzt, ist gleich. In beiden Fällen verfügt man über die Wirklichkeit, allerdings mit dem Unterschied, daß sich für den liberalen, sozial empfindenden Bürger und Nachromantiker Hood die integrative Kraft der Imagination unter dem Eindruck der sich verschärfenden gesellschaftlichen und kulturellen Zerrissenheit in ein humoristisches, ja grotesges Vexierspiel auflöst. Der Vertrauensvorschuß, den die Romantiker der Imagination gewährt hatten, ist offenkundig aufgebraucht. Deshalb bedeutet die komisch übertreibende ("most inflated words") Anlagerung des Ballon-Bildes an vertraute metaphysische Vorstellungen keineswegs eine Wiedereinsetzung abgelebter Sinnmuster:

> O LOFTY-minded men!
> Almost beyond the pitch of my goose pen!
> And most inflated words!
> Delicate Ariels! ethereals! – birds

---

[26] Zit. n.: *A collection of newspaper cuttings* . . .

[27] Zit. n.: *The Works of Thomas Hood* (London: Moxon, 1871) V. 24–31, hier 26.

[28] Christian Enzensberger, „Die Fortentwicklung der Romantik am englischen Beispiel: Thomas Hood", in: *DVjs.* 38 (1964) 534–560.

Of passage! fliers! angels without wings!
Fortunate rivals of Icarian darings!
Male-witches, without broomsticks, – taking airings!
    Kites – without strings!
Volatile spirits! light mercurial humours!
O give us soon your sky adventures truly.
With full particulars, correcting duly
All flying rumours! [29]

Hoods saloppe Gelegenheitsgedichte verwandeln das reale in ein imaginatives Spektakel, dessen Fiktivität von den Sprechern angezeigt wird. Statt literarischer Nachrichtenäquivalente (wie in der Straßenballade) erhalten wir imaginierte Erlebnisse und Mutmaßungen von unten, die ständig zwischen wörtlicher und metaphorischer Ebene oszillieren. Hood, äußerst sprachbewußt, nimmt in der zuletzt zitierten komischen Ode kunstvoll verblaßte metaphorische Wendungen und Vokabeln ("highness", "elevated", "high time", "above criticism") beim Wort, denen die Raumopposition „oben vs. unten" als Basis der Analogie dient. Der historisch tatsächlich einmal erfolgte Ballonflug nach Deutschland ist deshalb so angemessen, weil er in einen kongenialen Raum führt, ins Land der spekulativen Philosophie ("High Germanie"):

Some thought it must be
Tumbled into the sea;
Some thought it had gone off to High Germanie;
For Germans, as shown
By their writings, 'tis known
Are always delighted with what is high-flown.[30]

Die Metaphorik, von der wir im gegenwärtigen Zusammenhang sprechen, zeigt sich der Analyse als durchweg rational kontrollierte. Suggestive 'Vieldeutigkeit' im modernen Sinne, die Versprachlichung des begrifflich Unsagbaren, begegnet eigentlich nicht. Selbst W. B. Yeats (1865–1939) scheint dieser konzeptorientierten Verwendung des Ballonbildes, welches in der literarischen Verarbeitung entdeckt und ausprobiert wurde, zu verfallen, wenn er im Gedicht "The Balloon of the Mind", die übliche Geistkonnotation des Ballons aufgreifend, formuliert:

Hands, do what you're bid;
Bring the balloon of the mind
That bellies and drags in the wind
Into its narrow shed [31]

Gleichwohl ist der Text bei näherem Zusehen semantisch weit offener als die konzeptgesteuerten Analogiebildungen ("inflated words", "love's balloon") des 19. Jahrhunderts, mit denen wir es bisher zu tun hatten. Yeats schafft nämlich einen

---

[29] „Ode to Messrs. Green, Holland, and Monck Mason, on their late Balloon Expedition", zit. n.: *The Works of Thomas Hood. VI*, 373.

[30] „A Flying Visit", ebd. VII, 308.

[31] Peter Alltf Russell K. Alspach, eds., *The Variorum Edition of the Poems of W. B. Yeats.* (New York: Macmillian, 1957) 358. Das Gedicht erschien zuerst am 29. September 1917 in *The New Statesman*, in einer kritischen Phase des Ersten Weltkriegs.

Kontext, der aufgrund seines elliptischen Charakters eher entgrenzt als begrenzt. Was soll die Aufforderung zur Zügelung des umherflatternden Geist-Ballons durch die 'Hände' bedeuten? Ist an die Disziplinierung chaotischer geistiger Aktivität zu denken, wie eine biographische Notiz vermuten läßt? [32] Spielt Yeats geschichtlich bewährte Praxis gegen unkontrollierte Abstraktionen und Spekulationen aus? Die sich ausschließenden Deutungen von Morton Irving Seiden[33] bestätigen immerhin die Unbestimmtheit des Textes: Yeats greife hier den Okkultisten Yeats an, hundert Seiten später gilt der entschlossene Angriff der modernen Wissenschaft. Als Tendenz zeichnet sich ab, daß Yeats unter den Bedingungen 'unkommunikativen' modernen Dichtens die utopiekritische Bedeutungskomponente des Ballon-Bildes aufgreift und radikalisiert.

Die pragmatische Rückbindung des Ballon-Motivs ist bei dem schwedischen Lyriker und Philosophen Lars Gustafsson vollends geschwunden; allerdings wird diese gewissermaßen in einer imaginativen, historisierenden Rekonstruktion zurückgewonnen, die zugleich eine symbolische Uminterpretation des Flugmotivs vornimmt. Das Gedicht „Die Ballonfahrer"[34] ist nämlich, wie aus den Anmerkungen hervorgeht, 'nach einem alten Bilde' geschrieben. Die ästhetischen Probleme der Überführung der statisch-gleichzeitigen Bildinhalte in die Sukzession einer Beschreibung, die nicht nur die Bildelemente der Vorlage addierend aneinanderreiht, sondern auch den Eindruck eines Zeitablaufs erwecken möchte und Handlungen einfügt, braucht hier nicht entfaltet zu werden. Das Bild hält offenbar den Augenblick kurz vor dem Start des Ballons fest. Interessant ist nun, daß Gustafssons Bildbeschreibung die beiden Strukturebenen des Motivs, Spektakel und metaphorische oder symbolische Deutung, beispielhaft entfaltet. Diesen beiden Elementen ist auch der klassische Konflikt zwischen positiver und negativer Bewertung zugeordnet. Aus der kühlen Distanz des Bildbetrachters kehren in der Beschreibung die Motive des Spektakels wieder, und zwar teilweise in derselben explikativen Metaphorik wie in den Straßenballaden des 19. Jahrhunderts ('Aus der Nähe ist der Ballon gewaltig, wie ein *Riesenkürbis*', 'Sie rufen und winken den Reisenden zu im *Korb*'). Die anschließende Reflexion über Flug und Flugziel entgegenständlicht das Spektakel unmerklich zu realistisch (Kälte!) motivierten Surrealismen. Denn die Ballonfahrer entschwinden räumlich – ein *unerträglicher Gedanke* – in die Eiseskälte der wintrig-tödlichen Höhenzone, zeitlich im Laufe der Jahre dem Bewußtsein der Zurückgebliebenen. Gustafsson – das ist neu – imaginiert also einen zeitlich und räumlich unbegrenzten vertikalen Aufstieg des Ballons, der allerdings in eine menschenfeindliche Umwelt führt. Vordergründig beeilt sich der Sprecher, sein modernes, düsteres Sinnbild eines unkontrollierten ('wie im Schwindel') Todesflugs zurückzunehmen und dafür die zeitgenössische Interpretation des Ballonflugs als spannendes Spektakel zu restituieren. 'Eine Lustreise, ein Abenteuer, etwas für Kenner!' Aber die raffinierte gegenläufige Auf- und Abwärtsbewegung der beiden Schlußzeilen, die "in nuce" spektakuläres Ereignis und negative metaphorische Deutung noch

[32] Norman Jeffares, *A Commentary on the Collected Poems of W. B. Yeats* (London: Macmillian, 1968) 188–189.

[33] Morton Irving Seiden, *William Butler Yeats, The Poet as Mythmaker* (New York: Cooper Square, 1975) 183, 290.

[34] Lars Gustafsson, *Die Maschinen*. Aus dem Schwedischen übersetzt von Hans Magnus Enzensberger (1967; München: Hanser, 1980) 12–13.

einmal verkoppelt, dementiert indirekt diesen Versuch, die abgründige Dämonie der Maschine zu zähmen, den Ballon zu 'fesseln', ihn als Symbol des Fortschritts zu retten:

> Der Ballon ist frei, und schon steigt er auf.
> Unmerklich sinkt der Jubel zu Boden. (S. 13)

Schon bei Tennyson, dem 'poeta laureatus' des viktorianischen Zeitalters, verwandeln sich in einer bemerkenswert prophetischen Passage Jubel (und gewinnbringender Handel) in den Kriegslärm einander bekämpfender Luftflotten, signalisiert das Ballonzeichen mögliche historische Katastrophen:

> For I dipt into the future, far as human eye could see,
> Saw the Vision of the world, and all the wonder that would be;
> Saw the heavens fill with commerce, argosies of magic sails,
> Pilots of the purple twilight, dropping down with costly bales;
> Heard the heavens fill with shouting, and there rained a ghastly dew
> From the nations' airy navies grappling in the central blue;[35]
> (Aus: "Locksley Hall")

Für eine Geschichte der Entfaltung des Ballon-Motivs in englischen *literarischen* Texten des 19. Jahrhunderts dürfte die Materialgrundlage zu schmal sein. Eine solche Geschichte müßte aber in jedem Falle die ganze Vielfalt der journalistischen und wissenschaftlichen Ballon-Texte berücksichtigen, weil dort seine wiederkehrenden Elemente – Spektakel, Reaktion der Menge, Verkleinerungs- und Relativitätstopos, panoramische Perspektive, Anlagerung tradierter metaphysisch-mythologischer und naturbezogener Vorstellungskomplexe, metaphorische Übertragungen – zumindest teilweise vorgebildet und ausdifferenziert sind.

Dazu abschließend ein Text des großen viktorianischen Soziologen und Journalisten Henry Mayhew, Verfasser des Werkes *London Labour and the London Poor* (1861–1862), der am 18. September 1852 unter dem Titel "In the Clouds; or. Some Account of a Balloon Trip with Mr. Green" in *The Illustrated London News* erschien. Mayhews 'account' ist mehr als nur ein Erfahrungsbericht aus der Perspektive des Ballonfliegers. Er will, wie die einleitende Reflexion über die Motive seines Ballon-Fluges zeigt, der Luftfahrt eine Dimension zurückgewinnen, die in vulgären Massenspektakeln ("aerial bulls and ponies of late") verlorenging. Der Ballonflug eröffnet gänzlich neue Erkenntnis- und Empfindungsmöglichkeiten, er bietet einen unvergleichlichen sinnlichen und geistigen Genuß. Mayhew schließt u. a. an zwei bekannte Topoi der Ballonliteratur an: neue Erfahrungsperspektive und poetisch-utopische Transzendierung der Wirklichkeit. Mayhew reizt es, den großen Gegenstand seines Lebens, "the world of London", aus der Perspektive von oben in Augenschein zu nehmen. Doch dies erkenntnisbezogene Interesse des Soziologen vermischt sich sofort mit dem Bedürfnis des Menschen, im Ballonflug *real* einen Zipfel dessen zu erhaschen, wofür er als Sinnbild steht, Elysium:

> to look down upon the strange, incongruous clump of palaces and workhouses, of factory chimneys and church steeples, of banks and prisons, of docks and hospitals, of

---

[35] *The Poems of Tennyson*, 695. Mit den „argosies of magic sails" sind Ballons gemeint. In den gestrichenen vier Eingangsstrophen des Gedichts „A Dream of Fair Women" zieht Tennyson im Rahmen eines epischen Vergleichs Parallelen zwischen dem Ballonfahrer und dem Poeten (ebd. 441).

parks and squares, of courts and alleys – to look down upon these as the birds of the air look down upon them, and see the whole dwindle into a heap of rubbish on the green sward, a human ant-hill, as it were; to hear the hubbub of the restless sea of life below, and hear it like the ocean in a shell, whispering to you of the incessant stragglings and chafings of the distant tide – to swing in the air far above all the petty jealousies and heart-burnings, and small ambitions and vain parades, and feel for once tranquil as a babe in a cot – that you were hardly of the earth earthy; and to find, as you drank in the pure thin air above you, the blood dancing and tingling joyously through your veins, and your whole spirit becoming etherealised as, Jacob-like, you mounted the aerial ladder, and beheld the world beneath you fade and fade from your sight like a mirage in the desert; to feel yourself really, as you had ideally in your dreams, floating through the endless realms of space, sailing among the stars free as "the lark at heaven's gate", and to enjoy for a brief half-hour at least a foretaste of that elysian destiny which is the hope of all. To see, to think, and to feel thus was surely worth some little risk, and this it was that led me to peril my bones in the car of a balloon.
(The Illustrated London News, 224)

Mayhews Elysium realisiert sich eben im neuen ästhetisch-sinnlichen Genuß, den der 'panoramische Effekt' der Ballon-Aussicht ("a long series of scenes, as if it were a diorama beheld flat upon the ground"), die freie, unbehinderte Bewegung und die lustvolle Beschleunigung der Blutzirkulation im Aufstieg zum leichten Äther der Stratosphäre gewähren. Unversehens wird die reale Ballon-Reise des Soziologen Mayhew zum Symbol eines Forschens, das nicht um seiner selbst betrieben wird, sondern im Dienste 'utopischer Flugziele' steht. Wobei freilich zu bedenken ist, daß die entscheidende Formulierung "a foretaste of that elysian destiny which is the hope of all" schwebend gehalten ist und sowohl Utopisches als auch (damit nicht vereinbares, aber historisch eng verwandtes) Metaphysisches meinen kann. Überhaupt paßt sich das spielerische 'Schweben' des 'account' dem Charakter des Beschreibungsgegenstandes und dem Unterhaltungszweck des Mediums an.

Ich breche hier ab und abstrahiere aus dem Vorangehenden einige abschließende Thesen, die weitere Untersuchungen bestätigen oder verändern können:

1. Die 'Unterschichtenkultur' Englands im 19. Jahrhundert ist weder eine einheitliche Erscheinung, noch verfügt sie über ein artikuliertes Selbstverständnis. Zu einer sozialen Wandel anstoßenden gegenkulturellen Kraft konnte sie nicht werden, da sie mit und neben der offiziellen Kultur ein weitgehend unbeachtetes Dasein führte, zu dieser also nicht in ein gezieltes Negationsverhältnis trat. Eine solche Funktion wuchs ihr allerdings in dem Maße zu, wie sie sich in politischer Absicht organisierte und Texte, insbesondere auch Lyrik (man denke an die Lyrik der Chartisten) in den Dienst der politischen Auseinandersetzung und Abgrenzung stellte. Texte dieser Art, die hier nicht behandelt werden konnten, bedienen sich in der Regel einer altmodischen Rhetorik, die sie von der avancierten Lyrik der hohen Kultur deutlich unterscheidet.

Unter kulturtypologischem Aspekt verstärkt die Behandlung des Ballon-Motivs den schon von zeitgenössischen Betrachtern formulierten Eindruck, daß es im England des 19. Jahrhunderts unbeschadet offenkundiger sprachlicher, nationaler usw. Gemeinsamkeiten zwei Kulturen gab. Die aufsehenerregende technische Erfindung wird in der Unterschichtkultur sofort und primär in die Serie der begierig aufgegriffenen Sensationen und Spektakel eingereiht. Vertextungen, etwa in Form von Straßenballaden, heben dementsprechend als Zeitungen des kleinen Mannes auf die stofflichen und komischen Reize des neuen Transportmittels ab. – Die Behandlung desselben Themas in Texten, die in einem 'anspruchsvolleren' Kommunikationszusammenhang stehen, nämlich dem der vom gebildeten Bürgertum getragenen Kultur, zeichnen sich demgegenüber dadurch aus, daß sie das aufs Tatsächliche und Spektakuläre gerichtete Interesse sublimieren. Begegnet dort, wie überhaupt im industriellen Volkslied, die technische Neuheit in Form von 'naiv'-sinnlichen Narrationen, so erscheint sie hier in ästhetisch gezielt funktionalisierter Form, als Bildspender etwa, mit dessen Hilfe zahlreiche Konzepte (z. B. Poesie, Utopie, Geist, Geld) abgebildet werden, oder als perspektivisches Verfahren, das vielfältige komische oder satirische Verzerrungen erlaubt. Der kulturtypologische Vergleich verdeutlicht, daß der ausgesprochen polyfunktionale Charakter der Straßenballade, die informative und unterhaltend-ästhetische Funktionen noch undifferenziert bündelt, in 'hoher' Lyrik einer Spezialisierung weicht: Die 'Zeitungsfunktion' tritt zugunsten der ästhetischen Verarbeitung zurück. Sofern man also bei der Vielzahl medialer Verarbeitungsmodi überhaupt von "diskursiven Regelmäßigkeiten" (Foucault) der Ballon-Texte sprechen kann, muß man hinzufügen, daß diese Regelmäßigkeiten zusätzlich kulturtypologisch und vermutlich ideologisch erklärbare Selektionen, Innengliederungen und Schwerpunktsetzungen aufweisen. Eine weitere Möglichkeit diskursiver Praxis innerhalb der 'gehobenen' kulturellen Zusammenhänge, auf die hier nicht einzugehen war, besteht übrigens darin, wissenschaftliche Ballon-Texte in einen fiktionalen Erzählkontext zu überführen (z. B. E. A. Poe, "The Balloon Hoax").

2. Zwischen der Metaphorisierung des Ballons in 'hohen' und 'niederen', 'literarischen' und 'außerliterarischen' Texten, Versdichtung und Prosa ist allerdings kein prinzipieller Unterschied erkennbar, und zwar vermutlich deshalb, weil die Metapher fast durchweg in ihrer semantisch explikativen, nicht exploratorischen Funktion eingesetzt wird. Das besagt, daß unserem Wissen bzw. dem Wissen der Zeitgenossen über den ins Bild umgesetzten Sachverhalt nicht wirklich etwas Neues hinzugefügt wird. Eher ist es umgekehrt so, daß Sachwissen die 'Richtigkeit' des Bildes dementieren und seinen reduktionistischen Charakter enthüllen kann. Daß eine solche Berichtigung im Yeats-Gedicht nur sehr bedingt möglich ist, verweist auf den exploratorischen Charakter seines Bildgebrauchs, die Aufweichung und Aurhebung gängiger semantischer Grenzen durch die ungebundene suggestive Metapher der modernen Poesie. Das Exploratorische steckt dabei vor allem in der entsprechenden Leseraktivität, die der semantisch offene, tendenziell leere Text erzeugt.

3. Die in der hohen Lyrik von der Romantik bis zum Beginn der Moderne weitgehend wirksamen Sperren gegen die Thematisierung der konkreten Resultate des Modernisierungsprozesses (Urbanisierung, Industrialisierung, technische Innovation), fehlen in der 'Unterschichtenkultur' der Straßenballaden und industriellen Lieder. Der für bürgerliche Dichter wie Tennyson oder Arnold nicht vorhandene Erfahrungsdruck war dort so übermächtig, daß theoretische Subtilitäten wie die von Keats beklagte Entzweiung von poetischer und naturwissenschaftlicher Wahrheit selbst dann, wenn sie rezipiert worden wären, keine Rolle gespielt hätten. Allerdings gelten auch dort die schon von Jürgen Link genannten Bedingungen der Assimilation: Verwurzelung in der Lebenserfahrung der Benutzer und Anschließbarkeit an vertraute Vorstellungen und Bildfelder.

4. Ballon-Texte entwickeln aus Erfahrung und Bildungswissen (z. B. Mytholo-
gie) einen typischen Satz von wiederkehrenden Elementen und Funktionen, die zunehmend als auf sich selbst verweisendes innerliterarisches Repertoire verstanden
und genutzt werden. Auch Virginia Woolf steht im Horizont dieser Tradition, wenn
sie das Ballon-Bild im Zusammenhang einer Rezension poetologisch verwendet:

> Here is a handful of chosen flowers, a dinner of exquisite little courses, a bunch of
> variously coloured air balloons.[36]

Das Ballon-Bild ist hier schon – ein Resultat des von uns andeutungsweise beschriebenen Assimilationsvorganges – so weitgehend literarisiert und seiner pragmatischen Züge beraubt, daß es sich widerstandslos in die Reihe altehrwürdiger
Topoi zur Bezeichnung von Poesie und Literatur (Blumen, Mahlzeit) einfügt.

---

[36] Virginia Woolf, *Contemporary writers* (London: Hogarth, 1965) 74. (Über Logan P. Smiths *Trivia*,
Rez. vom 23. 5. 1918). Daß es sich hier „nur" um einen Luftballon handelt, tut unserer Argumentation keinen Abbruch.

Auf dem Weg zum Vortex. Zentralbewegung, Ästhetik des Sublimen und das Wasser der Moderne in englischen London-Texten des 19. Jahrhunderts

Bei aller Gegensätzlichkeit der Sehweise und Bewertung sind sich Stadttexte der hohen und der niederen[1] Kultur Englands im 19. Jahrhundert darin einig, daß unablässige Dynamik und Vielfalt das eigentlich Neue, Verwirrende und Faszinierende der neuen Stadtwirklichkeit ausmachen. Nicht ohne Grund taucht in einer Straßenballade des 19. Jahrhunderts das Konzept des Perpetuum mobile auf. Es bringt das Wesen der Zeit, das in ihrer Großstadtsicht seinen besonderen Niederschlag gefunden hat, auf den Begriff. Aktivistische Selbstbewegungen sind ihr im Grunde schon Selbstzweck, während sie in ihren offiziellen Verlautbarungen selbstverständlich an einem Fortschrittsbegriff festhält, der nicht nur materielle, sondern auch ethische und gesellschaftliche Verbesserungen meint. Hier ein Auszug aus der Ballade "Manchester's Improving Daily" (1830):

> But though these roads are all the go,
>   The rail-ways beat 'em, I've a notion;
> For carts beawt (sic! H.U.S.) horses there will show
>   We've found the true perpetual motion.
> And none can say but we may try, sir,
> To steer large ship-balloons i'th'sky, sir;
> That folks may mount sky-larking there in,
> And grow sea-sick by going an airing.
>   Sing hey, etc.
> [...]
> Thus at improvements on we go,
>   We're ever trying at invention;
> New objects starting up to view,
>   And catching all our spare attention [...] [2]

Die von Matthew Arnold im Gedicht "The Future" (1852) anvisierte Zukunft entspricht dem Befund des Unterschichtendichters, versieht ihn aber im Gegensatz zu diesem – wie auch die vage Hoffnung auf die Wiedergewinnung erfüllter Ruhe am

---

[1] Zu denken ist hier insbesondere an die zahlreichen Straßenballaden (z. B. „I Can't Find Brummagem", „Liverpool's an Altered Town", „Gorton Town", „The Scenes of Manchester") des 19. Jahrhunderts, die sich mit den industriellen Zentren des Nordens befassen. Vgl. Roy Palmer, ed., *A Touch on the Times. Songs of Social Change 1770–1914* (Harmondsworth: Penguin, 1974). Zu den kulturtypologisch erklärbaren Unterschieden der Sehweise und der Bewertung vgl. Verf., „Der Ballonaufstieg als Spektakel und Metapher. Zur Assimilierung neuen Wissens in die englische Versdichtung des 19. Jahrhunderts", in: I. Link und W. Wülfing, eds., *Bewegung und Stillstand in Metaphern und Mythen* (Stuttgart: Klett-Cotta, 1984) 165–200.
[2] Zit. n. Martha Vicinus, *The Industrial Muse: A Study of Nineteenth Century British Working-Class Literature* (London: Croom Helm, 1974) 295–297, hier: 296.

Ende anzeigt – mit einer überwiegend negativen, kulturkritischen Wertung. Der Text verbindet Wasser- und Stadtbildlichkeit. Die Städte sind ein Erzeugnis der sich beschleunigenden Zeit, die immer hektischere und bedrohlichere Aktivitäten auslösen wird. Dabei unterstellt die Naturmetaphorik des Flusses, daß die Menschen dieser entfesselten Mobilität und Tätigkeit letztlich ohne Einwirkungsmöglichkeit wie einem gesetzmäßig ablaufenden Naturvorgang ausgeliefert sind. Mit der friedvollen Ruhe der vorindustriellen Zeit ist es vorbei:

> And we say that repose has fled
> For ever the course of the River of Time.
> That cities will crowd to its edge
> In a blacker incessanter line;
> That the din will be more on its banks,
> Denser the trade on its stream,
> Flatter the plain where it flows,
> Fiercer the sun overhead.
>
> That never will those on its breast
> See an ennobling sight,
> Drink of the feeling of quiet again.[3]

Ich gehe im folgenden von der Annahme aus, daß der Kern der ästhetisch-kulturellen Moderne dort aufzusuchen ist, wo in der Literatur und der ästhetischen Theorie die Folgerungen aus der entfesselten Bewegung gezogen werden, die der Modernisierungsprozeß auslöst. Um nur einige Gesichtspunkte und Begriffe vorwegnehmend anzudeuten: Energiebündelung, Relativierung und Verschleiß von Sinnsystemen, subjektive Selbstbewegung und subjektives Selbstentwerfen in die Zukunft, zeitliche Beschleunigung, radikale Entgrenzung, Zersplitterung von stabilen Ganzheiten in unterschiedliche Lebenswelten und Diskurse, Entwirklichung – all das sind bestimmende Grundsätze und Voraussetzungen einer kulturellen Moderne, die ihre Konstruktionsprinzipien, nicht zuletzt das Prinzip der Konstruktion selber, aus einem bewußt vollzogenen Akt der Gleichschaltung bzw. Synchronisation mit dem kinetischen Muster der Modernisierung gewinnt. Wenn neuerdings in kulturphilosophischen Überlegungen die Verflüssigung von Gesellschaft und Kultur, „Mobilität überhaupt", in militärischer Metaphorik gesprochen radikale „Mobilmachung" (Sloterdijk),[4] als eigentliches Kennzeichen der Moderne seit dem Ende des 18. Jahrhunderts ausgemacht worden sind, so ist diese grundlegende Bewegungs- und Entgrenzungserfahrung in den Londonansichten der Literaten schon längst als Reflexion oder Metapher greifbar.

Als Fallstudie zur Verdeutlichung des Gemeinten kommentiere ich nun einige Prosatexte des 19. Jahrhunderts, die ausdrücklich die Frage nach dem Zentrum der Metropole mit der Erfahrung der Bewegung verbinden. Zentrum wird hier im dop-

---

[3] Kenneth Allott, ed., *The Poems of Matthew Arnold* (London: Longmans, 1965) 263–267, hier 266. Vgl. zu Arnold William B. Thesing, *The London Muse:. Victorian Poetic Responses to the City* (Athens: University of Georgia Press, 1982) 74–75.

[4] Peter Sloterdijk, „Neuzeit als Mobilmachung", in: *Frankfurter Allgemeine Magazin*, 30. Oktober 1987, 61–76. Sloterdijk versteht den „Grundprozeß der Moderne" (S. 64) als „reines Sein zur Bewegung" (S. 64), als „Mobilmachung", als „kinetische(n) Utopie" (S. 62).

pelten Sinne verstanden, als räumlicher (politischer, kultureller) Mittelpunkt und als Wesen der Großstadt.

Das bewegte Straßenleben als eigentliches Zentrum Londons

Im Blick auf die allenthalben betonte Komplexität und Unüberschaubarkeit der Großstadt könnte die Annahme einer Hierarchie und, daraus folgend, die Feststellung eines vorherrschenden Merkmals als unzulässige Reduktion angesehen werden. Nicht umsonst leiden sämtliche Anthologien von Londontexten seit Alfred H. Hyatts nützlicher Sammlung *The Charm of London* (1912)[5] daran, daß die sich in der Metropole verdichtende soziale, kulturelle, ökonomische, politische, architektonische und historische Vielfalt keinen homogenen Gegenstand repräsentiert, der in systematischer, narrativer oder symbolischer Weise erschöpfend und umfassend zur Darstellung gebracht werden könnte. Was wir in den wenigen Stadtromanen des englischen 19. Jahrhunderts (etwa von Charles Dickens oder George Gissing) deshalb erhalten, sind in der Regel sozialkritisch motivierte Teilansichten. Die Überschaubarkeit und Erzählbarkeit der Stadt ist also das Ergebnis einer sozialkritischen Modellierung, die erlaubt, die Stadt als Konfliktfeld von arm und reich, von traditionaler Wärme und moderner Kälte (Dickens, *Dombey and Son*), zumal von East End und West End (Gissing u.a.), zu beschreiben und zu dramatisieren. Dieses Konfliktfeld ist nun aber seinerseits Teil eines umfassenden, nicht zuletzt vom Motor der entfesselten wirtschaftlichen Tausch- und Differenzierungsprozesse angetriebenen Dynamisierungsvorganges, der in den hastenden, begehrlichen Massen des Londoner Verkehrsgewühls für die zeitgenössischen Betrachter unmittelbare Anschaulichkeit gewinnt. Die Frage, wo das eigentliche Zentrum des Londoner Lebens zu suchen sei, wird von ihnen deshalb durchweg eindeutig beantwortet: Mit Emphase bezeugt man die Faszination des Londoner Straßenlebens. Die im Baedeker empfohlenen Sehenswürdigkeiten, die scheinbar Stabilität und geschichtliche Kontinuität verheißenden Monumente und *landmarks*[6] St. Paul's, Westminster Abbey, British Museum, Tower, aber auch St. James's Park, die Kew Gardens und London Bridge, ja selbst die schiere Größe Londons, die immer mit andächtigem Staunen registriert wird, entfalten nicht eine derartige Anziehungskraft wie jener „drängende Strom lebendiger Menschengesichter mit all ihren bunten Leidenschaften, mit all ihrer grauenhaften Hast der Liebe, des Hungers und des Hasses – ich spreche von London"[7]. Was so als eigentliches *landmark* im Gedächtnis haften bleibt – für die Zeitgenossen wie für ihre Leser – ist etwas Instabiles: die mobile Masse als solche, eine dichte Ansammlung von Individuen, die, ohne einen Blick nach rechts oder links zu werfen, dem Imperativ ihres *self-interest* gehorchen. Wie man weiß, ist diese Mobilität mittlerweile durch weiter verbesserte Transport- und Nachrichtenmittel vollends zur absurden Perfektion getrieben worden.

---

[5] Alfred H. Hyatt, ed., *The Charm of London. An Anthology* (1907; London: Chatto & Windus, 1912).

[6] Zu diesem Begriff vgl. Kevin Lynch, *The Image of the City* (Cambridge/Mass.: MIT, 1960).

[7] Heinrich Heine, „Reisebilder" (1831), in: Wolfgang Preisendanz, ed., *Heinrich Heine Werke*, 4 Bde., Bd. 2: *Reisebilder. Erzählende Prosa. Aufsätze* (Frankfurt: Insel, 1968) 434–438, hier: 434.

Eines der frühesten Zeugnisse für den Vorrang des Straßenlebens vor allen anderen Spektakeln, welche die Metropole zu bieten hat, findet sich in Tobias Smolletts *The Expedition of Humphry Clinker* (1771):

> The cities of London and Westminster are spread out into an incredible extent. The streets, squares, rows, lanes and alleys are innumerable. Palaces, public buildings, and churches rise in every quarter; and among these last, St. Paul's appears with a most astonishing pre-eminence [...]
>
> But even these superb objects are not so striking as the crowds of people that swarm in the streets. I at first imagined that some great assembly was just dismissed, and wanted to stand aside till the multitude should pass; but this human tide continues to flow, without interruption or abatement, from morn till night. Then there is such an infinity of gay equipages, coaches, chariots, chaises, and other carriages, continually rolling and shifting before your eyes that one's head grows giddy looking at them; and the imagination is quite confounded with splendour and variety.[8]

Smolletts unvorbereiteter Besucher erlebt den quasi-kinematographischen Bilderstrom der Großstadt auf eine Weise, für welche die moderne Systemanalyse den Begriff des 'overload' (Überlastung) geprägt hat. Man versteht darunter „die Unfähigkeit eines Systems, Inputs aus der Umgebung zu verarbeiten, weil die Zahl der Inputs zu groß ist, als daß das System damit fertigwerden könnte"[9].

Was Smollett an London so beeindruckt, ist also die neuartige Erfahrung der durch kinetische Reize ausgelösten wahrnehmungs-psychologischen Überlastung, die im Bewußtsein des Betrachters Verwirrung und Schwindelgefühle ("giddy") auslöst. Aber die Überlastung wird doch – sofern nicht, wie bei William Wordsworth, die kulturkritische und moralische Klage über die Sinnlosigkeit des wirbelnden Spektakels ertönt – als Steigerung des Lebensgefühls erfahren. Die Erzählerin von Charlotte Brontës *Villette* (1853) bewegt sich deshalb durch das Herz Londons, die Londoner City, in einer „stillen Ekstase der Freiheit und der Freude"[10]. Voller Erregung identifiziert sie sich mit der Erwerbsdynamik der City, nachdem sie die übliche panoramische Überschau über London von der Spitze von St. Paul's aus genossen hat:

> Descending, I went wandering whither chance might lead, in a still ecstasy of freedom and enjoyment; and I got – I knew not how – I got into the heart of city life. I saw and felt London at last: I got into the Strand; I went up Cornhill; I mixed with the life passing along; I dared the perils of crossings. To do this, and to do it utterly alone, gave me, perhaps, an irrational, but a real pleasure. Since those days, I have seen the Westend, the parks, the fine squares; but I love the city far better. The city seems so much more in earnest: its business, its rush, its roar, are such serious things, sights, and

---

[8] Tobias Smollett, *The Expedition of Humphry Clinker* (1771), ed. A. Ross (Harmondsworth: Penguin, 1977) 122–123.

[9] Stanley Milgram, „Das Erleben der Großstadt: eine psychologische Analyse", in: *Zeitschrift für Sozialpsychologie*, 1(1970) 142–152, hier: S. 143.

[10] Charlotte Brontë, *Villette* (1853), eds. Herbert Rosengarten und Margaret Smith (Oxford: Oxford University Press, 1984) 66.

sounds. The city is getting its living – the West-end but enjoying its pleasure. At the West-end you may be amused, but in the city you are deeply excited.[11]

Daß die Frage nach dem Zentrum der Stadt in der modernen Welt nicht mehr mit statischen Raumbildern wie Citycenter, Marktplatz, oder Kirche oder auch den im 19. Jahrhundert strukturbestimmenden binären Schemata wie arm vs. reich, East End vs. West End, Land vs. Stadt zureichend beantwortet werden kann, sondern nur noch mit den kinetischen Bildern des Strömens von Menschen, Waren und Informationen, hebt auch Thomas James Cobden-Sanderson (1840–1922) hervor:

> Like a great language spoken by millions and for ever beating upon the shores of the ear, it has been made by man as he lived to satisfy the wants of the hour, of the moment; [...] The centre of life, the life of the Metropolis, is not in St. Paul's. The life which now is and the life which is fashioning the Metropolis of to-day is the life which throbs along the great thoroughfares of Oxford Street, Regent Street, Piccadilly, the Strand, Fleet Street, and the City; and there, where the modern life congests, gathering to a head before it again flows on and overflows, there, upon one of the most recently rearranged open spaces for the pauses of traffic, stand, to attract the eye of the beholder and to entrap him, what? two great newly erected Restaurants, [...] [12]

Cobden-Sanderson ist weit davon entfernt, eine Theorie der modernen Stadt zu entwerfen. Im beiläufigen Vergleich nimmt er lediglich intuitiv den semiotisch-strukturalen Ansatz der Stadtanalyse vorweg, der die Stadt als Zeichensystem auffaßt. Wie das in kollektiver Anstrengung geschaffene Werkzeug und Funktionssystem Sprache, das der Befriedigung momentaner und dauerhafter Bedürfnisse ("once") des Menschen dient, ist die Stadt ein nicht weniger komplexes, gleichwohl regelhaftes Funktionssystem, das – und das ist im gegenwärtigen Zusammenhang wichtig – ständig wandelnden Bedürfnissen und Wünschen angepaßt werden muß und sich deshalb unablässig im Prozeß des Neu- und Umbaus befindet ("at this moment it still lives on and it still changes"[13]). Dieses System ist deshalb dynamisch, darüber hinaus, wie eine Zeitung – der Vergleich stammt aus den *Literary Essays* von Walter Bagehot[14] und bezieht sich auf Dickens – disjunktiv, unorganisch, voller unterschiedlichster Diskurse, die wie das Rauschen des Stromes an das Ohr schlagen. Wenn bei Cobden-Sanderson der Straßenverkehr und neue, lockende Restaurants zu den beherrschenden Zeichen der Stadt geworden sind, so bedeutet dies, daß in der Moderne die Stadt nicht mehr, wie im Mittelalter oder der frühen Neuzeit, die Allegorie einer spirituell bestimmten Ordnung darstellt. Jetzt fügt sich ihre Struktur dem mit den Interessen des Wirtschaftsliberalismus freigesetzten sinnlichen Begehren, das nie zur Ruhe kommt. St. Paul's hat seine Bedeutung als Mittelpunkt eingebüßt.

Die in englischen Stadttexten des 19. Jahrhunderts ständig wiederholte und variierte Metapher des Stromes, des Wassers, das fließt, über die Ufer tritt, sich staut, weiterfließt, heftige Strudel bildet, zeigt nicht nur Dynamik und Energie an, sondern auch einen Grad des Amorphen, der Entgrenzung, der die Stadt als solide, ge-

---

[11] Brontë 1984, 66.

[12] Zit. n. Hyatt 1912, 265–266 (s. Anm. 5).

[13] Zit. n. Hyatt 1912, 265 (s. Anm. 5).

[14] „London is like a newspaper: Everything is there and everything is disconnected." Zit. n. Philip Collins, „Dickens and London", in: H.J. Dyos, M. Wolff, eds., *The Victorian City. Images and Reality*, 2 Bde. (London/Boston: Routledge & Kegan Paul, 1973) Bd. 2, 537–557, hier: 541.

genständliche Größe aufzulösen und in ein imaginäres Phantasma zu verwandeln droht. Wasser- und Spielmetaphorik ("dance", "spectacle") geben dem Chaos der Stadt im Raum des Erdachten und Imaginären eine Totalität zurück, die sonst nicht greifbar und darstellbar wäre. Die durch die totalisierende Metaphorik des Stromes und des Schauspiels geleistete Versinnlichung und Strukturierung im Sinne eines geordneten Bewegungsbildes unterminiert, entwirklicht den konkreten Gegenstand Stadt aber nur scheinbar. Sie entdeckt vielmehr, daß die lockende, bewegliche, oszillierende Scheinwelt seine authentische Wirklichkeit sein könnte. In philosophischer Hinsicht könnte man sagen, daß dort, wo sich das Sein in reine Bewegung auflöst, in einen Strom des Begehrens und der sinnlichen Reize, ein Prozeß der Entwirklichung stattfindet oder zumindest das Problem der Wirklichkeitserkenntnis sich radikal zuspitzt. Die Überlastung des Wahrnehmungsvermögens, die zu Schwindel führt, bestätigt als subjektive, in der Literatur thematisierte Erfahrung den Befund philosophischer Reflexion. Bei T.S. Eliot erscheint daher später in *The Waste Land* (1922) die Stadt in der Konsequenz dieser Erfahrung als "unreal city"[15]. Mag dieser Befund zumal bei Eliot eine unzulässige kulturkritische Wertung enthalten, so bestätigen die künstlerischen Zeugnisse selbst schon des 19. Jahrhunderts – in postmodernen Texten wird sie fast schon zur Konvention – die Authentizität der Entgrenzungserfahrung. Fiktion und Realität, Realität und Fiktion verschwimmen, verlieren ihren klaren ontologischen Status etwa in der folgenden Beschreibung des Londoner Hafens durch den Schriftsteller und Journalisten Richard Jefferies (1848–1887):

> there is a hum, a haste, almost a whirl, for the commerce of the world is crowded into the hour of the full tide. These great hulls, these crossing masts a-rake, the intertangled rigging, the background of black barges drifting downwards, the lines and ripple of the water as the sun comes out, if you look too steadily, daze the eyes and cause a sense of giddiness. It is so difficult to realize so much mass – so much bulk – moving so swiftly, and in so intertangled a manner; a mighty dance of thousands of tons – gliding, slipping, drifting onwards, yet without apparent effort. Thousands upon thousands of tons go by like shadows, silently, as if the ponderous hulls had no stability or weight; like a dream they float past, solid and yet without reality. It is a giddiness to watch them.[16]

Der von der Stadt auferlegte Bewegungszwang gleicht einem Alptraum:

> [...] on, on, the one law of existence in a London street – drive on, stumble or stand, drive on – strain sinews, crack, splinter – drive on; what a sight to watch as you wait amid the newsvendors and bonnetless girls for the bus that will not come! Is it real? It seems like a dream, those nightmare dreams in which you know that you must run, and do run, and yet cannot lift the legs that are heavy as lead, with the demon behind pursuing, the demon of Drive-on. Move or cease to be [...][17]

Zwischen der Erfahrung großstädtischer Entgrenzung und der Kompositionsweise moderner Musik (Jazz), kubistischen Gemälden und moderner Graphik sieht der

---

[15] *The Complete Poems and Plays of T.S. Eliot* (1969; London/Boston: Faber & Faber, 1978) 59–75, hier: 62.

[16] Aus: „Venice in the East End", zit. n. Hyatt 1912, 115–117, hier: 116. Der Text erschien zuerst in der Essaysammlung *Nature near London* (1883).

[17] Richard Jefferies, „A Wet Night in London", in: ders., *The Open Air* (London, 1889) 264–270, hier: 267.

große russische Filmtheoretiker Sergej Eisenstein einen strukturellen Zusammenhang:

> The modern urban scene, especially that of a large city at night, is clearly the plastic equivalent of jazz. Particularly noticeable here is that characteristic pointed out by Guilleré, namely, the absence of perspective.
>
> All sense of perspective and of realistic depth is washed away by a nocturnal sea of electric advertising. Far and near, small (in the "foreground") and large (in the "background"), soaring aloft and dying away, racing and circling, bursting and vanishing – these lights tend to abolish all sense of real space, finally melting into a single plane of coloured light points and neon lines moving over a surface of black velvet sky. It was thus that people used to picture stars – as glittering nails hammered into the sky!
>
> Headlights on speeding cars, highlights on receding rails, shimmering reflections on the wet pavements all mirrored in puddles that destroy our sense of direction (which is top? which is bottom?), supplementing the mirage above with a mirage beneath us, and rushing between these two worlds of electric signs, we see them no longer on a single plane, but as a system of theater wings, suspended in the air, through which the night flood of traffic lights is streaming.[18]

Die beweglichen Lichter und elektrischen Signale der nächtlichen Stadt, verdoppelt durch die Spiegelungen in den Pfützen, verhindern die Erfahrung eines soliden, dreidimensionalen Raumes und eine zuverlässige Orientierung. An deren Stelle tritt ein Strom von Bildern und Eindrücken, wie man sie aus zauberischen Lichtspielen oder Theatervorführungen kennt. Bewegung, Wassermetaphorik und Lichteffekte verbinden sich so ganz ähnlich wie in den schon betrachteten Texten zu einem halluzinatorischen Gesamtbild.

Allerdings interessiert den Dialektiker Eisenstein nicht nur die dynamisch sich beschleunigende Bewegung als solche. Er will vielmehr den Augenblick des Pathos und der Ekstase nacherlebbar machen, in dem ein Aggregatzustand revolutionär in den anderen umschlägt. Zur Verdeutlichung dieses Sachverhalts greift er auf die seit dem 19. Jahrhundert übliche Wasser/Eis-Metaphorik zurück:

> We understand a 'moment' of culmination to mean those points in a process, those 'instants' in which water becomes a new substance – steam, or ice-water, or pig-iron-steel. Here we see the same going out of oneself moving from one condition, and passing from quality to quality, 'ecstasis'. And if we could register psychologically the perceptions of water, steam, ice, and steel at these critical 'moments' – moments of 'culmination' in the leap, this would tell us something of pathos, of ecstasy![19]

Stadtdarstellung und Ästhetik des Erhabenen

Von allen totalisierenden Metaphern, die das Ganze der Stadt im Blick auf kulturell vermittelte Hoffnungen, Ängste, Sehnsüchte, Erkenntnisse und Interessen in den Griff bekommen wollen (Hölle, Neues Jerusalem, Labyrinth, Moloch, Monster, Hure, Babylon, Wildnis, Gefängnis, Wüste, Geschwulst) scheint mir die im 19. Jahrhundert nicht zufällig gehäuft auftretende Strom- und Wassermetaphorik am tref-

---

[18] Sergej Eisenstein, „Synchronization of the Senses", in: Jay Leyda, Übers. u. ed., *Film Form. Essays in Film Theory and the Film Sense* (New York: Meridian, 1960) 98–99.

[19] Eisenstein in: Leyda 1960, 173. (s. Anm. 18)

fendsten zu sein, weil sie die Modernität der Moderne als Verbindung von Mobilität und ästhetischer Sinnlichkeit zur Anschauung bringt. Das Problem ist nun, daß das 19. Jahrhundert diese bewegte Vielfalt häufig im Rahmen einer Ästhetik des Erhabenen entfalten und zugleich bändigen möchte.

Die Ästhetik des Erhabenen steht an der Schwelle zur Moderne. Sie entgrenzt den Darstellungsgegenstand räumlich, sozial und moralisch – das Gigantische, das Grenzenlose, die überwältigende Energie und das Chaotische erhalten den Rang des Darstellungswürdigen. Genauer: Erhabene Motive wie der Wasserfall, die brodelnde See oder die Alpen versinnlichen die im Subjekt erzeugte Idee bzw. das Konzept des Erhabenen. Dieses Erhabene meint nach Kant eine Wirklichkeit, hinter der jede Darstellung zurückbleiben muß. Die Ideen der unendlichen Größe und der unendlichen Macht vermögen durch erhabene Darstellungen nie zureichend dargestellt, wohl aber durch eine unzureichende Darstellung im Gemüt des bewegten Betrachters aufgerufen werden:

> [...] wie kann das mit einem Ausdrucke des Beifalls bezeichnet werden, was an sich als zweckwidrig aufgefaßt wird? Wir können nicht mehr sagen, als daß der Gegenstand zur Darstellung einer Erhabenheit tauglich sei, die im Gemüte angetroffen werden kann; denn das eigentliche Erhabene kann in keiner sinnlichen Form enthalten sein, sondern trifft nur Ideen der Vernunft, welche, obgleich keine ihnen angemessene Darstellung möglich ist, eben durch diese Unangemessenheit, welche sich sinnlich darstellen läßt, rege gemacht und ins Gemüt gerufen werden. So kann der weite, durch Stürme empörte Ozean nicht erhaben genannt werden. Sein Anblick ist gräßlich; und man muß das Gemüt schon mit mancherlei Ideen angefüllt haben, wenn es durch eine solche Anschauung zu einem Gefühl gestimmt werden soll, welches selbst erhaben ist, indem das Gemüt die Sinnlichkeit zu verlassen und sich mit Ideen, die höhere Zweckmäßigkeit enthalten, zu beschäftigen angereizt wird. [20]

Jean-François Lyotard hat an diese Beobachtungen Kants angeknüpft und die Ästhetik des Sublimen zur logischen Voraussetzung der Moderne erklärt:

> Je pense en particulier que c'est dans l'esthétique du sublime que l'art moderne (y compris la littérature) trouve son ressort, et la logique des avant-gardes ses axiomes. [21]

Er definiert moderne Kunst wie folgt: "J'appellerai moderne, l'art qui consacre son 'petit technique', comme disait Diderot, à présenter qu'il y a de l'imprésentable."[22] Man kann nach Lyotard auf die Wirklichkeit in der Moderne nur noch anspielen, sie aber nicht mehr darstellen. Der Modernisierungsprozeß, und zwar sowohl die Wissenschaft als auch die Ökonomie, hat nämlich eine feste, verfügbare Wirklichkeit aufgelöst. Traditionalistische Kunst und kommerziell gesteuerte Massenware verkennen diese Situation, wenn sie die Sehnsucht nach Realität mit realistischen Fiktionen stillen wollen, die letztlich an den Prinzipien der Ordnung, der Kommunikation und der Einheit festhalten. Demgegenüber entwirklichen die künstlerischen Experimente der Avantgarde mittels der teilweise schon von Kant erkannten Prinzi-

---

[20] Immanuel Kant, *Kritik der Urteilskraft* , ed. Karl Vorländer (1790; Hamburg: Meiner, 1963) 89.
[21] Jean-François Lyotard, „Réponse à la question: Qu'est-ce que le postmoderne?", in: *Critique* 419 (April 1982) 357–367, hier: 363.
[22] Lyotard, ebd., 364.

pien der „Formlosigkeit" (d. h. des Mangels an begrenzter, schöner Form) und der „Abstraktion" die Realität, um mimetischer Scheinrealität zu entgehen.

Nun zeigt der konkrete literatur- und wirkungsgeschichtliche Zusammenhang, den Lyotard nicht im Blick hat, tatsächlich eine Verbindung zwischen der Modernisierung und der Ästhetik des Sublimen. Allerdings wirkt dieser in ganz anderer Weise als im Lyotardschen Theoriekonstrukt. Die dem Inventar der Ästhetik des Sublimen entnommenen bzw. damit vermittelbaren totalisierenden Naturmetaphern (Meer, Alpen, Strom, Wüste, z. B. für die Metropole London) zur Veranschaulichung moderner Sachverhalte stellen nämlich im Raum der analogischen Fiktion gerade jene Einheit und Totalität wieder her, die nach Lyotard – und dies stellt er zu Recht fest – der ästhetische Diskurs der Moderne ausdrücklich meidet. Vielleicht zum letzten Mal wird 'Kultur' noch einmal in 'Natur' zurückverwandelt. Auf dieser Grundlage ist aber der avantgardistische Bau der sich gleichsam selbst erzählenden Stadt, die Stadt als montiertes Gefüge und als Verschränkung von urbanen Diskursen und Bildsegmenten, noch nicht zu errichten.

Dennoch lohnt ein Blick auf das Bildinventar des Sublimen und seine Übertragung auf moderne Erfahrungszusammenhänge, weil es in radikalisierter und theoretisch angereicherter Form das Selbstverständnis der angelsächsischen Moderne begründen half. Ich spreche vom Vortex-Bild des Ezra Pound und seiner Mitstreiter, dessen bislang nicht untersuchter Zusammenhang mit der Tradition der Ästhetik des Erhabenen und der Stadtdarstellung hier ins Blickfeld gerückt werden soll. Zunächst ist festzuhalten, daß der Rückgriff auf Begriff und Bildlichkeit des Sublimen bei der Beschreibung moderner Sachverhalte (Fabriken, Großstadt) im Laufe des 19. Jahrhunderts in die Nähe des Stereotyps rückt. Er findet sich u.a. bei Wordsworth, Robert Southey, Thomas De Quincey, Henry Mayhew, ja selbst noch bei Edward Thomas und Theodore Dreiser (*Sister Carrie*). 1814 notiert Robert Southey, nachdem er St. Paul's erstiegen hat:

> [...] few objects, however, are so sublime, if by sublimity we understand that which completely fills the imagination to the utmost measure of its powers, as the view of a huge city thus seen at once: [...] In every direction the lines of houses ran out as far as the eye could follow them, only the patches of green were more frequently interspersed towards the extremity of the prospect, [...] It was a sight which awed me and made me melancholy. I was looking down upon the inhabitants (sic!) of a million of human beings; [...] [23]

Und ein Jahrhundert später, just im selben Jahre (1909), als Pounds Kreuzzug für die Avantgarde in London beginnt, deutet Edward Thomas in einem für die Zeitschrift *The Bookman* geschriebenen Aufsatz London als Inbegriff der Welt, als zweite, erhabene Natur, für deren Komplexität, im Unterschied zum Erhabenen der Natur, die Künstler bislang im Grunde keine angemessene Sprache gefunden hätten:

> London is one of the immense things of the world, like the Alps, the Sahara, the Western Sea; and it has a complexity, a wavering changefulness, along with its mere size,

---

[23] Robert Southey, „View from the Dome of St. Paul's", in: *Letters from England* (1807; London: Cresset, 1951) Letter XXVII, 147–154, hier: 153.

which no poets or artists have defined as they have, in a sense, defined those other things.[24]

Thomas' Aufzählung liest sich wie ein Kompendium der im 19. Jahrhundert für London verwendeten Naturanalogien (es fehlt lediglich der Hinweis auf die Niagara-Wasserfälle, die Wildnis und den Vulkan). Die Reaktion des Betrachters auf die Gegenwart des Erhabenen, das als unvergleichliche Größe oder unvergleichliche Macht in Erscheinung tritt, ist die Ehrfurcht vor der Idee, die sie im Gemüte aufruft, eine Mischung aus Lust und Unlust. Entnehmen konnten die Poeten dieses Inventar den ästhetischen Schriften von Edmund Burke und Immanuel Kant. Thomas Hardy nutzt in *The Return of the Native* (1878) die von diesen Theoretikern eingeführte systematische Unterscheidung zwischen dem Schönen und dem Erhabenen, um mentalitätsgeschichtliche Gegensätze zwischen herkömmlicher und moderner Kultur aufzuzeigen. Dem Lebensgefühl des modernen Zeitalters entspricht eine wilde, erhabene Landschaft, während die Wertschätzung orthodoxer, klassischer, arkadischer Schönheit eher der Vergangenheit angehört:

> Haggard Egdon appealed to a subtler and scarcer instinct, to a more recently learnt emotion, than that which responds to the sort of beauty called charming and fair.
> Indeed, it is a question if the exclusive reign of this orthodox beauty is not approaching its last quarter. The new Vale of Tempe may be a gaunt waste of Thule: human souls may find themselves in closer and closer harmony with external things wearing a sombreness distasteful to our race when it was young. The time seems near, if it has not actually arrived, when the chastened sublimity of a moor, a sea, or a mountain will be all of nature that is absolutely in keeping with the moods of the more thinking among mankind.[25]

Von Bedeutung ist nun, daß Kant ausdrücklich zwischen einem statischen (dem „Mathematisch-Erhabenen", der schieren Größe) und einem „Dynamisch-Erhabenen" der Natur unterscheidet. Die von Thomas Hardy im Sinne des „Mathematisch-Erhabenen" benutzten Naturbilder verwendet Kant, was uns hier interessieren muß, in dynamisierter Form als Beispiele für das „Dynamisch-Erhabene":

> Kühne, überhangende, gleichsam drohende Felsen, am Himmel sich auftürmende Donnerwolken, mit Blitzen und Krachen einherziehend, Vulkane in ihrer ganzen zerstörenden Gewalt, Orkane mit ihrer zurückgelassenen Verwüstung, der grenzenlose Ozean in Empörung gesetzt, ein hoher Wasserfall eines mächtigen Flusses u. dgl. machen unser Vermögen zu widerstehen in Vergleichung mit ihrer Macht zur unbedeutenden Kleinigkeit. Aber ihr Anblick wird nur um desto anziehender, je furchtbarer er ist, wenn wir uns nur in Sicherheit befinden; und wir nennen diese Gegenstände gern erhaben, weil sie die Seelenstärke über ihr gewöhnliches Mittelmaß erhöhen und ein Vermögen zu widerstehen von ganz anderer Art in uns entdecken lassen, welches uns Mut macht, uns mit der scheinbaren Allgewalt der Natur messen zu können.[26]

Den kinetischen Charakter der Ästhetik des Sublimen, der es vom Schönen trennt, betont Kant selbst ausdrücklich:

---

[24] Edward Thomas, „Richard Jefferies and London", in: *The Bookman* (February 1909), 215–19, hier: 216.

[25] Thomas Hardy, *The Return of the Native* (1878; London: Macmillan, 1974) 34.

[26] Immanuel Kant in Vorländer 1963, 107.

> Denn da das Gefühl des Erhabenen eine mit der Beurteilung des Gegenstands verbundene <u>Bewegung</u> des Gemüts als seinen Charakter bei sich führt, anstatt daß der Geschmack am Schönen das Gemüt in <u>ruhiger</u> Kontemplation voraussetzt und erhält; diese Bewegung aber als subjektiv zweckmäßig beurteilt werden soll (weil das Erhabene gefällt): so wird [...] [27]

Man kann der Versuchung kaum widerstehen, in dieser zumal für die Literatur des 19. Jahrhunderts so kennzeichnenden Entgegensetzung von Bewegung und Ruhe eine Ankündigung, wenn nicht gar einen kunsttheoretischen Reflex, des Gegensatzes zwischen Moderne und Tradition zu erblicken.

Die Übertragung der an der Natur entwickelten Anschauungsform des Sublimen auf London ist einmal in der unendlichen Größe der Metropole, zum anderen in ihrer mächtigen Bewegung und schließlich in der „Erschütterung"[28] des Betrachters begründet. Schon im ersten wirklich modernen London-Text, Wordsworths Darstellung von London im 7. Buch des *Prelude* (1805/50)[29], ist der Zusammenhang dieser Kategorien ablesbar. Das von Wordsworth thematisierte Grunderlebnis der unkontrollierten Dynamik sucht er immer wieder mit Bewegungsmetaphern aus dem Naturbereich zu veranschaulichen ("endless stream of men and moving things", S. 211, V. 151; "overflowing streets", S. 212, V. 626). Auf den unvorbereiteten Besucher wirken die Unendlichkeit und Macht ("mighty City", S. 214, V. 723) der Stadt wie ein erhabenes Naturschauspiel ("with wonder heightened, or sublimed by awe", S. 211, V. 153). Die wahrnehmungspsychologisch wohl unvermeidliche Neigung, das Fremde mit Hilfe vertrauter ästhetischer Konzepte und Analogien zu familiarisieren, ist ein Grundzug der London-Darstellungen des 19. Jahrhunderts. Der Gewinn an Anschauung ist dabei aber mit einem Verlust an kognitiven Unterscheidungen verbunden. Das Bild der Stadt als Ganzheit wird um den Preis einer mythisierenden Reduktion gewonnen. Sowohl die häufig verwendete Leitmetapher des strömenden Flusses, der gelegentlich über die Ufer tritt, als auch die Vorstellung eines unförmigen Ameisenhaufens (S. 211, V. 149) mit den damit verbundenen Assoziationen des Amorphen, Reißenden und der entpersönlichten Massenexistenz ebnen die unendliche, durch die Stadt gebotene Vielfalt an Kommunikationsmöglichkeiten und Tätigkeitsfeldern zu einem grob- und großflächigen kulturkritischen Schreckbild ein. Die Naturanalogien und tradierten ästhetischen Anschauungsformen (das Sublime) erzeugen ein Netz von Bildern („Masse", „Strom"), das die spezifische Modernität des Großstadterlebens einerseits einfängt, andererseits dämonisiert.[30]

Diese Frage der Angemessenheit der Anschauungsform des Erhabenen stellt sich auch bei der Betrachtung einer bemerkenswert einsichtsvollen und gedanklich selbstbezüglichen London-Darstellung aus der Feder des Romantikers De Quincey, die sich in seiner Autobiographie findet.[31] De Quinceys Stil der Erörterung bedingt,

---

[27] Kant, ebd., 91.

[28] Kant, ebd., 103.

[29] William Wordsworth, *The Prelude. Book Seventh*, zit. n. Harold Bloom and Lionel Trilling, eds., *Romantic Poetry and Prose*, New York/London/Toronto: Oxford University Press, 1973) 211–214. Zitate im folgenden nach dieser Ausgabe.

[30] Vgl. hierzu Raymond Williams, *The Country and the City* (London: Chatto & Windus, 1973) 150–153.

[31] *De Quincey's Works*, 16 Bde. (Edinburgh, 1862) Bd. 14: *Autobiographic Sketches 1790–1803* (1834–41), Kap. 7, 179–218.

daß er nicht nur das Neue der Erfahrung, sondern auch ihre ästhetische Einordnung in der Regel auf den Begriff bringt. Ausführlich ist von der Anonymität die Rede, der (scheinbaren) Gleichgültigkeit der Stadtbewohner, der Bedeutungslosigkeit und Einsamkeit des einzelnen im unendlichen Ozean der Stadt, dem Eindruck der zauberischen Unwirklichkeit ("like a pageant of phantoms")[32], die die ohne durchschaubaren Zweck hin und her hastenden Menschen erwecken; aber fast nur – sei es Zufall, sei es Methode – die Dialektik von Bewegung und Stillstand wird ausdrücklich in den Zusammenhang des Erhabenen eingerückt: Die belebten Straßen Londons, in welche die Kutsche schließlich einmündet und auf denen sie gleichsam schwimmt, entrollen vor den Augen des verwirrten Betrachters ein grandioses, monotones, ehrfurchtgebietendes Spektakel menschlichen Lebens, eine Flüssigkeit, die beim Verkehrsstau wie Eis erstarrt, um dann wieder auf Grund einer undurchschaubaren Intervention zu tauen:

> In that mode of approach, we missed some features of the sublimity belonging to any of the common approaches upon a main road; we missed the whirl and the uproar, the tumult and the agitation, which continually thicken and thicken throughout the last dozen miles before you reach the suburbs [...] and soon afterwards into the very streets of London itself; – though *what* streets, or even what quarter of London, is now totally obliterated from my mind, having perhaps never been comprehended. All that I remember is one monotonous awe and blind sense of mysterious grandeur and Babylonian confusion, which seemed to pursue and to invest the whole equipage of human life, as we moved for nearly two hours through streets; sometimes brought to anchor for ten minutes or more, by what is technically called a "lock", that is, a line of carriages of every description inextricably massed and obstructing each other, far as the eye could stretch; and then, as if under an enchanter's rod, the "lock" seemed to thaw; motion spread with the fluent race of light or sound through the whole icebound mass, until the subtle influence reached *us* also; who were again absorbed into the great rush of flying carriages; [...][33]

Unendliche Größe und kinetische Macht der Stadt ebenso wie die erschreckt-faszinierte Reaktion des Betrachters und die 'sich aufdrängende' dynamische Naturbildlichkeit (Meer, Wasserfall, Mahlstrom, magnetische Alpen, Wildnis) weisen London für De Quincey als Erscheinungsform des Erhabenen aus.

Das Ineinanderblenden der Vorstellungen Großstadt und Meer im Bewußtsein des meditierenden Betrachters scheint auch zu den Konventionen der französischen Stadtliteratur zu gehören. Man liest in einem Essay bei Victor Hugo:

> On regarde la mer et on voit Paris. [...] On y pense, donc on le possède. Il se mêle, indistinct, aux diffusions muettes de la méditation. L'apaisement sublime du ciel constellé ne suffit pas à dissoudre au fond d'un esprit cette grande figure de la cité suprême. Ces monuments, cette histoire, ce peuple en travail, [...] [34]

Der ausdrückliche Rückgriff auf das Erhabene erscheint heute unangemessen. Andere Verfahren standen jedoch damals noch nicht zur Verfügung. Die intensive und reflektierte Einsicht in die unüberschaubare Komplexität, Diskontinuität und Augenblickhaftigkeit der Stadterfahrung eilte der Fähigkeit, ein angemessenes Darstel-

---

[32] De Quincey, ebd., 183.
[33] De Quincey, ebd., 181–185.
[34] Victor Hugo, „Actes et Paroles II, Pendant l'exil, 1852–1870", in: *Oeuvres complètes*, 15 Bde., *Bd. Politique* (keine Numerierung!) (Paris: Laffont Bouquins, 1985) 418.

lungsinstrumentarium zu entwickeln, voraus. Aber immerhin schärfte diese Ästhetik den Blick für das Kinetische, für den Reiz des Unordentlichen und des nicht mehr Darstellbaren. Sie schaffte Raum für die ästhetisierende und fetischisierende Inbesitznahme der Moderne, ihrer Städte und technischen Wunder. Denn Zittern – De Quinceys "trepidatio", "agitation"[35] (S. 182) – und Angst vor der zweiten Natur, die sich so umstandslos mit den Bildern der sublimen ersten Natur einfangen läßt, werden ja in der ästhetischen Aneignung in fasziniertes Wohlgefallen überführt. Dickens spricht von "the attraction of repulsion"[36]. Schmerz und Lust verbinden sich im Erlebnis des Erhabenen. Insofern sind ihr auch jene Schriftsteller verpflichtet, die den alten Begriffsapparat nicht mehr bemühen und damit auch die Fessel der im Erhabenen mitgesetzten Totalitätsidee abstreifen. Zu diesen gehörte eben Dickens, aber auch der weniger bekannte Richard Jefferies.

Zentralbewegung und Vortex

In all ihrer Chaotik folgt die Bewegung in der Stadt und durch die Stadt doch einem bestimmten Muster. Wenn die Metropole als Tätigkeit und Energie zu definieren ist, dann bedeutet dies, daß sich in ihr zwei Ströme, der Strom der Waren und der Strom des Begehrens, d. h. der von den Waren und der Macht lebenden Menschen, zu einem kraftvoll zirkulierenden Gesamtstrom vereinigen. Ein wesentliches Merkmal der Metropole London ist deshalb die Zentralbewegung. Einem Strudel oder Magneten gleich, saugt sie mit ihrem Angebot von Waren, Vergnügungen, Wissen und Macht unablässig aus den Vororten, dem ganzen Land, ja der ganzen Welt die Menschen an.

Die Vertextung dieser beherrschenden Bewegungsfigur – dargestellt wird fast nur die Bewegung nach London bzw. in Richtung auf ein Zentrum, nicht die Bewegung von London weg – mittels Beschreibung, Reflexion, Erzählung und Symbolik ist das Anliegen einiger bemerkenswerter Londondarstellungen.

Charles Dickens fügt, wie zu erwarten, die Figur der unerbittlichen zentripetalen Bewegung zunächst seinem übergeordneten sozialkritischen Anliegen ein. Die London zustrebenden Armen, die Harriet Carker von ihrem Häuschen aus beobachtet, versinken in der Metropole wie in einem Meer des Elends; sie werden vom Moloch Stadt unwiderstehlich angezogen und verschlungen:

> She often looked with compassion, at such a time, upon the stragglers who came wandering into London, by the great highway hard by, and who, footsore and weary, and gazing fearfully at the huge town before them, as if foreboding that their misery there should be but as a drop of water in the sea or as a grain of sea-sand on the shore, went shrinking on, cowering before the angry weather, and looking as if the very elements rejected them. Day after day, such travellers crept past, but always, as she thought, in one direction – always towards the town, swallowed up in one phase or other of its immensity, towards which they seemed impelled by desperate fascination, they never returned. Food for the hospitals, the churchyards, the prisons, the river, fever, madness,

[35] De Qunicey 1862, 182.
[36] Philip Collins, „Dickens and London", in: Dyos u. Wolff 1973, Bd. 2, 537 (s. Anm. 14).

vice, and death, – they passed on to the monster, roaring in the distance, and were lost.[37][36]

Aber London ist nicht nur der Ort der sozial und moralisch zuschreibbaren Schuld. Auf der Flucht vor ihrem unerträglichen Zuhause wird Florence ohne erkennbares Motiv in den dichter werdenden Verkehrsstrom hineingezogen, der in die City führt. Abgelöst von Gut und Böse, von arm und reich, von einzelnen Individuen, Bauten und Institutionen geht das dynamische System Stadt, symbolisiert im Bild der zentripetalen Strömung und der Themse, gleichgültig seinen Weg:

> With this last adherent, Florence hurried away in the advancing morning, and the strengthening sunshine, to the City. The roar soon grew more loud, the passengers more numerous, the shops more busy, until she was carried onward in a stream of life setting that way, and flowing, indifferently, past marts and mansions, prisons, churches, market-places, wealth, poverty, good, and evil, like the broad river side by side with it, awakened from its dreams of rushes, willows, and green moss, and rolling on, turbid and troubled, among the works and cares of men, to the deep sea.[38]

Unwiderstehliche Anziehungskraft Londons und zentripetale Bewegung sind auch in De Quinceys Kapitel "The Nation of London" (aus seinen *Autobiographic Sketches*, 1834) strukturprägende Konzepte, die anhand des bekannten Erzählmusters der ersten Begegnung mit der Stadt entfaltet werden. Den Bericht über die Annäherung an das Zentrum der Stadt in einer Kutsche überlagert De Quincey in romantischer Manier mit essayistischen Reflexionen, die auf die Frage nach dem repräsentativen Mittelpunkt eine ironische Antwort erteilen: Am Ende wird durch Münzenwerfen entschieden, ob damit Westminster Abbey oder St. Paul's Cathedral gemeint sei. Schon bei De Quincey haben also die herkömmlichen symbolischen bzw. kartographischen Markierungen zugunsten von Bewegungsbegriffen und Bewegungsvorstellungen, die im Grunde zum Selbstzweck geworden sind, in gewisser Weise ausgespielt.

Dieser Umstand erklärt nun, daß der Text der Reflexion mit veranschaulichenden Modellen und Metaphern durchsetzt ist, die sämtlich die Ideen des Mittelpunkts und der Bewegung miteinander verkoppeln. London gleicht, im Hinblick auf das gesamte Land, ja die Welt, der Achse eines Rades, auf die alle Speichen zustreben; es gleicht, in damals noch aktueller physikalischer Metaphorik, einem Gravitationsmittelpunkt, d. h. einem großen Körper, der kleinere gesetzesmäßig – was in bezug auf London für De Quincey Bedürfnisbefriedigung meint – auf sich hinzieht; London ist ein "vast magnetic range of Alps"[39][38], ein Wasserfall, der sich durch sein Rauschen bemerkbar macht, lange ehe man seiner unmittelbar ansichtig wird. Allenthalben führt, das wollen diese Bilder besagen, die Zentralbewegung auf ein Energiezentrum, wobei sich die Bewegung dorthin zunehmend beschleunigt und ein dichter werdendes Netz von Energieströmen bildet. Das präziseste Bild für eine solche Verbundwirkung von Energiebündelung und scheinbar chaotischer, aber doch geordneter, weil zentripetaler und sich beschleunigender Bewegung ist der Wasserstrudel, der Mahlstrom. Die Macht seiner Sogwirkung hat es De Quincey besonders

---

[37] Charles Dickens, *Dombey and Son* (1848; Harmondsworth: Penguin, 1970) 562–563.
[38] Dickens, ebd., 759.
[39] De Quincey 1862,182. (s. Anm. 31).

angetan: Zweimal wird "suction"[40] erwähnt, selbst die von Schottland herantrottenden Rinderherden sind – wie die Menschen auch – passive Opfer dieser Kraft.

Trotz dieser Erfahrung des Ausgeliefertseins an eine vom einzelnen nicht zu steuernde überpersönliche Kraft enthält das Bild des Mahlstroms bei De Quincey keinerlei soziale Anklage:

> Launched upon this final stage, you soon begin to feel yourself entering the stream as it were of a Norwegian *maelstrom*; and the stream at length becomes the rush of a cataract.[41]

Sein ästhetischer, um eine naturwissenschaftlich-philosophische Dimension erweiterter Blickwinkel blendet London als Ort des Überlebenskampfes und der gesellschaftlichen Zerrissenheit aus.

Eben dieses Zusammenspiel von ästhetischer und naturwissenschaftlicher Sehweise begründet eine innere Verwandtschaft des romantischen Essayisten mit Edgar Allan Poe und der Frühmoderne, die das Bild des energievollen Strudels als Kennzeichen einer positiv bewerteten industrialisierten Welt gerne aufgreift. Mit der Wahl der Mahlstrom-Metapher bzw. des Vortex verkündet die historische Avantgarde Englands (Wyndham Lewis, Ezra Pound) qua ästhetische Moderne ihr Ernstnehmen des Zeitalters der Verwissenschaftlichung, Mechanisierung und Urbanisierung. Bedurfte es dazu, außer den Selbstausssagen der den Kubisten nahestehenden Vortizisten, welche die Maschinenwelt und das neue Weltbild der Physik emphatisch begrüßen,[42] noch eines Beweises, so liefert ihn ein Vertreter der anderen Kultur, der Naturwissenschaftler Thomas Henry Huxley. Unter dem Vergrößerungsglas des Mikroskops enthüllen kleinste Zellen ihren dynamischen Charakter. Nicht nur befindet sich das Protoplasma in einem Zustand „unablässiger Aktivität"[43], es selbst enthält Kanäle, durch die sich „verhältnismäßig rasche Ströme"[44] von Körnchen bewegen. Großstadt und organische Substanzen sind wegen der gemeinsamen Merkmale der Unüberschaubarkeit, der verflüssigten Struktur und des Dauerlärms plötzlich analogiefähig geworden. Ihre grundsätzliche strukturelle Ähnlichkeit erlaubt Huxley den Vergleich "as with the roar of a great city". Deshalb kann in beiden Fällen auch die Mahlstrom-Metapher Verwendung finden:

> Currents similar to those of the hairs of the nettle have been observed in a great multitude of very different plants and weighty authorities have suggested that they probably occur, in more or less perfection, in all young vegetable cells. If such be the case, the wonderful noonday silence of a tropical forest is, after all, due only to the dullness of our hearing; and could our ears catch the murmur of these tiny Maelstroms, as they whirl in the innumerable myriads of living cells which constitute each tree, we should be stunned, as with the roar of a great city.[45]

---

[40] De Quincey 1862,179.

[41] De Quincey 1862,182.

[42] Vgl. hierzu Richard Cork, „Maschinenzeitalter, Apokalypse und Pastorale", in: Susan Compton, ed., *Englische Kunst im 20. Jahrhundert. Malerei und Plastik* (München: Prestel, 1987) 75–86, hier: 78.

[43] Thomas Henry Huxley, "On the Physical Basis of Life" (1868), in: Trilling & Bloom 1973, 272–87, hier: 274. (s. Anm. 29).

[44] Trilling & Bloom 1973, 274.

[45] Huxley, ebd., 275. Die metaphorische Verknüpfung von urbaner Szene und Mahlstrom-Vorstellung findet sich nicht zufällig auch bei D.H. Lawrence. Im Kapitel "Gudrun in the Pompadour" charakterisiert der Erzähler Gudruns Beziehung zum Treffpunkt der Londoner Boheme, dem Pompadour-

Die Begegnung mit den oben genannten Eigenschaften löst in beiden Fällen Staunen und schockartige Überraschung ("stunned") aus.

Im sechsten Abschnitt von Jefferies' mystisch raunender Autobiographie *The Story of My Heart* (1883)[46] fließt die Zentralbewegung, die auf drei Seiten als Verbindung von Beschreibung und Reflexion in angestrengter mimetischer Bemühung zur Anschauung gebracht wird, nicht nur allgemein in die City, sondern genauer und hintersinniger – auf die Börse zu. Während so im Innern der Börse die Aktienkurse sich nach oben oder unten bewegen inmitten hektischer Spekulationen (diese Vorstellung ist vom Leser zu ergänzen), brandet draußen, vor der Börse, der aus allen Richtungen heranströmende Verkehr in den "agitated pool" (S. 67) des Verkehrspunkts hinein, der belebten Straßenkreuzung. Diesem brodelnden Strom von Menschen und Waren bescheinigt Jefferies mehr Wirklichkeit als Stein und Haus ("But it is more sternly real than the very stones", S. 69). Die Mobilmachung hat sich mit anderen Worten zur absoluten Notwendigkeit verselbständigt. Wo die Energieströme zusammenfließen, bildet sich ein unwiderstehlicher Strudel ("vortex", "whirlpool"). Er ist für Jefferies der Mittelpunkt menschlichen Lebens auf dieser Welt:

> This is the vortex and whirlpool, the centre of human life today on the earth. Now the tide rises and now it sinks, but the flow of these rivers always continues. Here it seethes and whirls, not for an hour only, but for all present time, hour by hour, day by day, year by year.[47]

In Jefferies' Text fehlt zwar das Vokabular des Sublimen, nicht aber die Verbindung von ästhetisierender Wahrnehmung und naturwissenschaftlich angeregter Deutung. Akustische und optische Eindrücke vervielfältigen und verselbständigen sich. Ihre hastige Aneinanderreihung soll den Eindruck von Bewegung, Dynamik und nicht zuletzt Faszination vermitteln:

> [...] – of haste, and shuffle, and quick movements, and ponderous loads; no attention can resolve it into a fixed sound.
>
> Blue carts and yellow omnibuses, varnished carriages and brown vans, green omnibuses and red cabs, pale loads of yellow straw, rusty-red iron clanking on paintless carts, high white wool-packs, grey horses, bay horses, black teams; sunlight sparkling on brass harness, gleaming from carriage panels [...][48]

Der glitzernde Strom aus Farben und Formen verdankt sich dem Lebenskampf unzähliger Individuen, die unablässig unter dem Druck ihres eigenen Begehrens ("eager self", S. 69) und dem eisernen Zwang der Verhältnisse ("accumulated circumstances", S. 69), wie sie nun einmal sind, zur Aktivität gezwungen sind. Die Reibung so vieler Interessen und Kräfte, die sich mit naturgesetzlicher Notwendigkeit zur Geltung bringen, erzeugt einen „Zustand der elektrischen Spannung"

Café, folgendermaßen: "It was as if she *had* to return to this small, slow central whirlpool of disintegration and dissolution: just give it a look." D. H. Lawrence, *Women in Love* (1920; Harmondsworth: Penguin, 1969) 429.

[46] Richard Jefferies, *The Story of my Heart. My Autobiography* (1883; London: Macmillan, 1968). Zitate im folgenden nach dieser Ausgabe.

[47] Jefferies, ebd., 68.

[48] Ebd.

("a condition of electricity", S. 69), dem die Menschen besinnungslos unterworfen sind.

Jefferies skizziert mit bemerkenswerter Hellsichtigkeit ein Bild des modernen Zustands der Mobilmachung und des Dauerverschleißes. Der entfesselten Aktivität der manisch ihren Interessen nachjagenden Massen vermag er keinen Sinn abzugewinnen. Er sieht kein Sinnsystem, keine Kultur, die dieser sich gleichsam selbst bewegenden Bewegung Ziel und Orientierung geben, kein Ergebnis von Dauer, das den Verschleiß sich gegenseitig aufreibender Atome von Menschen ("triturate", S. 68) rechtfertigen könnte. Der Schärfe, mit der er den Verflüssigungsgrad der Gesellschaft diagnostiziert und als Symptom ökonomischer Zwänge interpretiert, entspricht die äußerste Gespaltenheit, mit der er als Betrachter und Raisonneur zwischen ästhetischer Faszination, philosophischer Reflexion und Flucht in die Naturmystik pendelt.

Das Phänomen, daß kulturkritisch gestimmte Kritiker der Modernisierung deren nomadisch-dynamisches Wesen bestens erfaßt und beschrieben haben, ist indes seit Wordsworth und Thomas Carlyle nichts Neues. Im Mahlstrom des "Perpetuum mobile", der „sich selbst mahlende(n) Mühle"[49] des modernen Lebens, wird jede feste Sinnstruktur zermahlen und zerschmolzen:

> Is there any theory, philosophy, or creed, is there any system or culture, any formulated method able to meet and satisfy each separate item or this agitated pool of human life? By which they may be guided, by which hope, by which look forward? Not a mere illusion of the craven heart – something real, as real as the solid walls of fact against which, like drifted seaweed, they are dashed; something to give each separate personality sunshine and a flower in its own existence now; something to shape this million-handed labour to an end and outcome that will leave more sunshine and more flowers to those who must succeed? Something real now, and not in the spirit-land; in this hour now, as I stand and the sun burns. Can any creed, philosophy, system, or culture endure the test and remain unmolten in this fierce focus of human life?[50]

Für Jefferies ist die Metropole der Ort, wo der sich beschleunigende Lauf der Welt am frühesten sichtbar wird. Die Hektik des pulsierenden Kraftzentrums zermahlt sowohl die ihn durch ihre Selbstbewegung in Gang haltenden Menschen und Institutionen als auch die natürlichen Ressourcen zu „Staub". Der Wirklichkeitsbegriff selbst verflüssigt sich. Denn die Semantik der Jefferiesschen Texte läßt offen, was 'eigentlich' Realität besitzt, die mystische Ruhe und kosmische Dauer versprechenden Löwen des Trafalgar Square ("The immense lion here beside me expresses larger nature – cosmos – the ever-existent thought which sustains the world.")[51], oder das entfesselte wirtschaftliche Zentrum Londons, das die Kapitalströme der Welt auf sich zieht und in sich hineinsaugt ("For London is the only *real* place in the world [...] Gold is made abroad, but London has a hook and line on every napoleon and dollar, pulling the round discs hither.")[52]. Jefferies' Vortex besitzt mithin ein Janusgesicht: Er wirkt entwirklichend und ist doch höchst wirklich, er zerstört die

---

[49] Novalis, „Die Christenheit oder Europa" (1799), in: Gerhard Schulz, ed., *Novalis' Werke* (München: Beck, 1969) 499–518, hier: 508.

[50] Jefferies 1969, 70–71.

[51] Richard Jefferies, "The Lions in Trafalgar Square", in: ders., *The Open Air* (London, 1889) 321–327, hier: 326.

[52] Jefferies 1889, 326–327

Menschen, bildet sie zu Maschinen zurück, und ist doch voller schöpferischer Energie.

Das Wasser, die Metapher und das Problem der Erkenntnis

Die London-Beschreibung des Richard Jefferies entfaltet das Paradigma „Wasser" und „Fließen" auf nicht weniger als zwei Seiten (S. 67–68): "stream of traffic", "flow", "agitated pool", "float", "streams slacken, and now they rush amain", "dark waves", "waves swell", "side-rivers", "vortex", "whirlpool", "the tide rises", "the flow of these rivers". Der imaginäre Gegenstand der Wassermetaphorik trägt, überlagert und beherrscht also den eigentlichen Darstellungsgegenstand „Verkehr". Geschieht das mit gutem Grund? Kann man sagen, daß das Imaginäre im rasanten Prozeß der Modernisierung das Wirkliche 'besetzt' hat? Obwohl die Jefferiesschen Wassermetaphern explikativ sind, d. h. intellektuell gesteuert, enthalten sie doch die Frage nach der Abbildbarkeit beweglicher, individueller Vielfalt.

Die Wassermetapher zeigt nicht nur die Verflüssigung, Verzeitlichung und die Dynamisierung der Wirklichkeit an, sondern auch die Infragestellung der Grenze zwischen Realem und Imaginärem. Den damit gestellten erkenntnistheoretischen Problemen stellt sich die fortgeschrittenste Philosophie am Ende des 19. Jahrhunderts. Um dies zu tun, bedarf sie nun aber ihrerseits der Wassermetaphorik, die man deshalb wohl zum Diskurs der Moderne rechnen muß.

Zunächst zu Wilhelm Diltheys Versuch einer Grundlegung der Geisteswissenschaften. Wenn das Fließen das „eigentliche" Wesen des Lebens ausmacht, dann ist der direkte, unmittelbare Zugang zu diesem Wesen versperrt. Es bleibt nur der hermeneutische Umweg über die Interpretation des Ausdrucks, d. h. jener vom „Leben" zurückgelassenen und vom Betrachter geschaffenen Verfestigungen bzw. Strukturen, denen nicht der Status von Wirklichkeit eignet, sondern von *Zeichen*, die – so glaubt jedenfalls noch Dilthey – auf das Wirkliche verweisen. Der Philosoph selbst wiederum bedarf der Fiktion der Fluß- und Wassermetaphorik, um den gemeinten erkenntnistheoretischen Sachverhalt beschreiben zu können:

> Und wollte man nun versuchen, durch irgendeine besondere Art von Anstrengung den Fluß des Lebens selbst zu erleben, wie das Ufer hineinscheint, wie er immer nach Heraklit derselbe scheint und doch nicht ist, vieles und eins, dann verfällt man ja wieder dem Gesetz des Lebens selbst, nach welchem jeder Moment des Lebens selbst, der beobachtet wird, wie man auch das Bewußtsein des Flusses in sich verstärke, der erinnerte Moment ist, nicht mehr Fluß; denn *er ist fixiert durch die Aufmerksamkeit, die nun das an sich Fließende festhält*. Und so können wir das Wesen dieses Lebens selbst nicht erfassen. Was der Jüngling von Sais entschleiert, ist Gestalt und nicht Leben.[53]

Wenn der Mensch nun nur über den Ausdruck zugänglich ist, dann bedeutet dies, daß die geschichtlich-gesellschaftliche Welt, in die wir eingelagert sind, zuvörderst aus einer Vielzahl von Zeichen besteht.

---

[53] Wilhelm Dilthey, *Gesammelte Schriften*, Bd. 7: *Der Aufbau der geschichtlichen Welt in den Geisteswissenschaften*, ed. Bernhard Groethuysen (1926; Stuttgart/Göttingen: Teubner, [5]1958, wiederabgedruckt 1968) 194–195.

Nietzsche radikalisiert diesen Ansatz in dem nachgelassenen Aufsatz „Über Wahrheit und Lüge im außermoralischen Sinne"[54].

Die begriffliche Wahrheit der gültigen Bezeichnung ist für Nietzsche lediglich eine Konvention, die der Aufrechterhaltung geordneter, friedlicher Verhältnisse unter Menschen dient. „[I]n einem natürlichen Zustand der Dinge" (S. 877), d. h. dem Lebenskampf, hat der Intellekt primär die Aufgabe, den Schwächeren vor der rohen Gewalt des Stärkeren durch Verstellung und Täuschung zu schützen.

Nietzsche geht nun über diesen darwinistischen und instrumentalen Ansatz hinaus, indem er die Erkenntnis- und Wahrheitsfähigkeit der Sprache schlechthin anzweifelt. „Ist die Sprache der adäquate Ausdruck aller Realitäten?" (S. 878) fragt er. Das über dem dynamisch-flüssigen Kern des Lebens errichtete Begriffsgebäude[55] entfernt sich in seiner Abstraktion und hierarchischen Starre von der individuellen Anschauungskonkretheit unmittelbarer, punktueller Erfahrung. Das „räthselhafte X des Dings an sich" (S. 879) ist uns nicht zugänglich, es ist vielmehr nur in verfälschenden Zeichen (Bildern, Phonemen, Worten) präsent. Die alltäglichen Verständigungen gründen also auf abgegriffenen Metaphern, Fiktionen, Lügen, die solange notwendig und nützlich sind, wie sie dem Leben dienen:

> Was ist also Wahrheit? Ein bewegliches Heer von Metaphern, Metonymien, Anthropomorphismen kurz eine Summe von menschlichen Relationen, die, poetisch und rhetorisch gesteigert, übertragen, geschmückt wurden, und die nach langem Gebrauche einem Volke fest, canonisch und verbindlich dünken: die Wahrheiten sind Illusionen, von denen man vergessen hat, dass sie welche sind, Metaphern, die abgenutzt und sinnlich kraftlos geworden sind, Münzen, die ihr Bild verloren haben und nun als Metall, nicht mehr als Münzen in Betracht kommen.[56]

Nietzsche ist mit anderen Worten der Begründer der modernen und vor allem postmodernen Textualisierung der Welt, die mit der alltäglichen Erfahrung der Widerständigkeit bzw. Faktizität des Lebens so wenig in Einklang zu bringen ist. Was für ihn (und die Modernisten) der Wahrheit noch am nächsten kommt, sind die ursprünglichen, individuellen, noch nicht abgegriffenen „Anschauungsmetaphern" (S. 883), mit welchen die künstlerische Phantasie das „einmalige [...] Urerlebnis" (S. 879) der jeweiligen Weltbegegnung im Bild erhaschen möchte. Kennzeichen dieser „primitiven Metaphernwelt" (S. 883) ist ihre Liquidität, ihre in der Schöpferkraft der Phantasie gründende Wandlungsfähigkeit und Flüssigkeit:

> Nur durch das Vergessen jener primitiven Metaphernwelt, nur durch das Hart- und Starr-Werden einer ursprünglich in hitziger Flüssigkeit aus dem Urvermögen menschlicher Phantasie hervorströmenden Bildermasse, nur durch den unbesiegbaren Glauben, *diese* Sonne, *dieses* Fenster, dieser Tisch sei eine Wahrheit an sich, kurz nur da-

---

[54] Friedrich Nietzsche, „Über Wahrheit und Lüge im außermoralischen Sinne", in Giorgio Colli und Mazzino Montinari, eds., *Sämtliche Werke. Kritische Studienausgabe in 15 Bänden*, (Berlin/New York: de Gruyter, 1967 ff.) Bd. 1: *Die Geburt der Tragödie. Unzeitgemäße Betrachtungen I-IV. Nachgelassene Schriften 1870–1873*, wiederabgedruckt München 1980. Zitate im folgenden nach dieser Ausgabe.

[55] Ebd., 882: „Man darf hier den Menschen wohl bewundern als ein gewaltiges Baugenie, dem auf beweglichen Fundamenten und gleichsam auf fliessendem Wasser das Aufthürmen eines unendlich complicirten Begriffsdomes gelingt; [...]".

[56] Ebd., 880–881.

durch, dass der Mensch sich als Subjekt, und zwar als *künstlerisch schaffendes* Subjekt vergisst, lebt er mit einiger Ruhe, Sicherheit und Consequenz;[57] (S. 883)

Wasser und Flüssigkeit bezeichnen für Nietzsche also zweierlei, einmal das Wesen der Wirklichkeit schlechthin, zum anderen die auszeichende Eigenschaft des *„künstlerisch schaffende[n]* Subjekts" (S. 883), dessen Phantasie die Bildermassen entströmen.

Diese an die Wassermetaphorik gebundene Bestimmung des Künstlers als dynamisches, archaisches, bildererzeugendes Subjekt liegt der Ästhetik der historischen Avantgarde zugrunde. Sie unterstellt, daß wir ohnehin mit Fiktionen operieren, d. h. „in einer Welt der Täuschung leben"[58]. Aber die Begriffsfiktionen der Wissenschaftler sind für Nietzsche wie beispielsweise für die Imagisten weiter von der – letzlich nicht erkennbaren – 'Wahrheit' entfernt als die noch nicht abgenutzten, kühnen 'Anschauungsmetaphern' der Künstler. (Es ist dies übrigens eine Entgrenzung, die höchst problematisch, ja unannehmbar wird, sobald man das Feld des moralischen und des juristischen Diskurses betritt!) Mehr noch: Erst in der Produktion von und in der ungehemmten Verfügung über Metaphern begibt sich der Mensch angeblich in die Position des freien Spielers und Schöpfers, die ihn der Zwänge begrifflich geordneter Lebensvorsorge enthebt.

Die dichterische, fiktionsbildende Leistung des Menschen sichtbar zu machen, stellt sich Nietzsche als Aufgabe. Kronzeuge für diese imaginative Tätigkeit ist selbst noch für ihn die Ästhetik des Erhabenen, das endlose Wasser des bewegten Meeres:

> Meine Aufgabe: alle die Schönheit und Erhabenheit, die wir den Dingen und den Einbildungen geliehen, zurückfordern als *Eigenthum und Erzeugnis des Menschen* und als schönsten Schmuck, schönste Apologie desselben. [...] Es ist diese erhabene Linie, dies Gefühl von trauernder Größe, dies Gefühl des bewegten Meeres alles *erdichtet* von unseren Vorfahren.[59]

Das Spiel des Wassers, so will es scheinen, ist das vollkommenste Symbol eines sich autonom setzenden Künstlertums, das den Menschen als Menschen auszeichnet. Ein metaphorisches Produkt und stereotypes Interpretationsmodell spezifisch moderner Erfahrung wird für Nietzsche zum Signum des künstlerisch schöpferischen Menschen schlechthin.

Zwischen poststrukturalistische Theoriebildung, Nietzsche und modernem, an der Stadt orientiertem Diskurs scheint ein innerer Zusammenhang zu bestehen. Die grundlegenden Kategorien der Entwirklichung bzw. Entsubstantialisierung, des Zeichens und des Spiels rückt Jacques Derrida in seinem Aufsatz "La structure, le signe et le jeu dans le discours des sciences humaines" in die von Nietzsche ausgehende Denktradition ein:

> Si l'on voulait néanmoins, à titre indicatif, choisir quelques "noms propres" et évoquer les auteurs du discours dans lesquels cette production s'est tenue au plus près de sa formulation la plus radicale, il faudrait sans doute citer la critique nietzschéenne de la

---

[57] Ebd., 883.
[58] Colli & Montinari 1980, Band 11: 648.
[59] Colli & Montinari 1980, Band 9: 582.

métaphysique, des concepts d'être et de vérité auxquels sont substitués les concepts de jeu, d'interprétation et de signe (de signe sans vérité présente);[60]

Vortex und angelsächsische Moderne

Das Selbstverständnis der durch Wyndham Lewis und Ezra Pound inszenierten englischen Moderne orientiert sich am Bild des Strudels, des Vortex. 1915 formuliert Pound: "New masses of unexplored arts and facts are pouring into the vortex of London. They cannot help bringing about changes as great as the Renaissance changes."[61] London ist der Mahlstrom, der alles in sich hineinreißt in einer wirbelnden Bewegung.

Die Verwendung des Vortex als einer totalisierenden Metapher für London erinnert, wie zu sehen war, an London-Darstellungen, die im Horizont der Ästhetik des Erhabenen stehen. Was an diesem Bild fasziniert, ist offenbar die Verbindung von chaotischer Energie und Struktur. Dies gilt auch für Wyndham Lewis, der in dem Bild *What the Sea is Like at Night* noch 1949 in kantischer Manier "the vast power of the swirling ocean"[62] evoziert. Erst die Ästhetik des Erhabenen erlaubte die positive Wertung des von Haus aus negativ besetzten Bildes des Mahlstroms. In die gleiche Richtung wirkten aber auch die Einsichten der physikalischen Astronomie, für die Pound und Lewis großes Interesse zeigten. Diese lenkten den Blick auf die wirbelnden, spiralförmigen Bewegungen im Sternensystem und sahen, wie zum Beispiel der von Pound geschätzte Allen Upward in *The New Word* (1908), in der Metapher des Vortex ein Modell der energiegeladenen Wirklichkeit schlechthin.

Wyndham Lewis und Ezra Pound schreiben dem Vortex eine revolutionäre Kraft und Funktion zu. Die Bewegungsdynamik der Moderne wird die viktorianische Tradition zermahlen und somit den Boden für die Konstruktion des Neuen bereiten: "[...] the Vortex would sweep up this ugliness, blast it to pieces, and assemble it in beautiful painted forms"[63]. Da diese Revolution von den Modernisten Lewis und Pound vor allem als künstlerische begriffen wird, findet das Bild konsequenterweise noch in einem literarhistorischen und in einem stilistischen Zusammenhang Verwendung. Vortex, das ist für Pound eine Metapher für die literarischen Strömungen und die Karrieren, die in die Moderne münden ("a sign of creative energy, convergence and order"[64]). Als stilistischer Kampfbegriff, der gegen die schwächlichen Imagisten gerichtet ist, zumal die Gruppe um Amy Lowell, meint Vortex jene geformte Energie, die nicht nur die Struktur der physischen, sondern auch die der geistigen Welt bestimmt. Moderne Kunst muß deshalb, wenn sie auf der Höhe der Zeit sein will, jene im Bild des Vortex zur Anschauung kommende schöpferische

---

[60] Jacques Derrida, „La structure, le signe et le jeu dans le discours des sciences humaines", in: Ders., *L'écriture et la différence* (Paris: Seuil, 1967) 409–428, hier: 411–412.

[61] Ezra Pound, *Gaudier-Brzeska. A Memoir* (New York: New Directions, 1970) 117. Zit. n. Timothy Materer, *Vortex. Pound, Eliot and Lewis* (Ithaca/London: Cornell University Press, 1979) 30. Materer geht auf die Vorgeschichte des Vortex-Bildes nicht ein.

[62] Materer 1979, 18.

[63] Ebd., 33.

[64] Ebd., 11: „This book examines the artistic crosscurrents in the careers of Ezra Pound, T.S. Eliot, and Wyndham Lewis. Ezra Pound perceived these currents as a vortex, a sign of creative energy, convergence, and order."

und strukturierte Energie in ästhetische Wirklichkeit umsetzen. Das aber bedeutet, daß die ästhetische Moderne sich mit einem Grundphänomen des Modernisierungsprozesses synchronisieren möchte. Moderne Kunst, insbesondere die bildende Kunst seit etwa 1912, ahmt deshalb nicht die Natur nach, sondern konstruiert, um moderne Erfahrungen mitzuteilen, Artefakte nach dem Vorbild der industriellen Fertigung (Montage), der Physik (Energiemuster aus "fluid forces"), der Geometrie und Mathematik (Gleichungen als Bauprinzip künstlerischer Emotionsdarstellung) und des philologischen Kommentars und Zitats. Dabei ist die Großstadt der Inbegriff jenes modernen Lebens, dessen zweideutiger Energie und Vitalität etwa Wyndham Lewis in abstrakten Gemälden wie *New York*, *The Crowd*, *Workshop* (alle 1914–15) Ausdruck geben will. Es sind Kunstwerke, die – sei es in satirischer, sei es in zustimmender Haltung – vom Humanismus abrücken und gerade auch dem Menschen einen maschinenartigen Charakter geben. Vortex ist somit das schrille, Aufmerksamkeit auf sich ziehende Schlagwort für eine künstlerische Revolte, die im Zeichen abstrakter 'Maschinenkunst' stand, ohne daß damit, wie bei den Futuristen, eine sentimental-kritiklose Verehrung des Maschinenzeitalters verbunden war. *Was sich in den Stadttexten des 19. Jahrhunderts lediglich inhaltlich-semantisch vorbereitete, erhielt jetzt die ihm gemäße Form.* Und das betraf zuvörderst die *künstlerische* Verselbständigung von kraftvoller Bewegung[65] und Ausdruck, die nicht mehr wie auch immer gearteten ideologischen Geschichtsbildern, Totalitätsansprüchen oder dem Gebot der Naturtreue unterstellt wurden.

Aber diese ästhetische Emanzipation einer selbstzweckhaften, energiegeladenen Bewegung und Struktur in den Kraftlinien des abstrakten Kunstwerks sollte sich alsbald als Illusion herausstellen. Mit ihren modernistischen Techniken verfolgten Pound, Eliot und Lewis kulturkritische Absichten, die zumal im Blick auf die erschütternden Erfahrungen eines technologisch bestimmten Krieges das aufklärerische „Projekt der Moderne", dem sich Habermas verpflichtet fühlt, grundsätzlich in Frage stellten.

---

[65] Daß die Vortizisten (und die Futuristen) die „dynamische Bewegung als Bildthema" wählten, betont u.a. Suzanne Kappeler, *Der Vortizismus. Eine englische Avantgarde zwischen 1913–1915* (Bern: Lang, 1986) 14 u. 122.

Mechanische Bewegung als Tod im Leben:
Women in Love von D.H. Lawrence

Organischer und mechanischer Tod

Die Paradoxie vom lebendigen Totsein ist eine negativ besetzte Denk- und Bildfigur, die bis zum 18. Jahrhundert vor allem auf die Normen des metaphysischen Heils bzw. des sündenfreien Lebens bezogen werden muß. Die hier nicht zu entfaltenden biblischen Belege verweisen darauf, daß der Mensch einen seelischen Tod stirbt, wenn er sich dem von Gott oder Christus ausgehenden Heilsangebot verweigert. Er wird hohl, zur klingenden Schelle, auch wenn er die ganze Welt gewinnt.

Die spezifisch moderne Entfremdungstheorie und Modernekritik, als deren literarisches Äquivalent Lawrence' *Women in Love*[1] angesehen werden muß, arbeitet demgegenüber mit anderen Interpretationsmodellen und Diskursen, und zwar (a) dem aus der Biologie und Evolutionslehre stammenden organischen Modell und (b) der kulturkritischen Metapher des Mechanischen (Rousseau, Carlyle), die sich gegen die angeblich lebensfeindlichen Konventionen bzw. Institutionalisierungs- und Ausdifferenzierungsprozesse der modernen Gesellschaft richtet. Sie zielt auf die Erfahrung zunehmender Fremdbestimmung und verminderte Handlungsmächtigkeit des Individuums.

Diesen beiden Diskursen und Modellen entsprechen zwei konträre Bewegungsformen, auf die sich meine Analyse der Lawrenceschen Moderne-Kritik konzentrieren wird, nämlich die organische und die mechanische Bewegung. Für Lawrence nimmt der Tod im Leben die Gestalt eines organischen Verfalls oder einer mechanischen Bewegung an. Da schon der Text – was ein Ausweis seiner Modernität ist – unablässig Bewegungsformen reflektiert, bietet es sich an, diese Bewegungsformen mit Bewegungsvorstellungen abzugleichen und in Beziehung zu setzen, die in einschlägigen Moderne-Theorien vorgeschlagen wurden, von der Spenglerschen Theorie des organischen Verfalls bis hin zu Sloterdijks[2] Deutung der Moderne als entfesselte Mobilität.

Ich unterscheide also folgende Möglichkeiten:
1. Der Tod im Leben ist ein organisch-biologischer Prozeß, der metaphorisch in kulturmorphologischer Absicht auf den Verlauf individueller Lebensläufe, ja ganzer Kulturen übertragen werden kann. So gesehen wäre auch kulturell-geschichtliches Leben dem Gesetz von Entstehen, Aufblühen, Reife und Verfall ausgesetzt. Dieser organisch-biologischen Ideologie folgt vor allem Lawrence' Zeitgenosse Oswald Spengler in seinem berühmten Buch *Der Untergang des Abendlandes*. Insofern jeder Mensch ein Organismus ist, der ständig abstirbt und

---

[1] David Herbert Lawrence, *Women in Love* (1920; Harmondsworth: Penguin, 1969). Alle Zitate nach dieser Ausgabe.

[2] Peter Sloterdijk, *Kopernikanische Mobilmachung und ptolemäische Abrüstung. Ästhetischer Versuch* (Frankfurt: Suhrkamp, 1987).

sich erneuert, zunehmend aber abstirbt und an Funktionstüchtigkeit verliert, ist der Tod im Leben das organische Schicksal jedes Menschen noch vor dem Ende seines Lebens. Der Tod von Zellen begleitet ihn und gehört zu seinem Menschsein. Und der Anblick eines toten Baumes ("A mankind is a dead tree", 140), der bei Lawrence metaphorisch für den Zustand unserer Kultur einsteht, bleibt uns nur deshalb erspart, weil Förster und Forstwirtschaft ihn nicht zulassen.

2. Der Tod im Leben ist eine Metapher, bei der aus dem ästhetischen Eindruck mechanischer Repetition auf das Fehlen vitaler bzw. seelischer Lebendigkeit geschlossen wird. Die Logik dieser Metaphorik bestimmt die Entfremdungstheorie[3] und Kulturkritik seit Rousseau und Carlyle. Zwei Beispiele müssen zur Illustration genügen. Unter dem Eindruck des Naturdenkens des 18. Jahrhunderts unterscheidet Rousseau bekanntlich zwischen dem Bürger, der spezielle Rollen in der Gesellschaft wahrzunehmen hat, und dem Menschen schlechthin. Ziel der Erziehung sollte aber nicht der Bürger sein, sondern der Mensch. Dieser droht aber seine natürliche Bestimmung zu verlieren, wenn er von den Vorurteilen und Konventionen der Gesellschaft verbogen wird. Deshalb kann Rousseau beispielsweise in *Émile* formulieren:

> Leben heißt nicht atmen, sondern handeln; es heißt, unsere Organe zu gebrauchen, unsere Sinne, unsere Fähigkeiten, alles was in uns ist und uns das Bewußtsein unserer Existenz gibt. Nicht derjenige, der die meisten Jahre zählt, hat am längsten gelebt, sondern der, der das Leben am stärksten erlebt hat. So wird mit hundert Jahren zu Grabe getragen, wer schon als Toter geboren wurde. Es wäre für ihn ein Gewinn gewesen, jung zu sterben, wenn er wenigstens bis dahin gelebt hätte.
> Unsere ganze Weisheit besteht aus servilen Vorurteilen. Alle unsere Sitten sind nichts als Unterwerfung, Druck und Zwang. Der gesellschaftliche Mensch kommt als Sklave zur Welt, lebt und stirbt als Sklave. Bei seiner Geburt zwängt man ihn in eine Windel, bei seinem Tod nagelt man ihn in einen Sarg. Solange er menschliche Gestalt hat, ist er durch unsre Institutionen gefesselt.[4]

Just diese radikale Institutionenkritik formuliert noch die rousseauistisch beeinflußte Zivilisationskritik um 1900. Und sie operiert mit einem pathetisch besetzten Lebensbegriff,[5] der wie bei Rousseau und in der zeitgenössischen Lebensphilosophie als Waffe gegen die entfremdende Funktion von Institutionen und wissenschaftlich-technischen Verdinglichungsprozessen verwendet wird. Carlyle benützt dann die negativ besetzte Metapher des Mechanischen, um seine Kulturkritik am Industriezeitalter zu formulieren:

> Were you required to characterize this age of ours by any single epithet, we should be tempted to call it [...] above all others the Mechanical Age. It is the age of Machinery, in every outward and inward sense of that word; [...].[6]
> Men are grown mechanical in head and in heart, as well as in hand.[7]

Moderne Institutionen, industrielle Arbeitsprozesse und Konventionen entfremden den Menschen angeblich – automatisierte Bewegungen sind gerade in einer kom-

---

[3] Vgl. Joachim Israel, *Der Begriff der Entfremdung* (Reinbek: Rowohlt, 1972).
[4] Jean-Jacques Rousseau, *Emile oder über die Erziehung* (Stuttgart: Reclam, 1990) 118.
[5] Vgl. hierzu Otto Friedrich Bollnow, *Die Lebensphilosophie* (Berlin: Springer, 1958).
[6] Thomas Carlyle, *Signs of the Times* (1829), zit. n. Peter Keating, ed., *The Victorian Prophets. A Reader from Carlyle to Wells* (Glasgow: Fontana, 1981) 47.
[7] Ebd., 50.

plexen Umwelt zur biologischen Entlastung des Menschen eine schlichte Notwendigkeit, das Rollenverhalten gehört für Plessner[8] sogar zur Definition des Menschseins – von seinem wahren Wesen, das seit der rousseauistischen Kulturkritik und Carlyle in emphatischer und normativer Weise als (individuelles) „Leben" bezeichnet wird. Dieser Lebensbegriff ist aber eine Erfindung der antirationalistischen Romantik und der auf sie folgenden Lebensphilosophie. Sowohl aus spezifisch kulturkritischer als auch aus idealistischer und vitalistischer Perspektive eignet sich also die Metapher des Mechanischen als wirksames rhetorisches Mittel des kultur- und zivilisationskritischen Diskurses. Abgelöst von seiner wörtlichen, technischen Bedeutung vermag das Mechanische als Metapher, und zwar im Sinne mechanischer, repetitiver Bewegung im Gegensatz zur zielorientierten Fortschrittsbewegung, zur nicht fremdbestimmten Spielbewegung und zur organischen Bewegung z. B. Kommunikationsstörungen, gesellschaftliche Schreckensvisionen und persönliche Entfremdungserfahrungen anzuzeigen. Diese Bedeutungskomponente von Tod im Leben muß folglich im Zentrum meiner Darlegungen stehen.

Moderne-Kritik und Liebesgeschichten

Wer sich unter sozialgeschichtlichem Blickwinkel einen ersten Überblick über Gesellschaft, Thematik und *plot* des Romans *Women in Love* verschaffen will, muß zunächst auf die angestrengte Modernität des Textes in thematisch-inhaltlicher Hinsicht hinweisen. *Women in Love* handelt von nichts Geringerem als der Krise der europäischen Moderne, die Lawrence an der Bewußtseinslage und den zwischenmenschlichen Beziehungen der liberalen Oberschicht (Hermione, Gerald), der gebildeten Mittelschicht bzw. Lehrern (Ursula, Birkin) und der Londoner (Gudrun, Halliday u.a., Café Pompadour) und kontinentalen (Loerke) Künstlerboheme erkundet. Die Kultur dieser intellektuellen und industriellen Avantgarde wird nicht als kulturelle Selbstverständlichkeit präsentiert, die wie bei Jane Austen auf der Grundlage moralischer und sozialer Ordnungen funktioniert, sondern als „Reflexionskultur" (Arnold Gehlen), die überkommene Werte und Diskurse unablässig in Frage stellt und nach Alternativen sucht. Die Geste der Suche, der physischen und geistigen Mobilität, ist deshalb grundlegend für den Roman. Was Theoretiker der Moderne wie Virilio und Sloterdijk dann ausführlich entfalten werden, nämlich das Verhältnis von Bewegung und Moderne, ist schon ein zentrales Thema von *Women in Love*. Die Kritik der Moderne und die Selbstinterpretationen der Figuren geschehen rational und nicht-rational zugleich, auf dem Wege der Diskussion und der mythischen Anspielung und Sinnzuschreibung. Auf mythischer Ebene wird zumal von Birkin leitmotivisch das apokalyptische Schema von Untergang bzw. Auflösung ("river of dissolution") und Erneuerung bzw. Wiedergeburt bemüht, das inhaltlich in der Denkform der romantischen Organismustheorie als Verdrängung der organischen durch eine mechanische Ordnung gedeutet wird, die ihrerseits, so Birkin, durch die utopisch-mythische Perspektive einer erneuerten, reflektierten organischen Ordnung von Individuum und Gemeinschaft abgelöst werden soll. Was in

---

[8] Helmut Plessner, *Diesseits der Utopie. Ausgewählte Beiträge zur Kultursoziologie* (Frankfurt: Suhrkamp, 1974) 20.

den kritischen Gesprächen der Diskussionsteilnehmer ("all this criticism and analysis of life", 147) zur Disposition steht, sind vor allem die Konzepte und Werte der liberal-aufklärerischen Tradition – Rationalität, herkömmliche Sexualmoral, liberale Ökonomie, Produktivität, technische Modernität, Wettbewerb, Konsumdenken, Urbanisierung, zentralistischer Nationalstaat, bürgerlicher Lebensstil, Philantropismus, Fortschritt, der Glaube an die Möglichkeiten der Erziehung, und vor allem: die für das emanzipierte bürgerliche Verständnis so wichtige Rolle von romantischer Liebe und Ehe.

In der Verachtung der bürgerlichen Lebensform sind sich sowohl die utopischen Expressionisten[9] Birkin und Ursula, die ihre Lehrerberufe bewußt aufgeben und sich aus England zurückziehen, als auch die künstlerische Boheme völlig einig. Da für beide radikale Negationsgesten und die Hochwertung der leiblich-erotischen Erfahrung charakteristisch sind, gibt es Zonen der Übereinstimmung, die es beispielsweise schwierig machen, konkret zwischen destruktiver (Gerald, Gudrun) und letztlich heilender Erotik (Ursula, Birkin) zu unterscheiden. Dennoch unterliegt dem Roman ein deutlich erkennbares ideologisches Wertungsschema, das trotz aller dialektischen Verschränkung lebensfördernd und lebenshemmend, organisch und mechanisch, lebendige Bewegung und mechanische Bewegung sowohl diskursiv als auch mit Hilfe mythischer Anspielungen einander entgegensetzt. Die Diagnose der Hochmoderne läuft durchweg auf den Befund hinaus, daß sie sich im Stadium des „Todes im Leben" befinde. Deshalb finden sich immer wieder paradoxe Formulierungen. In Birkins von der Biologie inspirierten kulturmorphologischen Sicht, die auch in Spenglers gleichzeitig erschienenem Werk *Der Untergang des Abendlandes* vorherrscht, befindet sich die europäische Gesellschaft in einer spätzeitlichen Phase, die durch Verfall, Desintegration, Fäulnis und Mechanik geprägt ist. Deshalb sind die Menschen und ihre Erzeugnisse nur noch "Dead Sea Fruit" (140). Sofern sie nicht rasch sterben, durchlaufen sie einen Prozeß des lebenden Totseins ("living death", 241). Birkin bekennt, daß er vor seiner erlösenden Liebe zu Ursula ebenfalls dem Zustand des Todes im Leben anheimfiel: "I was becoming quite dead-live" (210). Damit radikalisiert Lawrence eine Einsicht, die im kulturkritischen und sozialkritischen Diskurs seit Rousseau, Carlyle und Dickens immer wieder – und zwar mit derselben Bildlichkeit des Organischen und Mechanischen – im Blick auf die moderne Gesellschaft formuliert worden war. Aus der Sympathielenkung des Romans kann man darüber hinaus schließen, daß die Erzählinstanz von *Women in Love* auch das Künstlermilieu der Boheme in dieses Urteil miteinbezieht ("this small, slow central whirlpool of disintegration and dissolution", 429) und insofern tendenziell trotz der Dialektik von Auflösung und Erneuerung eine Trennungslinie

---

[9] Vgl. Verf. „D.H. Lawrence und der deutsche Expressionismus. Bemerkungen zu *The Rainbow* (1915) und *Women in Love* (1920)", in: *Sprachkunst* 13 (1982): 151–172. Weitere deutsche Studien zur Behandlung der Moderne- Problematik bei Lawrence stammen von Willi Erzgräber, „Formen des modernen Bewußtseins im technologischen Zeitalter. Zu D.H. Lawrence' Roman *Women in Love*", in: *Das Natur/Kultur-Paradigma in der englischsprachigen Erzählliteratu,* Festschrift zum 60. Geburtstag von Paul Goetsch, eds. Konrad Gross, Kurt Müller und Meinhard Winkgens (Tübingen: Narr, 1994) 94–112 und Alexander Stützer, *Darstellung und Deutung der Moderne bei D.H. Lawrence*, Neue Studien zur Anglistik und Amerikanistik, Bd. 66 (Frankfurt: Lang, 1995).

zwischen destruktiver und konstruktiver, ethisch verantwortungsloser und ethisch verantwortlicher Ziviliationskritik zu ziehen versucht.

Fiktionales Medium der Gesellschafts- und Bewußtseinsanalyse der Moderne sind zwei kontrastiv und parallel geführte Liebesgeschichten. Zumindest seit Eliots *Middlemarch* ist es nichts Neues, gelungene – das Verhältnis zwischen Birkin und Ursula – oder scheiternde – das Verhältnis zwischen Gerald und Gudrun – Liebesbeziehungen als Symptome charakterlicher und moralischer Vorzüge oder Schwächen zu lesen. In *Middlemarch* verbergen sich beispielsweise hinter Rosamonds romantisch-theatralischen Vorstellungen von Liebe Egoismus und Herrschaftswille. Da Lawrence das moralische Begriffs- und Wertsystem durch ein lebensphilosophisches ersetzt, entscheiden organische Dispositionen, Lebenseinstellungen und Weltanschauungen, letztlich aber die Fähigkeit oder Unfähigkeit zur Liebe, über das Gelingen von Privatbeziehungen und aus diesen hervorgehenden Gemeinschaften. Offenkundig ist, daß Lawrence in den kritisch beleuchteten Liebesbeziehungen Modernität und Aggressivität miteinander verknüpft. Von Anfang stehen die Beziehungen zwischen dem Industriellen Gerald und der Künstlerin Gudrun im Zeichen der Gewalttätigkeit, der erotischen Faszination und der gegenseitigen Ausbeutung. Gudrun versetzt Gerald schon am Anfang ihrer Beziehung einen Schlag und treibt ihn am Ende in den eisigen Tod in den Alpen. Auch bei Minette und Hermione fällt diese Disposition zur Gewalttätigkeit auf, die nicht eigentlich mit Hilfe des theologisch Bösen oder einer psychologischen Frustrations-Aggressions-Hypothese erklärt werden kann, sondern – unbeschadet des Bezugs zur *femme fatale*-Tradition – eher mit einer modernen Disposition und Mentalität, in der intellektueller Herrschaftswille und Sinnlichkeit gleichsam unorganisch nebeneinander stehen. Dafür ließen sich viele Beispiele anführen, etwa Geralds brutale Unterwerfung der scheuenden Stute, die sprachlich als Vergewaltigung stilisiert wird, oder seine Affären mit leichten Mädchen. Es gehört allerdings zu den charakteristischen Widersprüchen des Romans, daß Lawrences Rhetorik des Diabolischen – das Wort 'diabolisch' taucht häufig auf, ebensooft finden sich Anspielungen auf die Unterwelt, Birkin betrachtet die Vertreter der Moderne als *fleurs du mal* – moralische Assoziationen zurückbringt, die sprachlich offenbar schwer zu vermeiden sind, wenn man Wertoppositionen und Erlösungsbotschaften vermitteln will.

Da die moderne Reflexionskultur und moderne Erfahrungen herkömmliche Sinnangebote wie Religion oder Fortschrittsglauben aufgebraucht und verworfen haben, bleiben schon für die Erzählinstanz von *Women in Love* – wie übrigens auch für die Ökotopie – nur die Natur und die Liebe als utopische Reservate sinnhafter Existenz übrig, implizit natürlich auch die Kunstform des Romans als großes "book of life". Nur diese Lebens- und Kunstformen vermögen den Tod im Leben des modernen, mechanischen Daseins zu überwinden und 'das Leben' als normative Vorstellung zu verwirklichen. Nach dem von Nietzsche verkündeten Tode Gottes und dem sich abzeichnenden apokalyptischen "end of the world" (67) rückt die Liebe, die für die Elisabethaner noch eine komische, wenngleich poetisch produktive Nebensächlichkeit gewesen war, in die Position einer Ersatzreligion ein: "the finality of love" (63), sagt Birkin. Gegen die moderne Dezentrierung kann nach Auffassung von Birkin nur noch die Liebe Abhilfe schaffen:

"You don't? Then wherein does life centre, for you?"
"I don't know – that's what I want somebody to tell me. As far as I can make out, it doesn't centre at all. It is artificially held *together* by the social mechanism."
Birkin pondered as if he would crack something.
"I know," he said "it just doesn't centre. The old ideals are dead as nails – nothing there. It seems to me there remains only this perfect union with a woman – sort of ultimate marriage – and there isn't anything else."
"And you mean if there isn't the woman, there is nothing?" said Gerald.
"Pretty well that – seeing there is no God." (63–64)

Das alles klingt sehr aktuell und ist es auch, wie beispielsweise ein Blick auf Ulrich Becks *Das ganz normale Chaos der Liebe* (1990) lehrt. Gleichwohl: die gelingende Liebe und Eheschließung zwischen der Lehrerin Ursula und dem Schulinspektor Birkin hat mit romantischer Konventionalität und ernüchternder Realität wenig zu tun. Da ein vorgegebenes soziales Bezugsschema für Birkin nicht verbindlich ist, auch nicht Ursulas relativ konventionelle Vorstellung romantischer Liebe, die Verschmelzung, Absolutheit und männlichen Liebesdienst vorsieht, muß die Liebe neu definiert werden, und zwar in Abgrenzung zur romantischen Liebe. Darum kreisen die Debatten zwischen den Partnern. Die Lösung, die gefunden wird, ist eine reale, nicht aber ein Konsens auch in theoretischer Hinsicht. Für Birkin müssen Wort und Begriff der Liebe mit neuem Inhalt gefüllt werden (vgl. 145). Er benützt es zwar auf Drängen von Ursula (284), aber dann mit einer Mischung aus Ironie und Zärtlichkeit (173) oder mit einer Emphase, die konventionelle romantische Assoziationen ausschließt. Da er moderne Individualisierungsgewinne retten will und dennoch eine unauflösliche, quasi-mythische Bindung anstrebt, muß sein Konstrukt der Liebe das Unvereinbare vereinbaren: Liebesleidenschaft und Dauer, persönliche Freiheit und Unabhängigkeit und feste Bindung, Frauenliebe und Männerliebe, organisch-körperliche Unpersönlichkeit und Persönlichkeit. Nur mit solchen Paradoxierungen ist es offenbar möglich, Leben im normativen Sinne zu bestimmen und dem Tod im Leben zu entgehen. Jeder Partner beansprucht seine eigene individuelle Sphäre und ist doch unaufhebbar an den anderen gebunden. Birkin erfindet zur Veranschaulichung seiner Konzeption bekanntlich das Bild des "star equilibrum", das angeblich nicht eine Wiederkehr des Patriarchats bedeute, sondern ausbalancierte Machtverhältnisse: "I want two single equal stars balanced in conjunction" (160) betont Birkin gegenüber Ursula. Aber auch Ursula und Birkin lösen diese utopische Norm von Liebe und Ehe nicht voll ein. Der Text ist offen. Am Ende steht Birkins Schmerz über seine nicht realisierte Liebe zu Gerald.

Moderne-Kritik und Tod im Leben
(a) Tod im Leben und eigentliches Leben

Als Leitvorstellung nimmt der Tod im Leben in *Women in Love* so viele Formen an, daß eine erschöpfende Behandlung des Themas im gegebenen Rahmen gar nicht möglich ist. Die für die Moderne konstitutive funktionale Verbindung von Wissenschaft, Technologie und kapitalistischer Wirtschaft zieht, wie Arnold Gehlen[10] ge-

---

[10] Arnold Gehlen, *Die Seele im technischen Zeitalter: Sozialpsychologische Probleme in der industriellen Gesellschaft* (Reinbek: Rowohlt, 1957).

zeigt hat, sozialpsychologische Folgen nach sich, die der Roman in Übereinstimmung mit den Befunden soziologischer, psychologischer und sozialanthropologischer Moderne- und Entfremdungsforschung diagnostiziert. Arbeitsteilung und Professionalisierung erzeugen – auch im kulturellen Bereich – den Menschentypus des Experten, der seinen Funktionen und Rollen gerecht wird, damit aber zugleich der Gefahr ausgesetzt ist, ein reduziertes, mechanisches, entpersönlichtes, sinnentleertes Dasein zu fristen. Der Tod im Leben ist deshalb eine Krankheit, unter der aus der Sicht des romanintern etablierten Bewertungssystems mehr oder minder alle Figuren der Romangesellschaft leiden, der erfolgreiche Unternehmer und radikale Modernisierer Gerald Crich ebenso wie seine Bergarbeiter, die er in 'mechanische Instrumente' ("mere mechanical instruments", 259) verwandelt hat, der kompromißlose Künstler und Ästhet Loerke ebenso wie Gudrun und die liberale Intellektuelle Hermione, deren Reflexivität und Herrschaftswille ihr genau das unmöglich machen, was sie als Lebensform ersehnt: spontanes Leben, unreflektierte Übereinstimmung mit sich selbst als psychophysischer Einheit.

Um die blasse Metapher des Todes im Leben wiederum bildlich sichtbar zu machen, verwendet Lawrence ständig das Motiv der Unterwelt. Sie ist mit Blick auf das Bergwerk die Region der Automatisierung, sie ist aber auch mit Blick auf das räumliche Bewußtseinsmodell der Psychoanalyse der Ort der unterdrückten Triebe. Beide Formen der Entfremdung hängen innerlich zusammen insofern, als sie Erzeugnisse des hypertrophen Rationalitätsprinzips der Moderne sind, das – so Lawrence – die Auflösung und Umwandlung der organischen Ordnung ins „Chaos" betreibt: "It was pure organic disintegration and pure mechanical organization. This is the first and finest state of chaos." (260)

Wer Tod im Leben diagnostiziert, legt den möglicherweise utopischen Maßstab des vollen, unentfremdeten Lebens an, dem offenbar eigene Bewegungsformen eignen. Diese Unterscheidung zwischen zwei Lebensformen, nämlich dem Tod im Leben und dem eigentlichen Leben, trifft Birkin, dessen Position tendenziell mit der des impliziten Autors übereinstimmt, an einer Stelle ausdrücklich:

> „There is life which belongs to death, there is life which isn't death. One is tired of the life that belongs to death – our kind of life. But whether it is finished, God knows. I want life that is like sleep, like being born again, vulnerable as a baby that just comes into the world." (208)

Die Metapher 'Tod im Leben' funktioniert offenbar nur in Verbindung mit der normativen Metapher 'volles Leben', die wiederum mit der organischen Realität des Alterns bzw. organischen Verfalls und der – wenn man Plessner folgt – sozialanthropologischen Realität der unvermeidlichen Selbstentfremdung des Menschen auf Grund des mit seinem Menschsein verbundenen Rollendaseins nicht vereinbar ist. Birkins Rede ist deshalb weltanschaulich-ideologisch, metaphorisch und paradox, wobei die organische Metaphorik das ideologische Schema gleichsam erzeugt. Sie enthält eine Deutung des Geschichtsverlaufs im Sinne von Spenglers *Untergang des Abendlandes*. "Our kind of life", d. h. die abendländische Kultur, befindet sich in einer Spätphase und ist wie ein alterndes Lebewesen zum Tode verurteilt. Birkin sehnt sich danach, dem 'Todesprozeß' ("death process", 208), in den er selbst als modernes Individuum und auf Grund seiner verfehlten Beziehung zu Hermione verstrickt ist, durch eine Neugeburt zu entkommen, die zugleich den Tod des alten Lebens bedeutet: "I do want to die from this life" (208). Da die Neugeburt auch ein Tod ist, Tod aber, wie Erfahrung und rhetorische Topik naheliegen, eine Art Schlaf, assoziiert Birkin metaphorisch Liebe, Tod, Neugeburt und Schlaf. Der Körper der alten Zivilisation ("the old body", 209) muß erst zerbrochen werden, damit Raum geschaffen wird für die 'neue Bewegung' ("new movement", 209) eines im Zeichen der Liebe stehenden Lebens.

Welche Bewegung aber eignet dem alten Leben des Todes im Leben? Auch zur Beantwortung dieser Frage muß man wieder die Metaphorik des Textes befragen. Die Vorstellung des Todes im Leben ist immer dann im Spiel, wenn Individuum, Familie, Gesellschaft oder gar die Zivilisation schlechthin mit Bildern des organischen Verfalls ("dissolution", "corruption", "degeneration", "disintegration") oder der mechanischen Bewegung charakterisiert werden. Den Erscheinungsformen, Widersprüchen und Funktionen dieser beiden Bild- und Bewegungsbereiche wende ich mich im folgenden zu.

(b) Die Bewegungsform des organischen Verfalls

Die Erzählstimme und Birkin unterwerfen die spätzeitliche Situation einer kultur-morphologischen Betrachtung, deren Deutungsmöglichkeiten von einer Metaphorik des Organischen vorgezeichnet ist, die den biologischen und den mythischen Diskurs des Textes bestimmt. Ursula und Birkin fliehen den 'sterbenden Körper' ("dying body", 446) Englands, weil dort die Mechanisierung, d. h. die Routinehaftigkeit und Anonymisierung der sozialen Beziehungen, besonders weit fortgeschritten sei und damit die Entfaltung des authentischen Selbst behindere. Tatsächlich gilt diese radikale rousseauistische Zivilisationskritik nicht nur der englischen Gesellschaft, sondern der europäischen Gesellschaft der Weltkriegszeit schlechthin. Ihr Organismus wächst nicht mehr, vermag sich nicht mehr anzupassen und beginnt deshalb zu schrumpfen, zu verhärten und zu faulen: "... I hate the dying organic form of social mankind – " (247) betont Birkin und plädiert dafür, die nicht mehr lebensgemäße Form aufzusprengen, um neues Leben zu ermöglichen:

> „You think we ought to break up this life, just start and let fly?" he asked.
> "This life. Yes I do. We've got to bust it completely, or shrivel inside it, as in a tight skin. For it won't expand any more."
> "And how do you propose to begin? I suppose you mean reform the whole order of society?" he asked.
> Birkin had a slight, tense frown between the brows. He too was impatient of the conversation.
> "I don't propose at all," he replied. "When we really want to go for something better, we shall smash the old. [...]" (59/60)

Wann diese Phase des 'inneren Todes' ("intrinsic death", 229) und des 'lebenden Todes' ('living death", 241) durch den tatsächlichen Tod beendet wird, vermag im Blick auf die Kulturgeschichte niemand zu sagen. Da metaphorische und wörtliche Bedeutung, seelischer und physischer Tod gegeneinander ausgespielt werden, gilt die paradoxe Erkenntnis: "We live long on after our death [...]" (229).

Zersetzung und Fäulnis mit ihren negativen moralischen Konnotationen ergreifen nicht nur die Kultur, sondern auch Einzelpersonen. Offenbar löst die mangelhafte

Integration moderner, herrscherlicher Intellektualität und unbewußter Sinnlichkeit jenen 'Malstrom ihres Unbewußten' ("maelstrom of her subcouciousness", 156) aus, der Hermiones Persönlichkeit und Selbstsicherheit vor allem dann zerstört, wenn sie mit ihrem ehemaligem Liebhaber Birkin konfrontiert wird. Auffällig ist der mangelnde Realismus einer solchen Redeweise. Die Metaphorik der "corruption" verwandelt eine psychologische Analyse in eine mythische Erzählung, wenn an anderer Stelle, ohne erkennbaren mimetischen Bezug, diese "corruption" als "dark river of dissolution" (193) gedeutet wird. Die sich verselbständigende Metaphorik weist allen Vertretern der Hochmoderne den Status von Blumen des Bösen' zu, die aus dem Schlamm der Fäulnis hervorwachsen. Konsequent erhofft sich Birkin eine Apokalypse, in der die Unwirklichkeit dieser korrupten Welt der Menschen untergeht und der „Baum des Lebens" unbehindert wachsen kann:

> "The real tree of life would then be rid of the most ghastly, heavy crop of Dead See Fruit, the intolerable burden of myriad simulacra of people, an infinite weight of mortal lies." (141)

Der kognitive Kern dieser mythisierenden Rede liegt in der von der Moderneforschung ständig bekräftigten Feststellung eines Realitätsverlustes, der durch sekundäre Informationen und die Undurchschaubarkeit komplexer Systeme ausgelöst wird.

Wo nicht Verfalls- und Auflösungsprozesse herrschen, manifestiert sich 'das Leben' in ganz anderen Bewegungen. Der Tänzer Birkin zeichnet sich durch eine proteische Wandlungs- und Bewegungsfähigkeit aus, alles Starre, Eisige und Mechanische konzentriert sich auf Gerald. Was ihn für Ursula so attraktiv erscheinen läßt, ist seine wundervolle "life rapidity": "His wonderful, desirable life-rapidity, the rare quality of an utterly desirable man" (144). In der Rede über diese erstrebenswerte "life motion" (353) kombiniert Lawrence wieder naturwissenschaftliche und mythisch-religiöse Sprache. Für Ursula entpuppt sich Birkin als "son of God" (353), als sie in der leidenschaftlich erotischen Begegnung mit ihm das 'merkwürdige Geheimnis seiner Lebensbewegung' ("the strange mystery of his life-motion", 353) entdeckt, die eben nicht vom Phallus ausgeht, sondern von den Lenden. An dieser Lebensbewegung, die physisch und mystisch zugleich ist ("mystically-physically satisfying", 354) und tiefe Befriedigung verschafft, ist aber – paradox und metaphorisch – auch 'das dunkle Feuer der Elektrizität' ("dark fire of electricity", 353) beteiligt.

(c) Mechanische Bewegung und Spielbewegung, Moderne und Postmoderne

Wie man sieht, fordert Nietzsches Vernunft des Leibes rhetorisch paradoxe Synthesen heraus. Der erste Eindruck simpler Oppositionen täuscht. Deshalb ist, wie die Forschung (C. Clarke) gezeigt hat, "corruption" nicht nur ein negativ besetztes Bild, sondern auch Vorbedingung und Quelle der Erneuerung. Diese Zweideutigkeit gilt auch für Begriff und Vorstellung der mechanischen Bewegung, auf die ich abschließend zu sprechen komme. Allerdings ist sofort einzuräumen, daß Lawrence den Begriff des Mechanischen im Gegensatz zu Ansätzen der deutschen philosophischen Anthropologie und Kultursoziologie (Gehlen, Plessner) noch weitgehend negativ verwendet. Er schreibt einen romantisch-kulturkritischen Diskurs des Mechanischen und Organischen fort, der in England vor allem von Carlyle (*Signs of the Times*, 1829) eingeführt wurde, am Anfang des 20. Jahrhunderts wegen der Wichtigkeit des biologischen Paradigmas aber erneut höchst aktuell war. In den Beiträgen zu dem Sammelband *Faszination des Organischen: Konjunkturen einer Kategorie der Moderne* (1995)[11] ist dies wieder sehr deutlich geworden.

Dies ist nun zu differenzieren, vor allem im Blick auf Vorwegnahmen von Einsichten, die das Verhältnis zwischen Moderne, Postmoderne und Mobilität betreffen. Die Erkenntnis der Mechanisierung, Automatisierung und Entpersönlichung der sozialen Interaktionen in der Moderne ist schon lange ein Gemeinplatz der soziologischen und philosophischen Theorie. Die Ausdifferenzierung und Automatisierung von Handlungssystemen einschließlich ihrer kompetenten Bedienung durch entsprechend ausgebildete Menschen stellen in einer modernen Leistungsgesellschaft eine funktionale Notwendigkeit dar, die allerdings Entfremdungsängste auslöst. Wenn Systeme auf den Betrachter wie Maschinen und ihre Betreiber wie Roboter wirken, scheint der beobachtete Mensch nicht bei sich selbst zu sein, sondern sich in einen Mechanismus, ein Ding oder in eine scheinhafte Rolle verwandelt zu haben.

Zunächst ist festzuhalten, daß Gudrun, Ursula und Birkin als Vertreter der künstlerischen und intellektuellen Avantgarde trotz ihrer offenkundigen Unterschiede und gegensätzlichen Bewertung empfindlich auf die Routinen der bürgerlichen Gesellschaft reagieren. Psychisch und biologisch entlastende Routinen werden als unerträgliche gesellschaftliche Mechanismen gedeutet, denen man entkommen müsse, wenn das Leben nicht zum Tode im Leben werden solle. Schreckbild ist deshalb nicht der Kreislauf der Natur, der doch ebenfalls ehernen Gesetzen folgt, sondern die Rotationsbewegung von Maschinen wie Uhr oder Räderwerk (vgl. 522). Es ist, als ob die um 1910 höchst virulente rousseauistische Kulturkritik wie eine Denkblockade wirkt, welche Gemeinsamkeiten zwischen organischer Natur und Mechanik nicht zu sehen erlaubt.

Birkin distanziert sich vom Leerlauf des gesellschaftlichen Spiels. Weil Parties und menschliches Verhalten sich bekannten Mustern fügen, mithin vorhersehbar und berechenbar sind, erwecken die daran beteiligten Menschen für Birkin den Eindruck von einbalsamierten Toten und Schachfiguren:

> It was difficult to believe one was not mad, that one was not a figure in the hall of kings in some Egyptian tomb, where the dead all sat immemorial and tremendous. How utterly he knew Joshua Mattheson who was talking in his harsh, yet rather mincing voice, endlessly, endlessly. [...] How known it all was, like a game with a figure set out, the same figures, the queen of chess, the knights, the pawns, the same now as they were hundreds of years ago, the same figures moving around in one of the innumerable permutations that make up the game. But the game is known, its going on is like a madness, it is so exhausted.
> There was Gerald, an amused look on his face; the game pleased him. There was Gudrun, watching with steady, large, hostile eyes; the game fascinated her, and she loathed it. There was Ursula with a slightly startled look on her face, as if she were hurt [...] (109)

---

[11] Hartmut Eggert, Erhard Schütz und Peter Sprengel, eds., *Faszination des Organischen: Konjunkturen einer Kategorie der Moderne* (München: Iudicum, 1995).

Die Reaktionen auf das Partygerede, das den gesellschaftlichen Mechanismus symbolisiert, sind höchst aufschlußreich und, wie immer bei Lawrence, ein Indiz für den jeweiligen Charakter, der zugleich eine Weltanschauung repräsentiert: radikal ablehnend bei Birkin und Ursula, zustimmend bei Gerald, ambivalent, zwischen Faszination und Verachtung schwankend, bei Gudrun. In den Reaktionen bekunden sich, wie ich im folgenden zu zeigen versuche, drei unterschiedliche Interpretationen und Bewertungen der Moderne und der mechanischen Bewegung.

A. Ursulas und Birkins Reaktionen sind stimmig im Sinne der expressionistischen Zivilisationskritik. Durchweg rebellieren sie gegen die erstarrten Formen der modernen Gesellschaft. Die romantische Metapher des abschreckenden Maschinenlebens steht dabei als jederzeit abrufbare Denk- und Bildfigur zur Verfügung, und zwar auch dann, wenn es zuvörderst darum geht, nicht objektiv den Zustand der Gesellschaft zusammenfassend zu kennzeichnen, sondern subjektive Stimmungen zu versprachlichen. In einer depressiven Phase äußert sich Ursula wie folgt über ihr Berufsleben als Lehrerin:

> But better die than live mechanically, a life that is a repetition of repetitions. To die is to move on with the invisible [...] Monday, the beginning of another school-week! Another shameful, barren school-week, mere routine and mechanical activity. [...] She had had enough. For where was life to be found? No flowers grow upon busy machinery, there is no sky to a routine, there is no space to a rotary motion. And all life was a rotary motion, mechanized, cut off from reality. (216)

Ursula spielt mit dem Gedanken, den Tod als Ausweg aus dem Tod im Leben der mechanischen Bewegung wählen zu können. Erzähler und Figur, in der erlebten Rede mit vereinter Stimme sprechend, bedienen sich allerdings einer Redeweise, die – keineswegs frei von Wiederholungen und Klischees – auf das romantische Motiv des erlösenden Todes zurückverweist. Wohl kaum soll damit die verminderte, entfremdete Bewußtseinslage der denkenden Figur dargestellt werden. Das sprachliche und ästhetische Problem der Repräsentation des Todes im Leben als Handlung und sprachliches Ereignis scheint bei Lawrence nicht zureichend reflektiert und gelöst. An Diskussion, begriffliche Rede, organische oder mechanische Metaphorik und mythische Anspielung – z. B. das Wort Chaos im griechischen Sinne von Formlosigkeit – wird delegiert, was etwa dialogisch, wie bei Beckett oder Pinter, zu inszenieren gewesen wäre. Mechanisch ist nämlich, wenn das Reden des Subjekts völlig von den Redeweisen der Gesellschaft und der Medien, die wiederum elementaren Bedürfnissen entsprechen, beherrscht wird. Mechanisch ist weiterhin, wenn die sinnlose, nicht mehr zielorientierte "rotary motion" entfremdeter Kommunikation zum dialogischen Ereignis wird. Davon ist bei Lawrence wenig zu bemerken. Er ergreift nicht wie Joyce in den durchaus gesetzmäßigen Assoziationsketten des Erinnerungsstroms oder wie Beckett in den kreisförmigen Bewegungen des absurden Dramas das schöpferische ästhetische Potential des mechanischen Prinzips, obwohl er sich des Problems bewußt ist. Ausdrücklich bekennt Birkin beispielsweise, daß er im Zustand des Todes im Leben lediglich mechanische Rhetorik ("a word-bag") produziert habe:

> "I was becoming quite dead-alive; nothing but a word-bag, „ he said in triumph scorning his other self. Yet somewhere far off and small, the other hovered. (210)

Das Niveau der Darstellung, so scheint mir, steigt sofort an, wenn Lawrence sich gelegentlich in die mit Pinter angedeutete Richtung bewegt. Wie Ursulas Vater und Birkin aneinander vorbeireden, weil ersterer wie eine Echokammer oder ein Museum veralteter Denk- und Sprachformen präsentiert wird („Her father was not a coherent human being, he was a roomful of old echoes." 291), gibt dem Text plötzlich einen Realitätsgehalt, der sich auffällig von dem abhebt, was ich weltanschauliche Redeweise nannte. Während diese den entrüsteten Vater Brangwen in die Ecke des Obsoleten, des Inkohärenten und Mechanischen stellt, ist seine Stimme im Grunde lebendiger als die der nur theoretisch mobilen Intellektuellen:

> "Why! I don't believe in your new-fangled ways – in and out like a frog in a gallipot. It would never do for me." (290)

Das von Henri Bergson in *Das Lachen*[12] erkundete komische Potential erstarrter, repetitiver mechanischer Rhetorik, die seelisch-gedankliche Bewegungsfähigkeit vermissen läßt, scheint bei Lawrence freilich nur am Rande auf.

B. Die prägnanteste und präziseste Erkundung der Moderne gelingt Lawrence bekanntlich mit der Figur des Gerald Crich. Auch hier lautet das Urteil unzweideutig 'Tod im Leben', weil Geralds Lebenswerk, die konsequente Modernisierung des Bergwerks nach dem Weberschen Prinzip der formalen Rationalität, die Errichtung eines ökonomisch höchst effizienten Produktionssystems, seine substantielle Sinnkrise nicht löst, sondern verschärft. Gerald muß seine innere Leere mit erotischen Beziehungen kompensieren, die ihn letztlich in den Tod treiben – wie überhaupt die Figur Gerald von Anfang an als Todesfigur konzipiert ist.

Das einschlägige Kapitel "The Industrial Magnate" ist weitgehend diskursiv gehalten. Was es so aufregend macht, ist Lawrences gezielte Verwendung soziologischer und ökonomischer Fachbegriffe, die den Stand der damaligen Forschung (Max Weber) widerspiegeln: System, Funktion, perfekte Organisation, Instrument, Effizienz, Produktivität, Kontrolle, Mechanismus ("the great social productive machine", 255; "a great and perfect machine, a system", 256, usw.). Diese Beschreibungssprache offenbart die Korrelation von moderner Systembildung und wissenschaftlicher Rationalität, Technik und Marktwirtschaft. Die Terminologie entstammt dem Maschinenmodell, ist aber teilweise mit dem Modell eines Organismus vereinbar. Sie verweist auf ein Doppeltes. Die Arbeitsteilung erfordert Objektivierungen, wissenschaftlich-technisch erzeugte Systeme, für die der Mensch, sofern er nicht selbst wie ein Instrument funktioniert, im schlimmsten Falle ein Risikofaktor ist. In den Funktionssystemen der Moderne ist also – wenn man diese wertende Terminologie überhaupt noch beibehalten will – die Entfremdung, der Tod im Leben, gleichsam einprogrammiert. Aber auch die Wissenschaft, einschließlich der Soziologie, auf die der Text nicht zufällig ständig verweist ("the famous sociologist", 96, u.a.), erfordert Objektivierungen des irrationalen Lebens, um den Wissenschaftsstandards der Quantifizierbarkeit und Berechenbarkeit entsprechen zu können. Deshalb orientiert sie sich am Modell der Maschine, auf das sämt-

---

[12] Henri Bergson, *Das Lachen. Ein Essay über die Bedeutung des Komischen* (Darmstadt: Luchterhand, 1988) 17: „Lächerlich ist [...] eine gewisse mechanisch wirkende Steifheit in einem Augenblick, da man von einem Menschen wache Beweglichkeit und lebendige Anpassungsfähigkeit erwartet."

liche Fachbegriffe, die oben genannt wurden, anwendbar sind. Und deshalb ist die Metapher des Mechanischen trotz ihrer kulturkritischen Altlasten auch für die Soziologie um 1920 noch ein unverzichtbares Begriffsinstrument.

Gerald ist das umfassende Portrait eines modernen Liberalen, der sich Rationalität, Fortschritt ("improvement", 31, 53), Wissenschaft, internationalen Wettbewerb ("the necessary incentive to production and improvement", 31) und Effizienz auf seine Fahnen geschrieben hat und das soziologische Menschenbild teilt, wonach der Mensch sich in soziale Rollen und ein privates Selbst aufteilt. Diesen Liberalismus rückt aber die kulturkritische Perspektive des Romans in eine düstere Beleuchtung. Hinter der Fortschrittsmentalität versteckt sich für Lawrence und Nietzsche der blanke Wille zur Macht und zur Naturausbeutung; die beneidenswerte Bewegungsfreiheit Geralds (Kap. "Diver"), der sich im Wasser am wohlsten fühlt, entpuppt sich als gefährliche Bindungslosigkeit mit einer inneren Affinität zum festen, kalten Aggregatzustand des Wassers, nämlich Eis und Schnee, in denen der nordische Held schließlich umkommt. Hierzu muß man wissen, daß Wasser in der Kollektivsymbolik des 19. Jahrhunderts in der Regel Wandel und Fortschrittsdynamik anzuzeigen pflegte. Lawrence wendet mit anderen Worten ein tragendes Diskurselement des 19. Jahrhunderts demonstrativ- anschaulich ins Negative. Die mythische Rede widerspricht dieser Lesart nicht, kann sich doch das Wasser des Lebens in lebensfeindliches Eis verwandeln. Konsequent assoziiert der Text das Wasser mit der Hölle (Kapitel 4, "Diver").

C. Sieht man einmal von der Rhetorik des Diabolischen ("diabolic free-masonry", "hellish recognition", 272) ab, die besonders auf Gudruns enthemmte Sexualphantasie ("subterranean desire to let go", 323) und ihre Aggressivität ("her sullen passion of cruelty", 270) abzielt, um mentale und kulturelle Fehlentwicklungen der Moderne anzuprangern, dann erkennt man, daß ihre ambivalente Haltung möglicherweise besonders zukunftsweisend ist. Gudrun verachtet das Partygerede, und ist doch von ihm fasziniert. Spiegelt diese Ambivalenz die Zerrissenheit des modernen, freischwebenden Intellektuellen und Künstlers, der kritische Distanz zur Gesellschaft hält, dennoch aber jenen Gesetzen der Moderne verfallen ist, unter denen sie angetreten ist? Erklären sich daraus weitere Widersprüche und Spannungen im Mentalitätsprofil von Gudrun? Wie kann eine romanintern tendenziell abgewertete Figur denselben Horror vor dem Tod im Leben empfinden, den die 'tote mechanische Monotonie' ("dead mechanical monotony", 522), versinnbildlicht durch die Kreisbewegung des Uhrzeigers, auch in Ursula auslöst? Wie kann eine Figur, die von der sozialen Maschinerie Geralds abgestoßen ist, zugleich Faszination für das maschinenhafte Leben der 'unterweltlichen' Bergarbeiter entwickeln (Kapitel "Coal-Dust")? Und wie paßt zusammen, daß eine Künstlerin, deren Skulpturen primitiver Kunst der Urvölker täuschend ähnlich sehen, zugleich Loerkes Industriekunst und seine Lust an mechanischen Bewegungen gutheißt? Man kann diese Spannungen unter Oberbegriffe wie 'Komplexität' oder 'unaufhebbare Differenz' verbuchen und für sich stehen lassen. Man kann aber auch versuchen, sie im Lichte damaliger und aktueller Moderne-Theorien zu lesen. Dies soll nun geschehen, wobei ich die Kategorie der Bewegung heuristisch zu nutzen versuche.

Die Künstler Loerke und Gudrun führen das Leben von modernen Nomaden. Ohne Bindung an einen geschichtlichen und sozialen Ort, in zynischer, illusionsloser Distanzierung zu allen sozialen Codes und überkommenen Sinnsystemen (vgl. 509), wurzellos und heimatlos, driften ("drifting along", 340) sie durch Europa, zumal seine großen Metropolen. Eine Reise nach St. Petersburg wird von Gudrun erwogen, weil sie die angebliche Wurzellosigkeit (237) der Russen fasziniert. Birkin bescheinigt Loerke gar, er nage an den Wurzeln des Lebens (481) und sei eine Wanderratte (481), die den 'Fluß der Verwesung' ("river of corruption", 481) am weitesten hinuntergeschwommen sei. Gudrun wird als 'ruheloser Vogel' ("restless bird", 104) charakterisiert. Solche Bindungslosigkeit und entfesselte Mobilität erinnern an einschlägige Wesensbestimmungen der Moderne und der Postmoderne, wenn diese etwa als Auslöser eines 'heimatlosen Geistes', ("homeless mind", P.L. Berger)[13] bestimmt wird, als Erzeuger eines neuen Sozialtypus, nämlich der freischwebenden Intelligenz (K. Mannheim), oder als Epoche der „Mobilmachung" und der „Bewegung als Selbstzweck" (P. Sloterdijk). Nicht nur an Oscar Wilde, sondern auch an die Postmoderne gemahnt der programmatische Ästhetizismus von Loerke und Gudrun sowie ihre spielerische Haltung, die sprachlich als Bevorzugung ironisch-schwebender und suggestiver Redeweisen in Erscheinung tritt, historisch und zeitlich als geniesserischer Umgang professioneller Connoisseure mit dem literarisch-kulturellen Erbe des 18. und 19. Jahrhunderts. Der Sinn des eigenen Lebens verengt sich auf ästhetischen Professionalismus. Es besteht kein Zweifel, daß die Sympathielenkung des Textes diesen Lebensstil verwirft, wenn etwa Loerke als unterweltlicher Gnom ohne Seele charakterisiert wird.

Gudrun erlebt mit Gerald eine 'Extase körperlicher Bewegung' ("ecstasy of physical motion", 473), eine 'unmenschliche Abstraktion der Geschwindigkeit' (473) beim gefahrvollen Schlittenfahren. Der Rausch der Geschwindigkeit und die Lust an der mechanischen Bewegung weisen, so meine ich, Gudrun, Loerke und Gerald nicht nur als negativ gewertete Vertreter der Moderne aus, sondern auch als moderne Wilde. Arnold Gehlen hat zu Recht darauf aufmerksam gemacht, daß schon der Urmensch von den Regelmäßigkeiten der Naturvorgänge fasziniert gewesen sei. Die Funktion der Magie war es, die Regelmäßigkeit von Naturvorgängen wie Regen oder Fruchtbarkeit zu sichern. Wenn moderne Menschen eine irrationale Begeisterung für Autos, Uhren und Flugmaschinen bekunden, für jede Art von maschinell erzeugter Rotationsbewegung, so entspringt das einem tiefer wurzelnden Bedürfnis nach Regelmäßigkeit und Ordnung. Kunst, deren Bezugsrahmen nicht mehr die Kirche, sondern die industrielle Kultur ist, muß sich nach Loerke, dem Gudrun rückhaltlos zustimmt, dieser Realität der Moderne stellen.[14] Für das Fries aus Granit für eine Kölner Fabrik entwirft er deshalb Bilder von Handwerkern und Bauern, die ihr rauschhaftes Freizeitvergnügen ("frenzy of chaotic motion", 476) in der mechanischen Bewegung finden, die Schiffsschaukeln, Karusselle und dergleichen zu bieten vermögen. Arbeit und Freizeitvergnügen werden also gleichermaßen von der Maschine und ihrer mechanischen Bewegung beherrscht. Der moderne Tod im Leben liegt somit in der Unfähigkeit, zwischen Arbeit und Nichtarbeit zu trennen, den

---

[13] Peter L. Berger, Brigitte Berger, Hansfried Kellner, *The Homeless Mind:. Modernization and Consciousness* (1973; Harmondsworth: Penguin, 1977).
[14] Vgl. hierzu auch Charles L. Ross, *Women in Love. A Novel of Mythic Realism* (Boston: Twayne, 1991) 131.

Lebenssinn in einer Tätigkeit oder gar in einem Ritual zu finden, die noch nicht von der Sprache und den Spielregeln der Arbeitswelt kolonialisiert worden sind.

Zur primitiven oder archaischen Bewußtseinsschicht, die zugleich eine moderne ist, gehört aber nicht nur die Faszination für mechanische Regelmäßigkeit. Archaisch ist in gewisser Weise auch das Körperbewußtsein, d. h. jene Leiblichkeit und intensive Sinnlichkeit, wie sie sich an der Figur der gebärenden Frau aus Westafrika zeigt. "Sensuous understanding" (505) macht das Zentrum der ästhetisch-sinnlichen Einstellung von Gudrun und Loerke aus, die diskursive Rationalität meiden und sie doch vollkommen beherrschen. Beide fühlen sich deshalb intensiv zur primitiven Kunst hingezogen, beide erfahren auch die Faszination, d. h. die Behexung, durch die mechanische Bewegung. Daß für Begegnung und Kommunikation der Figuren immer wieder nicht ökonomische oder psychologische, also rationale, Motive bestimmend sind, sondern die Faszination, gehört ins Bild der Rückkehr des Primitiven und Numinosen in der Moderne. Der Widerspruch zwischen dem Interesse am Primitiven und dem Interesse an industriell-mechanischen Abläufen löst sich also auf, wenn man die Affinität zwischen modernem, spätzeitlichem und archaischem Bewußtsein zu sehen bereit ist. Von Loerke heißt es: "A curious sort of mechanical motion intoxicated him" (504). In der Moderne verengt sich für Loerke die Gestaltung des Lebens auf Arbeit, auf den Dienst an der Maschine, auf die Lust an der mechanischen Bewegung. Dieser Tatsache sollten die bildhaften Deutungen der Kunst gerecht werden:

> "Art should *interpret* industry as art once interpreted religion," he said.
> "But does your fair interpret industry?" she asked him.
> "Certainly. What is man doing when he is at a fair like this? He is fulfilling the counterpart of labour – the machine works him instead of he the machine. He enjoys the mechanical motion in his own body." (477)

Es fehlt hier der Raum, die Parallelen zur Ästhetik des Mechanischen bei Marinetti, Wyndham Lewis und der europäischen Avantgarde[15] aufzuzeigen. Wichtig scheint mir, daß die Logik der entfesselten Bewegung zur freien Spielbewegung der Postmoderne führt, da ja kein Ziel mehr angegeben werden kann. Die auf Deutsch gestellte Frage „Wohin?" (528) können Gudrun und Loerke nicht beantworten, auch Ursula und Birkin nicht, allerdings mit dem entscheidenden Unterschied, daß das von Ursula und Birkin hervorgehobene Wort "nowhere" (355) unverkennbar einen utopischen Sinnhorizont eröffnet, der mit Italien oder gar mit den seligen Inseln assoziiert wird: "After all, the happiest voyage is the quest of Rupert's Blessed Isles" (493) bemerkt Gudrun ironisch. Gudrun und Loerkes Spielhaltung hingegen kultiviert das postmoderne "anything goes". Gudruns Prinzip ist das Offenhalten von Möglichkeiten, weil jede Festlegung eine bedrohliche Bindung bedeuten würde: "All possibility [...] that was the charm to her [...]" (526). Die Sprachform des ironischen Spottes, der sich Loerke ständig bedient, bedeutet ja ein Schweben und Oszillieren zwischen der zitierten wörtlichen und der gemeinten oder auch nicht gemeinten gegensätzlichen Bedeutung. Man spielt mit Sprachen, mit dem Text der Vergangenheit, den man genießerisch durchmustert, und man betreibt schließlich

---

[15] Vgl. hierzu Wolfgang Asholt und Walter Fähnders, eds., *Manifeste und Proklamationen der europäischen Avantgarde (1909–1938)* (Stuttgart: Metzler, 1995).

auch, ganz im Gegensatz zu Geralds Mechanik und Leistungsbesessenheit, das Schlittenfahren als spielerischen Jux:

> Loerke did not take tobogganing very seriously. He put no fire and intensity into it, as Gerald did. Which pleased Gudrun. She was weary, oh so weary of Gerald's gripped intensity of physical motion. Loerke let the sledge go wildly, and gaily, like a flying leaf [...] she knew he would be making ironical playful remarks as he wandered in hell – if he were in the humour. That pleased her immensely. It seemed like a rising above the dreariness of actuality, the monotony of contingencies. (527)

Kann man sagen, daß bei Loerke und Gudrun das moderne Paradigma der mechanischen, d. h. immer noch gesetzmäßigen Bewegung und der Maschinenkunst ins postmoderne Paradigma der fröhlichen, ironischen, freien Spielbewegung umkippt? Viel spricht für diese aktualisierende Lesart, zumal ja auch das postmoderne Lebensgefühl der Zukunftslosigkeit und der katastrophalen Aussichten (510) das Bewußtsein von Loerke und Gudrun beherrscht. Sicher ist aber auch, daß der Text just dieses Spiel als korrupt, als Tod im Leben brandmarkt. Nicht nur Gerald, die Bergarbeiter, Hermione und Gudrun werden ständig mit Unterwelt und Hölle assoziiert, auch Loerke wohnt als 'Gnom' (474), als 'Ratte' (481) und 'Fledermaus' (480) in der Region der Dunkelheit. Der in der Hölle wandernde Loerke und die *femme fatale* Gudrun sind Seelenverwandte, Verbündete. Aus dem Blickwinkel des expressionistisch-zivilisationskritischen Normen des 'Lebens' und der 'Natur', denen nur Birkin und Ursula gerecht werden, erweisen sich Moderne und Postmoderne als Symptome derselben Krankheit, als Tod im Leben.

Mobilität und Dauer als Strukturgesetz von Graham Swifts *Ever After (1992)*

Zunächst scheint es mir, daß der postmoderne, selbstreflexiv angelegte Ich-Roman thematisch und vor allem darstellungstechnisch die Konsequenzen aus jener entfesselten Mobilität zieht, welche schon die Viktorianer faszinierte und vor allem verstörte. Was dieser Roman in einem Anflug von narzißtischer Nostalgie im Spiegel von Privatgeschichten, von Liebesgeschichten, poetisch-imaginativ rekonstruiert und konkretisiert, ist jener industrie- und geistesgeschichtliche Vorgang der Zerstörung eines festen Fundaments von überkommenen Überzeugungen und Strukturen, den die große Kulturkritik der Viktorianer beklagt. Allerdings oder bezeichnenderweise werden die Kämpfer für die Bewahrung substantieller Werte – Carlyle, Ruskin – nicht thematisiert.

1. Beginnen wir mit der Erzählsituation. Gerade weil dem Ich-Erzähler nach einem vergeblichen, nie recht erklärten Selbstmordversuch sein bisherige Identität abhanden gekommen ist, begibt er sich als gezielt mit poetischen Verfahren arbeitender Historiker auf den Weg der imaginativen Rekonstruktion seiner Familiengeschichte, die mit dem viktorianischen Landvermesser Matthew Pearce einsetzt. Die Subjektivität der historiographischen Vorstellungstätigkeit ("I see",[1]) des Erzählers wie sein mobile, zweifelhafte Identität werden betont. Er ist historische – Bill Unwin – und mythische Figur – nämlich Hamlet – zugleich. Sein Vater ist nicht, wie zunächst geglaubt, ein in Paris lebender britischer Offizier und Geheimagent, sondern ein Lokomotivführer, mit dem seine Mutter eine Affäre hatte. Man könnte fast den Eindruck bekommen, als ob Swift den nach Hayden White unvermeidlich poetischen Charakter der Geschichtsschreibung parodistisch hervorheben wollte.

Auffällig sind die Irrealität und die Pseudo-Existenz des Erzählers. Denn seine Position als Dozent an einem Oxforder College verdankt er nicht etwa wissenschaftlichen Verdiensten, sondern dem Glamour seiner verstorbenen Frau, einer Schauspielerin, dem Geld seines Stiefvaters, der mit dem Ersatzstoff Plastik soviel Geld verdiente, daß er eine Stiftungsprofessur einrichten konnte, und dem zufälligen Besitz einer wertvollen viktorianischen Handschrift. Die Stätten wahrer kultureller Stabilität und Substanz, die Oxforder Colleges, sind mithin selbst schon längst Anhängsel und Abhängige einer mobilen Scheinwelt aus Medien- Potter! –und Plastik geworden. Der mit dem Viktorianismus sich beschleunigende Prozeß der Modernisierung hat eine Ordnung geschaffen, in der die Pseudo-Idylle des Colleges unwirklich, die Welt des beständigen Wandels und der Geschäfte hingegen als einzige Realität erscheint.

---

[1] Graham Swift, *Ever After* (London & Basingstoke: Picador, 1992) 191. Nach dieser Ausgabe wird zitiert.

Diese Welt des Wandels und der mangelnden Festigkeit ergreift auch die *Interpretation* von Handlungen und Identitäten. Wenn einer Handlung, wie zum Beispiel dem Selbstmord des möglichen Vaters von Unwin, kein bestimmtes Motiv zugeordnet werden kann, sondern eine Palette möglicher Motive, verbleiben der Sinn der Handlung und die Identität des Handelnden in einer Zone des Offenen, des Unbestimmten. Fragen, Skepsis und Zweifel des Erzählers werden so häufig, vor allem am Ende des 16. Kapitels, zum eigentlichen Gegenstand der Darstellung: "I doubt it" (196), sagt er. Der Roman mündet nicht mehr wie im Viktorianismus in einen stabilen, wenn auch vielleicht ideologisch erzwungenen Sinnhorizont ein, sondern in ein unbestimmtes Feld von Möglichkeiten.

2. Die spielerische, gleichwohl penetrante *Ironie* des Romans unterstreicht die Vergeblichkeit aller Anläufe, Glück oder Sinn auf Dauer zu stellen. Das anzitierte Romanzenversprechen des 'ever after' erweist sich in der fiktionalen Realität stets als Auftakt von Glaubenskrise, Trennung, Tod bzw. Selbstmord. Der Uhrmacher John Pearce verliert Glaube und Ehefrau, sein Sohn Matthew gleichermaßen, Alices Ehemann George Rawlinson wird ein Opfer seiner wissenschaftlichen Hybris, die Mutter des Erzählers kommt dem Tod durch Kehlkopfkrebs mit einem Selbstmord zuvor, der Offiziersvater jagt sich eine Kugel durch den Kopf, der zweite Vater Sam stirbt in den Armen einer Frankfurter Prostituierten, der Bruder Sams, Ed, wird im 2. Weltkrieg über dem Pazifik abgeschossen.

Dabei ist nun entscheidend, daß diese ironische Figur offenkundig nicht nur für die Moderne des 20. Jahrhunderts gilt, sondern auch schon die Repräsentanten der viktorianischen Zeit trifft. Ausgerechnet der Landvermesser Matthew Pearce verliert beim Versuch, mit Hilfe der Geologie ("science of solidity", 93) festen Boden unter die Füße zu bekommen, jeglichen Halt. Ein Fall, eine unaufhaltsame Abwärtsbewegung, eine Auflösung seines bisherigen Weltbildes setzt 1844 ein, als er mit Lyells *Principles of Geology* bzw. mit den uralten Fossilien konfrontiert wird, welche den in Genesis genannten Zeitrahmen der Schöpfung für immer sprengen. Die Evolutionslehre, von Lyell angestoßen und von Darwin zu einem imposanten, empirisch abgesicherten System ausgebaut, löst die Solidität der Glaubensüberzeugungen auf, verwandelt die viktorianische Zeit in eine Epoche der geistigen Krise, die bis zur Gegenwart andauert. Das *Pastiche* der Aufzeichnungen des Landvermessers Matthew dokumentiert diesen Sachverhalt in der Sprache des gebildeten Viktorianers. Die Welt steht jetzt unter dem Diktat der irreversiblen sich beschleunigenden Zeit. Entsprechend schillert das Kultursymbol der Uhr. Sollte das Verhältnis von Uhr und Uhrmacher zunächst analogisch den Beweis für die Existenz Gottes hinter dem funktionierenden Mechanismus der Welt liefern, galt sie dann als Zeichen moderner Produktionsrationalität, so steht sie im Roman zunehmend für die Kontinuität der Zeitverhaftetheit und Zerbrechlichkeit aller Verhältnisse. Die Kunst des schriftstellerischen Bewahrens ist davon allerdings ausgenommen. Nur auf sie trifft – ein uraltes Motiv der Kunst – das 'ever after' zu. Sie erstellt ein Monument der Erinnerung wie Brunel mit seinen Brücken – ein wohl noch stabileres: "Happiness. Yes, I commemorate it. Happiness ever after."(121)

3. Wenn der Leser in den Szenensequenzen des Romans von der Gegenwart der 80iger Jahre und der Vergangenheit der 40er Jahre in die mittviktorianische Zeit

springt und wieder zurück, verläßt er die zeitgenössische Realität nur scheinbar. Nicht ein nostalgischer Kontrast zwischen schlechter Gegenwart und besserer Vergangenheit, sondern *Kontinuität* und Parallelität verbinden die beiden Zeitebenen. Das archäologische Aufschürfen der Vorgeschichte der Gegenwart ergibt, daß die Wurzeln ihrer Malaise und Faszination eben dort zu suchen sind, daß der Zusammenhang von *science*, Glaubenskrise, Scheinwelt und Geschwindigkeitszivilisation im Sinne Virilios dort mit modellartiger Klarheit zu greifen ist.

Könnte man aber sagen, daß sich die Funktion der viktorianischen Pastiches mit dem Aufweis solcher negativen Kontinuitäten begnügt? Ich habe eher den Eindruck, daß der englische Autor dieser imaginativen Rekonstruktion viktorianischer Diskurse mit einem ästhetisch-nostalgischen Reiz verbindet, ihr einen narzisstischen Reiz der Selbstbeobachtung abgewinnt, der die explizit beteuerten Katastrophen in ein verklärendes Licht rückt. Der Erzähler selbst deutet sich ja als Erbe der heroischen Kultur der Brunels, der Pearces, des Lokomotivführers der Great Western, ja von Sir Walter Raleigh. Er repräsentiert mit anderen Worten im Gegensatz zu Potter nicht mehr und nicht weniger als die Kontinuität der englischen Kultur und Identität. Gewiß: gerade auch die Dampfloks der Great Western hat das Schicksal der Dinosaurier ereilt, aber in der Kraft ihrer ästhetischen Wiedergewinnung wie im Zauber der Liebe, der dem Erzähler gewährt ist, scheint die Chance enthalten, daß die Romanze des industriellen Aufbruchs wie die Romanze der Liebe wenigstens in mediatisierter Form weiterleben. Der Roman inszeniert diese Kontinuität des Positiven durch seine Struktur der Ineinanderfügung zeitgenössischer und viktorianischer Szenen und durch eine vermittelnde Erzählerinstanz, deren Interessen und Empfindungen retrospektiv sind. Er selbst ist jenes "palimpsest" (199) aus Vergangenheitsschichten, das er im Anblick der englischen Industrielandschaft hangreiflich vor Augen hat.

All dies impliziert eine doppelte Buchführung, ein ironisches Schweben zwischen der Zerstörung der Romanze und ihrer fortwährenden Geltung. Diese Beobachtung wird auch durch einen Blick auf die Komposition bestätigt. Während die Privatgeschichten das "ever after" ständig ironisieren und die Katastrophe, das Vergängliche, hervorkehren, gipfelt der Roman, entgegen der Chronologie der Geschichte, aber gemäß dem Strukturgesetz der *romance,* in der Darstellung der glücklichen Vereinigung der Liebenden.

4. Für die These, daß die *Lust an der Industriekultur* in dem Maße ästhetisch relevant wird, wie letztere Patina angesetzt hat, gibt es innerhalb und außerhalb der Literatur genügend Beweise. Sich in Industriemuseen oder pseudo-historischen Romanen auf die heroische viktorianische Vergangenheit zu besinnen, könnte man als ästhetisch vermittelten Patriotismus deuten. „O England" (199) heißt es einmal, und durchaus unironisch. Im Rahmen einer Ich-Erzählung ästhetisch vermittelt, vermögen die mittlerweile wohlvertrauten Diskurse der Viktorianer einen gewissen Reiz auszustrahlen. Der Roman läßt ja keinen Namen und kein Symbol aus, die hier relevant sind: Lyells Geologie, die Fossilien, Darwin, die endlosen Debatten zwischen *science* und Religion, Brunels Brücken, den Zinnbergbau in Cornwall, die Uhr, die Ideologien des *ye olde England*, und natürlich die Eisenbahn einschließlich der Probleme ihrer Verarbeitung durch das zeitgenössische Bewusstsein.

Allenthalben geht es hier, so meine ich, wie im freien Spiel der Diskurse, der Entgrenzung von Identität, der Auflösung, genauer der Untergrabung der Fundamente und der Figur der Ironie um *Varianten des Zeit- und Mobilitätsthemas*. Wurde schon Matthew durch seine Entdeckung des Fossils in einen Wirbel von Zweifeln gezogen, so wird von Bill Unwins Vater, dem Lokomotivführer, gleichsam einem heroischen Relikt der viktorianischen Industriegesellschaft, ausdrücklich gesagt: "He was always on the move." (158). Man muß diesen Satz natürlich zunächst wörtlich verstehen. Aber Dickens spricht nie so über seine Lokomotivführer. Der Satz suggeriert eben auch die moderne Einsicht in die Mobilisierung und Entwirklichung aller Verhältnisse. Ist es ein Zufall, dass der seit seiner Kindheit von Dampfloks faszinierte (nach seiner Identität suchende) Erzähler sein Glück ausgerechnet bei einer Schauspielerin findet, deren Tätigkeit in der Scheinwelt des Theaters ständiges Rollenspiel, ständige Metamorphosen erfordert? Wie dem auch sei: So wie der moderne Funktionsbau des Crystal Palace 1851 in nur wenigen Wochen für die erste Weltausstellung von Sir Joseph Paxton errichtet wurde, so ist auch die Eisenbahnreise zu diesem Spektakel vor allem ein Erlebnis, in dessen Zentrum die neue Erfahrung der Geschwindigkeit steht: Matthew notiert in seinem Notizbuch am 11.9.1855:

> I remember – but four years ago – how we journeyed up to see the Exhibition. I do not think there could have been two happier people. It was her first journey of any length by train, and she was full of the astonishment of the thing – how it could not be possible that the cattle and the hedgerows and barns and millponds passed by so quickly and smoothly, as if they moved, not us, and how London, which she had never seen, was surely a place too far to be reached so rapidly […] And I will never forget how her eyes sparkled, how we laughed, with the countryside rushing past us. And those words still ring in my ear: "I would rather admire than know." (131)

Der Höhepunkt des privaten Eheglücks fällt zusammen mit dem Höhepunkt der mittviktorianischen Zeit und umgekehrt. Der Text, selbst schon als verklärende Erinnerung angelegt, ruft Erinnerungen wach, aber nicht an die viktorianische Realität, sondern an deren Vertextung durch die Viktorianer. Insofern ist er teilweise ein Intertext, den der Autor aus den Versatzstücken des viktorianischen Eisenbahn-Diskurses zusammengestellt hat. Sowohl die Verwunderung des Reisenden, sein ungläubiges Staunen wie der Umstand, daß nicht der Zug, sondern die Landschaft zu rasen scheint, gehört zum Repertoire jenes Diskurses. Wie der Roman als Ganzes so befriedigt dieser Teilausschnitt wegen der Lust der Wiederbegegnung mit Phasen der Vergangenheit, denen der ästhetisch vermittelte Reiz des Unschuldigen und des Heroischen anhaftet. Die postmoderne Demontage von Sinn und Identität – bei unfreundlicher Lesart möglicherweise nur eine Konzession an den Zeitgeist – wird durch die einkomponierte Romanze konterkariert. Was, wie die zeitlichen Umstellungen, die ins Unbestimmte führenden Identitätsrecherchen und die metafiktionalen Kommentare experimentell erscheint, stört im Grunde nicht die positive Botschaft einer höchst unterhaltsamen Geschichte.

Nachweise

„Der Ballonaufstieg als Spektakel und Metapher: Zur Assimilierung neuen Wissens in die englische Literatur des 19. Jahrhunderts", *Bewegung und Stillstand in Metaphern und Mythen: Fallstudien zum Verhältnis von elementarem Wissen und Literatur im 19. Jahrhundert.* Ed. Jürgen Link und Wulf Wülfing. Stuttgart: Klett-Cotta, 1984. 165–200.

„'The Country Swims with Motion': Poetische Eisenbahnfahrten in England", *Literatur in einer industriellen Kultur.* Veröffentlichungen der Deutschen Schillergesellschaft 44. Ed. Götz Großklaus und Eberhard Lämmert. Stuttgart: Cotta, 1989. 407–430.

„Auf dem Weg zum Vortex: Zentralbewegung, Ästhetik des Sublimen und das Wasser der Moderne in englischen London-Texten des 19. Jahrhundert", *Poetica* 21 (1989): 302–328.

„Mechanische Bewegung als Tod im Leben: *Women in Love* von D.H.Lawrence", *Death-in-Life: Studien zur historischen Entfaltung der Paradoxie der Entfremdung in der englischen Literatur.* Literatur-Imagination-Realität 16. Ed. Günther Blaicher. Trier: Wissenschaftlicher Verlag, 1998. 221–242.

„Von den Wordsworths zu De Quincey: Gehen und Kutschenfahren in der englischen Romantik oder die Entdeckung der Gewalt der Geschwindigkeit", *Romantik.* Literatur-Imagination-Realität 26. Ed. Vera Alexander und Monika Fludernik. Trier: Wissenschaftlicher Verlag, 2000. 7–32.

„Ziellose Bewegung im Kristallpalast: John Davidsons *The Crystal Palace* im Kontext von industrieller und ästhetischer Moderne", *GRM* 53 (2003): 53–74.

Anglistische Forschungen

Universitätsverlag
WINTER
Heidelberg

Herausgegeben von Rüdiger Ahrens, Heinz Antor und Klaus Stierstorfer

Band 370: MATTHIAS EITELMANN/NADYNE STRITZKE (Hg.)
Ex Praeteritis Praesentia
Sprach-, literatur- und kulturwissenschaftliche Studien zu
Wort- und Stoffgeschichten
Festschrift zum 70. Geburtstag von Theo Stemmler
2006. XXIV, 395 Seiten, 11 Graphiken und 4 Abbildungen. Geb.
ISBN 3-8253-5230-7

Band 369: WERNER DELANOY/LAURENZ VOLKMANN (Hg.)
Cultural Studies in the EFL Classroom
2006. 394 Seiten, 23 Abbildungen,
3 Diagramme. Geb.
ISBN 3-8253-5256-0

Band 368: MARTIN HOLZ
Traversing Virtual Spaces
Body, Memory and Trauma in Cyberpunk
2006. 277 Seiten. Kart.
ISBN 3-8253-5210-2

Band 367: THOMAS ROMMEL
Das Selbstinteresse von Mandeville bis Smith
Ökonomisches Denken in ausgewählten Schriften
des 18. Jahrhunderts.
2006. 350 Seiten. Geb.
ISBN 3-8253-5239-0

Band 366: CAROLIN BIEWER
**Die Sprache der Liebe in Shakespeares
Komödien –**
Eine Semantik und Pragmatik der Leidenschaft
2006. XIV, 358 Seiten, 2 Abbildungen. Kart.
ISBN 3-8253-5192-0

Band 365: GORDON BÖLLING
History in the Making:
Metafiktion im neueren anglo-kanadischen
historischen Roman
2006. 291 Seiten. Geb.
ISBN 3-8253-5232-3

Anglistische Forschungen

Universitätsverlag
WINTER
Heidelberg